그림책 학급운영

그림책 학급운영

초판 1쇄 발행 2019년 2월 22일
초판 4쇄 발행 2021년 11월 18일

지은이 | 그림책사랑교사모임

발행인 | 최윤서
편집장 | 허병민
디자인 | 김수경
마케팅지원 | 최수정
펴낸 곳 | 교육과실천
도서문의 | 02-2264-7775
인쇄 | 031-945-6554 두성 P&L
일원화 구입처 | 031-407-6368 ㈜태양서적
등록 | 2018년 4월 2일 제2018-000040호
주소 | 서울특별시 중구 창경궁로 18-1 동림비즈센터 505호
ISBN 979-11-963601-8-4 (13370)

값은 표지에 있습니다.
저작권법에 따라 한국 내에서 보호를 받는 저작물이므로 무단 전재 및 복제를 금합니다.

마음을 열어주고
관계를 꽃피우는

그림책
학급운영

그림책사랑교사모임 지음

교육과실천

차례

들어가며_ 왜 그림책 학급운영인가?　　　　　　　　　　　　　6

1장. 그림책으로 가꾸는 학급살이

1. 첫 만남 – 『중요한 사실』　　　　　　　　　　　　　　19
2. 반장 선거 – 『왕 한번 잘못 뽑았다가 큰일 날 뻔했네』　　33
3. 학급규칙 세우기 – 『쿠키 한 입의 인생 수업』　　　　　　51
4. 학부모 총회 – 『완벽한 아이 팔아요』　　　　　　　　　65
5. 어버이날 – 『알사탕』　　　　　　　　　　　　　　　　81
6. 스승의 날 – 『선생님은 너를 사랑해 왜냐하면』　　　　　99
7. 방학 계획 세우기 – 『파리의 휴가』　　　　　　　　　　111
8. 종업식 – 『처음 학교가는 날』　　　　　　　　　　　　129

2장. 그림책으로 이해하는 나와 너, 그리고 우리

1. 내 감정 조절하기 - 『제라드의 우주쉼터』　　　　　　　　　　　　　143
2. 자신의 장점을 찾고 자존감 회복하기 - 『세상에서 가장 아름다운 달걀』　161
3. 내 마음 들여다보기 - 『마음의 집』　　　　　　　　　　　　　　　　173
4. 내가 좋아하는 것을 찾아보는 진로 상담 - 『허먼과 로지』　　　　　　189
5. '다름'을 이해하고 인정하고 존중하기 - 『초코곰과 젤리곰』　　　　　209

3장. 그림책으로 해결하는 갈등과 문제

1. 작은 말로 시작되는 큰 갈등 - 『피바디 선생님의 사과』　　　　　　　227
2. 학급에서 일어난 폭력과 방관 - 『내 탓이 아니야』　　　　　　　　　245
3. 욕설이 넘쳐나는 교실 - 『낱말 공장 나라』　　　　　　　　　　　　257
4. 협력하지 않는 모둠학습 - 『무지개 물고기』　　　　　　　　　　　　273
5. 주변을 살피지 못하고 문제를 일으키는 아이 - 『안돼』　　　　　　　287

나오며_ 그림책과 함께하는 행복한 여행　　　　　　　　　　　　　　303

들어가며

왜 그림책 학급운영인가?

학급운영의 어려움

교사로서의 삶이 행복한가요? 학교 가는 길이 즐거우신가요? 대부분의 교사는 교사로서의 삶이 행복하지 않고 학교 가는 길이 즐겁지만은 않습니다. 왜 그럴까요?

교사는 학교에서 늘 긴장해 있습니다. 교과 수업을 준비하는 것 외에도 부서에서 담당한 업무도 처리해야 하고, 학교 행사와 다양한 활동에도 촉각을 세우고 있어야 합니다. 창의적 체험 활동 및 자유학기 활동으로 인한 교육 활동은 새로운 것을 만들어야 하는 부담감이 있습니다. 거기에 더해 담임교사는 학급운영을 해야 합니다. 학급에서는 일 년 내내 각종 사건과 사고가 발생합니다. 학생들 사이의 갈등으로 다툼이 생기기도 하고 교사와 학생이 마음이 통하지 않아 삐걱거리기도 합니다. 학교 폭력이라도 생기면, 그 일을 처리하느라 아무것도 하지 못하고 진이 빠집니다. 이렇게 교사는 학급에서 에너지를 소모합니다. 그래서인지 제발 학급에서 아무 일도 일어나지 않으면 좋겠다는 마음이 앞섭니다. 학급이 평화로운 공동체가 되기를 기대하는 것은 꿈과 같은 이야기입니다.

교사인 우리는 매년 학기 초 '학급 아이들과 일 년 동안 행복하게 지내리라. 성장과 더불어 교사로서 보람을 맛보리라' 다짐을 합니다. 이를 위해 방학 동안 연수도 받고 일 년 계획을 세우고 새 학기를 맞이합니다. 대부분의 교사는 평화로운 학급운영을 위해 다양한 방법을 시도합니다. 매해 실패를 반복하면서도 희망을 갖고 해마다 다양한 시도로 도전을 하면서 학급 분위기를 발전적인 방향으로 이끌어가려고 노력합니다.

그러나 시간이 지나면서 담임 업무에 지쳐갑니다. 경험과 노하우는 조금씩 쌓이고 있다고 자신을 위로해보지만, 매년 반복되는 상황에 좌절하곤 합니다. 오히려 해를 거듭할수록 두려움과 불안이 커져갑니다. 앞으로의 교직 생활도 더 염려스럽습니다.

왜 이렇게 힘들까요?

요즘 학생들은 정말 버릇이 없습니다. 소크라테스도 요즘 애들 버릇없다고 했듯이 학생들이 버릇없는 것은 어제오늘 일이 아닙니다. 하지만 정말 요즘 학생들은 버릇이 없습니다. 가정에서 부모에게 맹목적인 사랑을 받고 자라면서 타인들과 소통하는 법을 제대로 배우지 못해 자기 위주로 생각을 합니다. 나만 편하고 나에게만 이익이 되면 그만이라고 생각합니다. 자신이 받아들일 수 없는 것에는 바로 불만을 나타냅니다. 그것도 욕을 사용하면서 말입니다. 가끔은 그 욕이 교사를 향하기도 합니다. 그럴 때마다 교사를 그만두고 싶다는 생각을 하게 됩니다. 실제로 학생들과의 관계에서 어려움을 겪으면서 퇴직하는 교사가 많아지고 있습니다.

이런 어려움 때문에 최근에 회복적 생활교육과 학급긍정훈육법 등이 이슈가 되고 있습니다. 교실이라는 공간에서 학생들과 만나는 일상의 관계를 따뜻하고 평화롭게 만들고자 하는 노력의 일환입니다. 회복적 생활교육, 학급긍정훈육법 등을 자세히 살펴보면 다른 이야기를 하고 있지는 않습니다. 학생과 학생, 학생과 교사 간의 관계를 형성해야 하는데 이를 위해서 가장 중요한 것은 학생들의 마음을 여는 것이라고 이야기하는 듯합니다. 학생들의 닫힌 마음의 문을 열어야 대화가 가능합니다. 대화가 이루어져야 관계 형성을 통한 평화로운 학급운영이 가능해집니다. 결국 평화로운 학급운영의 밑바탕은 학생들의 마음을 여는 것입니다.

어떻게 하면 학생들의 마음을 열 수 있을까요? 학생들의 마음을 여는 가장 좋은 방법은 그림책을 활용하는 것입니다. 그림책이 마법을 부린 것처럼 학생들의 마음을 열어 줍니다.

그림책이란 무엇일까요?

그림책은 그림과 글이 만나서 서로 이야기를 하는 신기하고 재미있는 예술작품입니다. 글과 그림이 같은 이야기를 하면서 이야기를 풍성하게 만들기도 하고, 글이 말하지 못하는 부분을 그림이 이야기해주기도 합니다. 때로는 글과 그림이 서로 다른 이야기를 하기도 합니다. 글과 그림이 독자적으로 이야기하면서도 전체 이야기와 조화를 이루면서 의미를 전달합니다.

　글과 그림이 조화를 이루는 그림책의 최대 장점은 누구나 부담 없이 편안하게 다가갈 수 있다는 것입니다. 저는 수업을 들어갈 때 무언가로 꽉 채운 보조 가방을 늘 가지고 다닙니다. 수업 종이 울리고 복도를 지나갈 때 선생님들께서는 저를 보시고 "뭐가 그리 많아?"라는 말로 인사를 대신하십니다. 생각해보니 늘 교과서와 활동지 외에 그림책을 몇 권씩 들고 다닙니다. 그림책이 너무 좋아 특별히 시간을 내서 보는 게 아니라 틈만 나면 봤던 것 같습니다. 수업이 연이어질 때 다른 교실로 이동하는 시간이 10분 정도 되는데 교무실에 들르지 않고 교실에서 그림책을 보다 이동할 때도 많습니다.

　왜 이리 그림책에 빠진 걸까 생각해보니 그림책은 참 부담이 없었습니다. 그림과 색깔은 학생들의 갖가지 요구에 늘 응해야 하는 고된 일상을 어루만져주는 신비로운 힘이 있습니다. 내 마음이 따뜻해지고 위로를 받으니 학교에서 만나는 동료 교사와 학생들에게도 그 마음이 전달되는 것 같았습니다.

　여러 번 봐도 이해가 안 되는 장면이 있어서 계속 들고 다닌 그림책이 있었습니다. 김성미 작가의 『돼지꿈』이었습니다. 수업이 끝나고 정리를 하고 있는데 남학생 한 명이 오더니 그림책을 봐도 되냐고 물었습니다. 평소 말이 없고 조용했던 학생인지라 물어본 것 자체가 인상적이었습니다. 다 읽은 것 같아 그림 장면 하나를 물어봤습니다.

　"이 장면 말이야. 이 아이는 돼지가 되는 소원을 이뤘는데, 왜 달라진 건 없었다고 하는 걸까? 이 장면이 잘 이해가 안 돼서."

남학생은 주저 없이 "돼지가 되어도 놀지를 못하네요. 나랑 같네"라고 가볍게 얘기하더군요. 순간 '아!' 하는 감탄사가 나오고 하던 일을 멈췄습니다. 제가 보지 못한 것을 이 학생은 쉽게 글과 그림에서 공감하고 있었습니다. 그리고 툭 던진 말에서 풀리지 않던 문제를 해결했습니다. 그것은 바로 학생들의 마음을 여는 비결을 찾게 된 것입니다. 그림책을 통해 대화를 하니 학생들이 갖고 있던 교사에 대한 거부감이 줄어들면서 쉽게 대화가 되었습니다. 그러면서 학생과 교사 간의 마음으로 연결되는 관계 형성까지 가능하게 되었습니다.

교탁에 그림책이 펼쳐져 있으면 관심을 보이는 학생이 상당히 많습니다. 전공 서적이나 활동지였다면, 학생들이 그렇게 많은 관심을 보였을까요? 이것이 그림책이 주는 힘이라고 생각합니다. 그림책은 32페이지 내외로 되어 있기 때문에 짧습니다. 그림과 다양한 색깔은 우리의 마음을 당깁니다. 그리고 대부분 어린 시절 그림책을 좋아했던 경험이 있습니다. 이런 것들이 그림책을 부담 없이 편하게 볼 수 있게 하는 것 같습니다.

그림책으로 학급을 운영하는 이유

학급은 30명 내외의 구성원이 함께 생활하며 공동체의 삶을 익히는 곳입니다. 그림책은 글과 그림이 삶을 축약해서 표현합니다. 그 부분을 학생들과 함께 찾으며 깨달음의 시간을 갖고 거기서 멈추지 않고 실천에 옮기며 학급을 운영하면 좋습니다.

그림책으로 학급을 운영해야 하는 이유는 다음과 같습니다.

첫째, 그림책의 글과 그림은 사람을 위로합니다. 그림을 자세히 살펴보면 숨은 메시지가 많습니다. 그냥 보아도 좋지만 앞표지부터 시작하여 표지를 펼쳐도 보고, 표지 다음에 오는 면지의 색과 느낌, 서체, 문장들, 그리고 그림책을 덮을 때까지 사소하지만 중요한 것들이 마음을 톡톡 건드립니다. 잊고 있었던 삶의 진실과 추억을 생각나게 하고 짧은 문장이 읽는 이의 마음에 따뜻함과 용기와 위로를 건넵니다.

둘째, 서로를 공감하게 합니다. 학급운영에 필요한 것은 논리적 사고력과 판단력보다는 서로의 입장과 감정을 공감할 줄 아는 능력입니다. 그림책은 상대방의 감정을 공감하고 위로와 아픔을 경험할 수 있게 합니다. 교사의 말로는 한계가 있고 학생들의 집중을 끌어내기가 힘듭니다. 하지만 그림책은 구체적인 상황과 감정이 드러나기 때문에 몰입하게 되고 공개적이지만 간접적으로 자신의 감정을 다치지 않고 표현할 수 있습니다. 하임 기너트는 '학습에 유익한 감성적인 분위기를 조성하는 일은 항상 교사의 몫으로 남아 있을 것이다'라고 했습니다. 그림책은 감성적인 분위기 조성으로 서로 공감하게 해야 하는 교사의 역할을 덜어줍니다.

셋째, 공동체 역량이 성장합니다. 학급운영 활동 방법에는 모둠활동이나 협력학습이 이루어져야 하는 것이 많습니다. 그림책을 활용할 때는 모둠활동이 기본이 됩니다. 왜냐하면 그림책을 다 함께 읽고 나누는 과정이 필요하기 때문입니다. 그림책에 관해 이야기를 나눌 때 똑같은 글과 그림에 대한 느낌과 생각이 서로 다르다는 것을 생생하게 느낄 수 있습니다. 여기에서 학생들은 다름을 인정하게 됩니다. 그러다 보니 쉽게 협력하는 분위기가 조성됩니다.

넷째, 순수함을 되찾게 해줍니다. 학생들은 어렸을 때부터 각종 미디어에 노출되어 순수한 자연의 아름다움을 느끼지 못하고 관심을 두지 않습니다. 자극적인 영상이나 글을 봐야 재미있어하고 관심을 보입니다. 그림책은 그림과 언어가 아름답고 순수하며 교육적입니다. 그런데 시시하지 않습니다. 인간 삶의 가장 순수하면서도 본질적인 부분을 이야기합니다. 이러한 그림책을 통해 잠시 잊고 있었던 순수한 마음을 돌아보게 되는 것입니다.

다섯째, 학생들의 변화가 내면에서 자발적으로 일어납니다. 학급운영이 교사 주도로 이루어질 경우 그해에는 잘 조직되고 효율적으로 운영된 것처럼 보일 수도 있습니다. 하지만 교사 주도로 이루어진 교육은 단기적인 효과에 불과할 뿐 장기적으로 학생의 성장에 도움을 주는 것은 아닙니다. 그림책은 스스로 보고 생각하고 느껴야 하는 능동적인 학습 매체입니다. 페이지를 넘기면서 스스로 글과 그림을 해석해야 하고 자기만의 생각을 정립하는 배움을 기본으로 합니다. 그림책으로 학급을 운영할 경우 학생 주도로 교육이 이루어질 수 있습니다. 우리는 학급운영의 효과가 장기적으로 이어지길 원합니다. 그림책의 스토리와 그림 장면은 정말 오래 기억됩니다. 특히 자신에게 의미가 있다면, 아마 평생 기억에 남을 것입니다. 그림책으로 활동 후 한동안은 복도를 지나갈 때 학생들이 들으라는 듯 큰 소리로 그림책 인물을 부르며 즐거워하는 모습을 보이기도 했습니다. 한 학생은 그림책 덕분에 본인의 진로가 바뀌었다고 말한 적도 있습니다. 대단한 효과가 아닐까요.

그림책, 이렇게 읽으면 좋습니다

그림책은 어떻게 읽으면 좋을까요?

먼저 그림책을 준비해야 합니다. 가장 좋은 방법은 1인 1권을 준비하는 것입니다. 하지만 모든 학생이 같은 책을 준비해서 보는 것은 어렵습니다. 학교 예산을 활용한다면, 4인 1조로 하여 7~8권 정도 구매하면 좋습니다. 지역 도서관의 상호대차서비스를 이용하면, 학교도서관 책받음 서비스를 통해 학교도서관으로 책을 받을 수도 있습니다.

그림책은 재질 및 색상이 주는 느낌과 한 장 한 장 넘기다가 다시 앞으로 와서 볼 수 있다는 특징이 있기 때문에 학생이 직접 읽는 것이 가장 좋습니다. 이러한 것이 여의치 않다면 멀티미디어나 실물 화상기를 이용하여 읽으면 됩니다.

그림책을 읽는 방법은 그림책의 성격과 종류, 활용 방법에 따라 다릅니다. 교사가 읽어주거나, 학생 한 명이 대표로 읽거나, 몇 학생이 파트를 나눠 읽거나, 모둠별로 읽거나, 모둠별 번호 순서대로 돌아가며 읽거나, 실감 나게 읽거나, 소리 내지 않고 조용히 읽거나 여러 방법이 있습니다. 그림책을 처음 활용하는 것이라면 교사가 학생들에게 읽어주는 것을 권합니다. 책을 읽어줄 때는 예쁜 목소리로 읽어주기보다는 책 속이 상황이나 인물의 성격에 맞추어 읽어주면 좋습니다. 장면의 분위기가 전환되거나 이야기가 절정에 도달했을 때는 그 분위기를 살려 읽어줍니다. 교사가 진심을 다해 온 마음으로 그림책을 읽으면 학생들은 감동을 받습니다.

그림책을 읽기 전에 학생들에게 그림을 찬찬히 잘 보라고 당부해두어야 합니다. 그림책의 주인은 글이 아닌 그림이니까요. 그림에서 글이 말하지 것들을 느낄 수 있기 때문입니다.

　교사가 그림책을 읽어줄 때 일반적으로 앞표지와 뒤표지를 먼저 살펴봅니다. 한쪽이 아니라 양쪽이 펼쳐져서 보이도록 합니다. 대부분 앞표지와 뒤표지에 그림책의 가장 중요한 메시지를 담습니다. 가끔은 앞표지만 보여주는 것이 좋을 때도 있기 때문에 무조건 펼쳐서 보여주라는 건 아닙니다. 제목을 가린 채 표지 그림만 보고 제목을 맞춰보는 활동도 재미를 더할 수 있습니다. 표지에 글, 그림 작가, 옮긴이 등이 나오는데 특히 작가에 대한 설명은 책 읽기 전이나 후에 해주면 됩니다. 작가에 관한 이야기를 책 읽기 전에 해주어서 도움이 될 때가 있고 책을 다 읽고 난 후에 해주는 것이 좋을 때도 있습니다.

　앞표지를 넘기면 면지가 나옵니다. 과거에는 면지가 내용 없이 단색으로 되어 있는 경우가 많았는데, 지금은 면지에도 메시지를 넣는 경우가 늘어나고 있습니다. 색에도 의미가 있다는 것 들어보셨나요? 면지의 색은 그림책의 느낌을 전달해줍니다. 면지를 넘기면 속지가 나오고 간단한 그림과 함께 제목과 작가를 알려줍니다. 속표지 그림에도 그림책 내용을 이해할 수 있는 재미있는 단서가 있으니 학생들과 숨은그림찾기 하듯 알아맞히는 시간을 가지면 좋습니다.

　속표지를 넘기면 본격적인 이야기가 시작됩니다. 본문이 시작되면 그림책을 교사가 질문이나 쉼 없이 한 번에 읽어주는 것이 좋을까요? 아니면 중간중간 끊어서 질문을 통해 생각해보는 시간을 갖게 하는 것이 좋을까요? 고민이 되는 부분입니다. 정답은 없습니다. 학생들의 몰입도, 책 내용 등에 따라 달라집니다. 최근 그림책 독자반응이론에 따르면, 작가의 의도보다는 독자의 해석이 중요하며 그림책을 보는 독자의 상상과 추론과 해석이 더해져 의미가 완결된다고 보고 있습니다.

    교사의 질문을 통해 학생들을 그림책에 집중시키고 학생들이 의미를 파악할 수 있게 해야 합니다. 하지만 학생들의 자유로운 사고를 저해할 만큼 의도된 질문은 좋지 않습니다. 학생들이 그림책에 대한 느낌과 생각을 나누는 활동 속에서 스스로 깨닫고 성장해가는 것이 우리 교사들이 바라는 교육일 것입니다.

    그림책을 한 번 읽고 난 후에는 활용 방법에 따라 독후 활동이 다르게 진행됩니다. 바로 활동지를 연결할 수도 있고 그림책 깊이 있게 들여다보기 활동을 다시 할 수도 있습니다. 중요한 것은 그림책을 읽고 충분히 느끼고 생각한 것을 자유롭게 표현할 수 있어야 하는 것입니다. 그리고 그것들을 서로 나누는 과정에서 학생들의 성장이 이루어진다면 그림책을 활용한 교육은 빛을 발할 것입니다.

    일 년 동안 담임교사들이 맞이할 학급운영 이야기를 엮어 보았습니다. 여러분의 마음이 머무는 페이지가 어디일지 궁금합니다. 학급에서 일어나는 개학식, 반장 선거, 학부모 총회, 어버이날, 스승의 날, 방학 계획, 종업식 등을 생각해 보았습니다. 그리고 말로 인한 갈등이 발생했을 때, 친구끼리 싸웠을 때, 다문화에 대한 접근 관점, 모둠학습 등에서 협력이 이루어지지 않을 때, 조·종례를 방해하는 것과 같이 주변을 살피지 못하고 문제를 일으키는 때 등 서로 이해하고 설득하는 법 등을 담았습니다. 부디 즐겁고 행복한 마음으로 마음을 열어주고 관계를 꽃피우는 그림책 학급운영의 사례를 읽어주시면 좋겠습니다. 더불어 선생님들의 학급운영에 작은 도움이 되었으면 합니다.

1장

그림책으로 가꾸는 학급살이

1. 첫 만남

『중요한 사실』

마가릿 와이즈 브라운 글, 최재은 그림, 최재숙 옮김, 보림, 2005

　새 학기 첫날은 교사도 학생도 어색한 채로 정신없이 시간이 흘러가기 쉽습니다. 개학하자마자 수업도 해야 하고, 담임으로서 제출해야 할 것과 챙겨야 할 것도 많습니다. 담임교사로서 주어진 업무를 처리하고 기일에 맞춰 일을 하는 것도 중요하지만, 개학 첫날 무엇보다 중요한 것은 아이들과의 첫 만남 첫 단추를 잘 끼우는 일입니다. 첫 만남을 따뜻하게 열기 위해 첫 시간에 무엇을 해야 할까요?

　다양한 방법이 있겠지만, 그중에서도 그림책으로 첫 만남을 열어보는 것을 제안합니다. 아이들이 어렸을 때 그림책에서 느꼈던 따스함을 첫 만남에서 느낄 수 있다면, 그 따스함 속에서 서로의 마음을 열 수 있을 것입니다. 따뜻한 시작으로 학생들이 학급을 좀 더 안전한 공간으로 여기는 계기가 됩니다.

　개학식 첫날 담임교사가 학생들에게 자기소개를 합니다. 이름, 담당 과목, 연락처, 학급운영 계획 등을 소개하고 나면 다시 분위기는 서먹해집니다. 첫 만남이기에 담임교사 역시 올해 새롭게 만난 반 학생들이 어떤 학생인지 궁금합니다. 같은 학교에 다니지만, 같은 반으로 처음 만나는 학생들도 서로 모른 채로 앉아있는 첫날. 담임교사는 학생끼리도 자기소개를 하며 서로 친근하게 다가가길 바라지만, 처음 만난 사이에 무턱대고 자기소개를 하라고 하면 어색하여 쉽지 않습니다. 어색한 분위기를 깨고, 즐겁게 자기를 소개할 수 있도록 간단한 게임과 그림책으로 서로 알아보는 시간을 가지면 아이들이 서로에게 관심을 기울이며 자연스럽게 다가갈 수 있게 됩니다.

첫 시간을 즐겁고 따뜻하게 시작할 수 있게 하는 그림책 『중요한 사실』을 소개합니다.

『중요한 사실』 열어보기

『중요한 사실』은 작가 마가릿 와이즈 브라운이 쓴 책입니다. 속지에는 제목처럼 마가릿 와이즈 브라운에 관한 중요한 사실이 적혀 있습니다.

글쓴이 마가릿 와이즈 브라운에 관한 중요한 사실은 그가 언제나 어린이의 눈으로 세상을 바라보았다는 것이다. 그는 어린이들이 무엇을 중요하게 생각하는지, 어떤 고민을 하는지 함께 이야기하기를 좋아했다. 아침에 일어나자마자 지난밤 꿈을 글로 옮길 만큼 언제나 글을 썼고, 특히 운율 있는 글을 즐겨 썼다. 작품으로는 『별이 좋아』, 『벌레가 좋아』, 『작은 기차』, 『잘 자요, 달님』 등이 있으며, 『모두 잠이 들어요』로 칼데콧 상을 받았다. 하지만 그에 관한 중요한 사실은 그가 어린이의 눈으로 세상을 바라보며 어린이들에게 사랑받는 이야기를 썼다는 것이다.

『중요한 사실』에는 마거릿 와이즈 브라운이 어린이의 눈으로 바라본 세상이 담겨 있습니다. 숟가락, 사과, 신발 등 우리 주변에서 익숙하게 접할 수 있는 사물에 대해서 사물 그 자체를 순수하게 표현하고 있습니다. 마거릿 와이즈 브라운의 시선을 따라가 보면, 주변에 흔하게 보이는 사물도 어느 순간 특별하게 다가오는 것을 느낄 수 있습니다. 마치 내 주변에 있는 사물 자체가 나를 위한 선물인 것처럼 말이죠. 이를 반영하듯 표지에 중요한 사실을 선물 포장으로 표현했습니다.

선물처럼 다가올 중요한 사실이 무엇인지 궁금해집니다. '숟가락에 대한 중요한 사실은? 숟가락으로 밥을 먹는다는 거야. 데이지 꽃은? 데이지가 하얗다는 거야. 비는? 풀은? 하늘은?' 마거릿 와이즈 브라운은 주변에 흔히 접하는 것들에 대해서 관찰하고 생각하게 합니다. 숟가락에 대한 중요한 사실이 왜 숟가락으로 밥을 먹는다는 것일까요? 저는 그림책에서 작가가 중요하다고 생각하는 것들을 보며 내가 중요하다고 생각하는 것은 무엇인지 생각해보았습니다. 작가가 말하는 숟가락, 비, 풀, 하늘을 따라가며 중요한 것이 무엇인지에 대해서 읽어나가다 보면 마지막에 무엇보다 중요한 것을 만나게 됩니다. 그것은 바로 나 자신! 마지막 페이지에는 거울이 있는데, 바로 그 거울 속에서 나 자신을 마주하게 됩니다. 마거릿 와이즈 브라운은 그림책을 읽고 있는 우리에게 이렇게 말합니다.

너에 관한 중요한 사실은 너는 바로 너라는 거야.

이 그림책의 마지막에서 가장 중요한 선물을 만나게 됩니다. 그 선물은 바로 이 그림책을 통해서 나 자신에 대해서 생각해보고 발견하게 되는 것입니다. 마가릿 와이즈 브라운은 나에 대한 중요한 사실이 바로 나 자신이라고 말하는데, 그럼 내가 생각하는 나 자신에 관한 중요한 사실은 무엇일까요? 그림책을 읽는 아이들도 마지막 페이지에 와서 이제 자신에 관해서 생각해보고 자신에게 중요한 사실이 무엇인지 생각해보게 됩니다.

바쁜 일상을 살다 보면, 교사뿐만 아니라 아이들도 자신에 대해서 생각하는 시간을 갖기가 쉽지 않습니다. 아이들과 만나는 첫 시간에 함께 그림책을 읽어보고 지금의 나에 대해 생각해보는 시간을 갖는 것은 학기를 시작하는 시점에서 더욱 소중한 의미로 다가옵니다. 나는 어떤 사람인지, 나에게 중요한 사실은 무엇인지에 관해서 서로 나누며 알아가는 이 시간이 학급을 좀 더 따뜻하게, 안전하게 만드는 데 도움이 될 것입니다.

이미지 게임[1]

첫날 아이들을 만나면 서먹한 공기를 느낄 수 있습니다. 어색함을 깨고 좀 더 부드러운 분위기에서 그림책을 읽을 수 있도록 게임으로 첫 시간을 열면 좋습니다. 첫 만남에서 자연스럽게 자기소개로 연결할 수 있는 '이미지 게임'을 소개합니다.

포스트잇과 펜을 준비합니다. 포스트잇을 한 사람당 4장씩 나눠줍니다.

---

[1] 기독교윤리교사실천교사모임 섬김이 워크숍에서 배운 내용을 기반으로 작성함.

아이들은 포스트잇 4장과 펜을 들고 돌아다니며 반 친구들을 일대일로 만나는데, 이때 낯선 친구를 만나야 합니다. 만나면 서로 간단하게 자기소개를 합니다. 자기소개를 했으면 상대방의 첫인상을 포스트잇에 적습니다. 그런 다음 상대방이 볼 수 없도록 첫인상을 적은 포스트잇을 상대방의 등에 붙입니다. 이때 교사는 학생들이 포스트잇의 내용으로 상처를 받거나 싸움이 일어나지 않도록 포스트잇에 긍정적인 단어로 적을 것을 안내합니다. 서로 포스트잇을 붙이고 나면 인사를 하고 헤어집니다. 이렇게 포스트잇 4장을 다 사용할 수 있도록 4명의 친구를 만날 때까지 반복합니다. 이때 경쾌한 음악을 틀어주면 좋습니다.

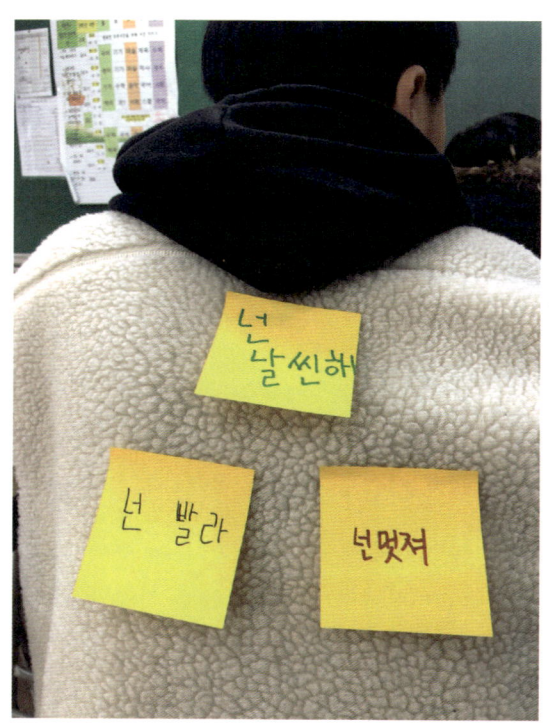

활동이 모두 끝나면 자기 자리에 돌아와서 등에 붙은 단어 4가지를 확인하고 이를 활용하여 자신의 이름이 들어가도록 네 글자 자기소개를 만듭니다. 예를 들면 포스트잇의 내용에 '귀엽다', '웃는 모습이 예쁘다', '밝아 보인다' 등이 있다면, 이 중에서 귀엽다는 것을 선택하여 '귀욤○○' 처럼 네 글자로 구성할 수 있습니다.

모두 네 글자 자기소개를 만들었으면, 교사를 포함하여 큰 원으로 둘러앉은 다음 서클 형식으로 돌아가면서 네 글자로 자신을 소개합니다. 네 글자 이름을 말하고, 그렇게 이름 붙인 이유를 자신이 받은 네 개의 포스트잇을 보여주며 이야기합니다.

'이미지 게임'을 하면 서먹한 분위기를 화기애애하게 바꿀 수 있고, 자연스럽게 낯선 친구들과 말문을 틀 수 있습니다. 아이들도 이미지를 찾는 과정을 즐거워하며 적극적으로 참여합니다. 재치 있는 단어로 자신을 소개하며 즐거운 시간을 보낼 수 있습니다.

나에 관한 중요한 사실 작성하기[2]

서클로 둥그렇게 앉은 후 교사가 그림책 『중요한 사실』을 읽어줍니다. 다 읽고 나서 글쓴이와 그린이, 옮긴이를 소개하는 부분을 한 번 더 읽어줍니다. 책에는 그림 작가에 대한 소개가 다음과 같이 실려 있습니다.

---

2 김혜숙 박사(한국철학적탐구공동체연구회 회장)가 운영하는 소크라테스 카페 학습 모임을 통해 배운 내용을 기반으로 작성함.

> 나에 관한 중요한 사실은 내가 그림 그리기를 좋아한다는 거야. 나는 『애국가를 부르는 진돗개』, 『학교에 간 개돌이』, 『눈길』들에 그림을 그렸고, 명지대학교에서 그림을 가르쳐. 모네의 빛과 색감을 좋아하고, 꿈의 세계를 표현한 마그리트를 좋아해. 좋은 글에 그림을 그릴 때 가장 행복하고, 뱃속에서부터 나와 함께 그림을 그린 아들 진이와 동화 속 주인공을 그리며 낄낄대기를 좋아하지. 하지만 나에 관한 중요한 사실은 내가 그림 그리기를 좋아하고, 내가 그린 그림을 어린이와 함께 볼 때 가장 행복하다는 거야.

맨 마지막 페이지에도 비슷한 형식의 글이 실려 있습니다.

> 너에 관한 중요한 사실은 너는 바로 너라는 거야. 예전에 너는 아기였고, 무럭무럭 자라서 지금은 어린이고 앞으로 더 자라서 어른이 된다는 건 틀림없어. 하지만 너에 관한 중요한 사실은 바로 너라는 거야.

이제 앞에 소개한 형식으로 교사 자신을 소개합니다.
"나에 관한 중요한 사실은 내가 만나는 학생들을 사랑하고 품기 위해서 노력한다는 거야. 나는 수학을 싫어하는 학생들에게 수학의 즐거움을 알려주기 위해서 노력하고, 다양한 것을 배우는 것을 좋아해. 음악을 좋아하고, 또 노래 부르는 것도 좋아해. 하지만 나에 관한 중요한 사실은 오늘 만난 너희들과 함께 있는 나의 모습을 볼 때 가장 행복하다는 거야."

교사의 소개가 끝나면 학생들도 자신에 관한 중요한 사실을 적어보게 합니다. 학생들이 글을 작성할 수 있도록 다음과 같은 활동지를 활용해도 좋습니다.

활동지 예시

♡ 나에 관한 중요한 사실은?

1. 선생님을 소개해보면~~~

> 나에 관한 중요한 사실은 내가 만나는 학생들을 사랑하고 품기 위해서 노력한다는 거야. 수학의 즐거움을 알려주기 위해서 노력하고, 다양한 것을 배우는 것을 좋아해. 음악을 좋아하고, 또 노래 부르는 것도 좋아해. 하지만 나에 관한 중요한 사실은 오늘 만난 너희들과 함께 있는 나의 모습을 볼 때 가장 행복하다는 거야.

2. 그림책 맨 마지막 페이지의 형식처럼 자신을 소개해보자.

> 나에 관한 중요한 사실은~~~~
>
> 하지만 나에 관한 중요한 사실은~~~~

3. 오늘 이미지 게임에서 만났던 친구들에 관해서 중요한 사실이 무엇인지 듣고 적어보자.

친구 이름	친구의 중요한 사실

4. 오늘 함께 중요한 사실을 이야기하면서 새롭게 알게 된 것은 무엇인가요?

 아이들이 그림책의 형식을 빌려 자신을 표현했습니다. 첫 만남인데도 솔직하고 깊은 이야기를 나눠주었습니다. 활동지 2번에 학생들이 자신에 관해 중요하게 여기는 사실을 적은 내용은 다음과 같습니다.

: 나에 관한 중요한 사실은 노는 걸 좋아하고, 먹는 걸 좋아한다는 거야. 나는 과학을 어려워하고, 먹는 것은 뭐든지 다 좋아해. 그리고 난 놀러 가는 것도 좋아해. 하지만 나에 관한 중요한 사실은 나는 노는 걸 좋아한다는 거야.

: 나에 관한 중요한 사실은 이 세상에 나는 단 한 명이라는 거야. 이 세상에는 생김새가 비슷한 사람, 자매, 형제, 쌍둥이들이 있겠지만 이 세상에 똑같은 존재는 없어.

쌍둥이라도 모든 것이 똑같지는 않잖아. 그래서 나에게 중요한 사실은 이 세상에 나란 존재는 나밖에 없다는 거야.

: 나에 관한 중요한 사실은 공부를 열심히 하려고 노력하는 거야. 나는 키가 크고, 운동을 잘해. 그리고 선생님 말씀을 경청해. 하지만 나에 관한 중요한 사실은 나는 공부를 열심히 하려고 노력한다는 거야.

: 나에 관한 중요한 사실은 나의 삶을 다른 사람의 삶으로 바꿀 수 없다는 거야. 다른 사람의 삶으로 바꾸고 싶다고 해도 바꿀 수 없어. 나의 삶은 여전히 나의 삶이야. 하지만 나에 관한 중요한 사실은 나의 삶을 누군가랑 바꿀 수 없다는 거야.

: 나에 관한 중요한 사실은 학원에 다닌다는 거야. 나는 수영을 잘해. 그리고 공부를 잘하려고 노력해. 그런데 나에 관한 중요한 사실은 학원에서 잘 살아남는 거야.

학생들이 자신의 중요한 사실을 모두 적으면, 돌아가면서 자신에 관한 중요한 사실을 이야기합니다. 이때 경청을 유도하기 위해서 이미지 게임에서 자신과 만났던 네 명의 친구가 중요한 사실에 대해서 발표할 때 이를 활동지 3번에 적도록 합니다.

반 학생들 모두 돌아가면서 중요한 사실을 나눈 다음에는 오늘 함께 중요한 사실을 나누면서 새롭게 알게 된 것을 적은 후 돌아가면서 소감을 듣습니다. 다음은 학생들의 소감입니다.

: 처음 만났을 때 어색했는데 게임을 하면서 친해진 것 같고, 친구들에 대해서 알게 되었다.

: 친구들에 대해서 알게 되어서 좋다. 일 년 동안 함께 할 친구들에 대해 잘 알 수 있었다.

: 나한테 중요한 것이 무엇인지 처음에 찾기 어려웠는데, 찾다 보니 나에 대해서 더 잘 알게 되어서 좋았다.

: 재미있는 친구들과 한 반이 되어서 좋다. 앞으로 즐겁게 지낼 수 있을 것 같다.

: 친구들한테 중요한 사실이 무엇인지 듣고 나니 친구들에 대해서 더 궁금해졌다.

: 게임이 재미있었다. 첫 시간에 게임도 하고 서로 친해져서 좋다.

: 반 친구들에게 중요한 사실이 다양해서 재밌었다.

학생들과 함께 그림책 『중요한 사실』을 읽고 나누면서 교사 자신에 대해서도 소개하고, 학생들도 자신의 중요한 사실에 대해서 이야기하면서 첫 만남이지만 깊은 나눔을 할 수 있었습니다. 그림책 없이 자신에 관한 글을 쓰게 하고 소개하게 했다면, 이렇게 솔직하게 마음속 깊은 내용을 나누기 어려웠을 것입니다. 그림책에 있는 형식을 빌려오면서 아이들도 자신을 드러내는 것에 부담을 느끼지 않고 솔직한 자신의 이야기를 반 아이들에게 꺼낼 수 있게 되었습니다. 아이들은 서로 중요한 사실을 나누면서 서로의 상황에 공감했으며, 관심사가 비슷한 학생끼리 연결되기도 했습니다. 그 이후 반 분위기는 좀 더 부드럽고 편안해졌습니다.

더 나은 활동을 위한 도움말

첫 시간인 만큼 아이들에게 좀 더 따뜻한 분위기에서 그림책을 읽을 수 있도록 자리 배치를 동그란 원으로 하기를 추천합니다. 『중요한 사실』을 읽고 진행하는 이후의 과정은 회복적 생활교육의 '서클'의 방법과 동일

합니다. 가볍게 손에 쥐고 이야기할 수 있게 토킹피스를 준비하면 좋습니다. 토킹피스는 말할 기회를 동등하게 주는 도구입니다. 작은 인형이어도 좋고, 나무 조각이나 손에 들어오는 작은 물건이면 다 괜찮습니다. 학급에 의미 있는 물건을 토킹피스로 사용하면 좋지만, 첫 시간이기에 교사가 쉽게 구할 수 있는 물건으로 준비합니다.

서클 자체가 가지고 있는 힘이 있기 때문에 교사가 많은 것을 하지 않아도 깊은 나눔을 이끌 수 있습니다. 아이들이 돌아가면서 자신의 이야기를 나누는 것이 익숙하지 않다면, 다음과 같이 시작할 때 간단하게 서클의 규칙을 이야기해주면 좋습니다.[3]

첫째, 토킹피스를 가진 사람만 이야기할 수 있다.
둘째, 다른 사람의 이야기를 경청하며 자신의 차례를 기다려 이야기한다.
셋째, 상대를 존중하며 상대가 불쾌감을 느낄 언행을 삼간다.
넷째, 일방적으로 자리를 떠나지 않는다.
다섯째, 서클에서 나온 이야기는 비밀로 지킨다.
여섯째, 생각이 나지 않으면 '패스' 라고 하고 다시 자기 차례가 돌아오면 이야기한다.

교사는 진행자로 참여하고, 아이들이 서클의 규칙에 맞게 나눌 수 있도록 합니다. 서클이 익숙하지 않은 선생님들은 부담을 느끼지 마시고, 동그랗게 모여서 서로의 이야기를 경청한다는 생각으로 진행하셔도 무방합니

---

3 KOPI '회복적 정의 포스터 시리즈 1' 에서 인용

다. 낯설기만 한 첫날 첫 시간을 아이들이 서로의 이야기를 경청하며 연결되는 따뜻한 시간으로 보내시길 바랍니다.

함께 읽으면 좋은 그림책

- 『**나보다 멋진 새 있어?**』, 매리언 튜카스 글·그림, 서남희 옮김, 국민서관, 2018
- 『**첫 번째 질문**』, 오사다 히로시 글, 이세 히데코 그림, 김소연 옮김, 천개의바람, 2014
- 『**나, 꽃으로 태어났어**』, 엠마 줄리아니 글·그림, 이세진 옮김, 비룡소, 2014

2. 반장 선거

『왕 한번 잘못 뽑았다가 큰일 날 뻔했네』

상드린 뒤마 로이 글, 브뤼노 로베르 그림, 이주영 옮김, 책과콩나무, 2018

 매년 3월이면 담임교사가 해야 할 일 중 하나가 반장을 선출하는 일입니다. 대부분의 반장 선거는 보통 다음과 같이 진행됩니다. 먼저 담임교사가 반장 선거일을 공지합니다. 선거일이 되면 스스로 출마를 원하거나, 추천을 받은 사람이 있으면 발표하게 합니다. 후보자들이 나와서 공약 등을 발표합니다. 대부분 아무런 준비 없이 즉석에서 "열심히 하겠습니다. 뽑아주세요"라고 간단하게 발표합니다. 발표가 끝나면 투표를 합니다. 대부분 학급에서 영향력이 있거나 인기가 있는 학생이 반장과 부반장으로 선출됩니다.

 학급 반장을 잘 뽑으면 한 해가 편합니다. 반면 내신 점수 가산점을 받고 싶은 학생, 학급에서 힘 좀 쓰는 학생 등이 반장이 되면 일 년 내내 담임교사가 고생을 합니다. 반장이 학급 분위기를 조성하고 학생들과 담임교사와의 가교 역할을 해야 하는데 그렇지 못한 학급에서는 담임교사가 신경 써야 할 일이 많아져 피곤해집니다.

어떻게 하면 학급을 위해 최선을 다하는 진정한 일꾼을 뽑을 수 있을까요? 여러 방법이 있겠지만, 대표적인 것이 바로 후보자 토론회입니다. 국가의 지도자를 뽑는 대통령 선거에서는 후보자 토론회를 반드시 합니다. 토론회는 후보자들이 자신의 생각과 비전을 유권자들에게 알릴 좋은 기회이고, 유권자들은 자신의 소중한 한 표를 누구에게 줄지 결정할 수 있는 소중한 정보를 얻는 시간입니다.

소중한 정보를 얻을 수 있는 후보자 토론회가 학교에서는 불가능할까요? 후보자 토론회는 특별한 사람들만 할 수 있는 것이 아닙니다. 누구나 할 수 있습니다. 긴장감 넘치는 후보자 토론회를 통해 단순한 인기투표가 아니라 진정으로 능력 있고 자질 있는 반장을 제대로 뽑아봅시다.

『왕 한번 잘못 뽑았다가 큰일 날 뻔했네』 열어보기

표지에 코끼리, 악어, 사자, 기린이 투표하는 모습이 보입니다. 그 때문인지 처음 우리나라에 소개될 때의 책 제목은 『투표하는 날』이었습니다. 아마도 투표하는 모습에 주목해서 제목을 지은 듯합니다. '투표하는 날'이라는 제목은 이 책에서 강조하고 싶은 주제를 전달하기에 다소 부족하다고 느꼈는데 『왕 한번 잘못 뽑았다가 큰일 날 뻔했네』로 바뀐 제목은 너무나 마음에 듭니다. 공동체의 리더를 제대로 뽑는 것의 중요성을 강조해 주기 때문입니다.

초원의 왕을 뽑는 선거가 시작되었습니다. 왕이 되고 싶은 사자, 코끼리, 기린, 악어는 선거 운동에 열심입니다. 사자는 지금까지 대대로 초원의 왕을 사자들이 차지했다는 점을, 코끼리는 친구가 많다는 점을, 기린은 멀리에서도 적이 다가오는 걸 볼 수 있다는 점을, 악어는 먹이를 조절해주는 선생님의 도움으로 풀만 먹고도 살 수 있게 되었다는 점을 동물들에게 알렸습니다.

바오바브나무 아래에서 연설회가 열렸습니다.

"아버지와 할아버지처럼 좋은 왕이 되겠습니다!" (사자)
"서로 도우며 사는 세상을 만들겠습니다!" (코끼리)
"제가 달리면 여러분도 함께 달리세요. 그러면 적을 피할 수 있습니다!" (기린)
"저는 여러분을 지키는 데 제 이빨을 사용하겠습니다!" (악어)

각자 자신이 왕이 되어야 한다고 열변을 토합니다.

악어를 제외한 다른 후보들은 악어를 사기꾼 같다고 하고, 난폭하기도 하다며 악어가 왕이 될 가능성은 없다고 생각합니다. 그러나 모두가 깜짝 놀랄 투표 결과가 나왔습니다. 모두의 예상을 깨고 악어가 왕이 된 것입니다. 악어는 새로운 세상, 모두가 안전한 세상을 만들겠다고 당선 소감을 말합니다. 하지만 왕이 된 첫날부터 형제와 친척에게 장관 자리를 나눠줍니다.

처음에는 아무런 문제가 없었습니다. 그런데 한동안 초원에 비가 내리지 않아 물이 점점 말라가는 문제가 발생합니다. 악어는 동물들이 안전하게 살기 위함이라는 명분으로 동물들이 초원을 떠나지 못하게 합니다. 목마름에 지친 몇몇 동물이 탈출을 시도하지만, 붙잡혀 죽임을 당합니다.

동물들은 대책을 강구합니다. 동물들은 코끼리가 제시한 방법으로 악어 왕을 물리칩니다. 그리고 다시 투표를 합니다. 코끼리가 왕으로 당선되고 드디어 초원에 평화가 다시 찾아옵니다.

"왕 한번 잘못 뽑았다가 큰일 날 뻔했네."

"다음에는 투표를 제대로 잘해야겠어."

동물들이 내뱉는 이 말이 가슴에 와닿습니다.

서클맵으로 소감 나누기

그림책을 읽은 후 학생들이 어떻게 느꼈는지가 궁금해서 소감을 나눴습니다. 감동 있게 읽었는지, 제대로 된 학급 리더를 뽑는 것의 중요성을, 투표의 중요성을 알게 되었는지 학생들의 반응이 궁금했습니다.

중학교 학생들에게 소감을 말하라고 하면 '재밌어요', '그냥 그래요' 등 단답형으로 끝나는 것이 대부분입니다. 그래서 서클맵(Circle Map) 활동을 준비했습니다. 서클맵이란 주제에 대해 관련 정보를 생성할 수 있게 해주며, 주제가 되는 대상에 대한 생각을 표현할 수 있게 해줍니다. 가운데 원에 주제가 되는 단어를 적고, 그다음 원에는 주제에 대해 생각나는 단어를 적습니다. 원 밖의 틀에는 주제에 대해 생각나는 단어에 대한 배경을 적게 합니다.[4]

---

4   우치갑 외 공저(2015), 『비주얼 씽킹 수업』, 디자인펌킨, p.70 인용

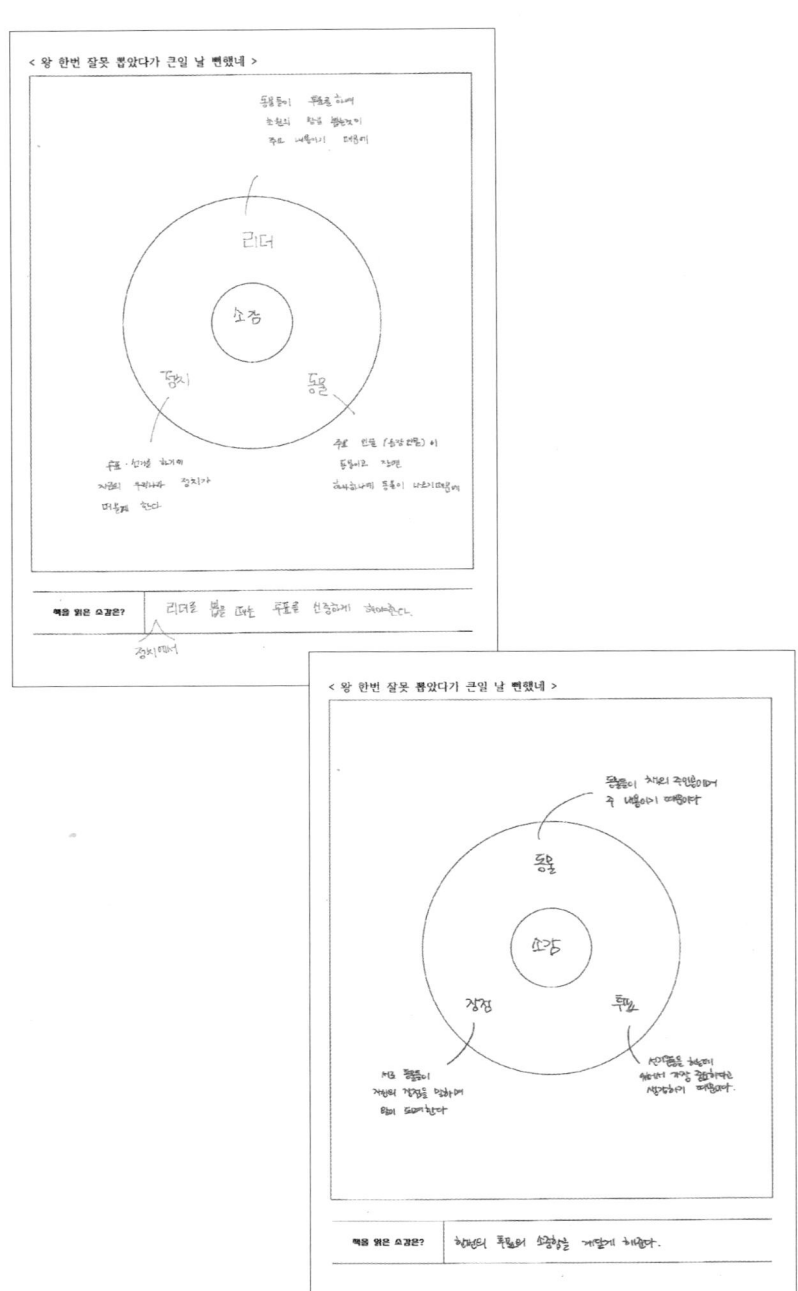

리더의 자격 알아보기

소감 작성이 끝난 후 리더의 자격을 알아보는 질문 2가지에 대해 함께 이야기를 나누었습니다. 첫 번째 질문은 '그림책 속 등장인물인 사자, 코끼리, 기린, 악어 중에서 왕으로 가장 적합한 동물은?' 입니다. 학생들의 다양한 대답 중에서 인상 깊었던 것을 소개하면 다음과 같습니다.

- **사자** 사자의 아버지, 할아버지가 지금까지 초원의 왕을 차지했다. 동물들은 이에 익숙해져 있다. 사자가 초원을 다스리는 동안에 큰 문제가 없었기 때문에 굳이 새로운 리더를 뽑아 변화를 줄 필요가 없다.
- **코끼리** 일반적으로 육식동물은 초식동물의 천적이라고 할 수 있다. 즉 동물들을 다스릴 때 무력 진압이 가능하다는 것이다. 사자는 육식동물의 왕이다. 악어도 육식동물이기에 동물들에게 위협이 될 수 있다. 육식동물의 위협을 이겨내고 위협을 주지 않는 덩치 큰 초식동물인 코끼리가 왕이 되어야 한다.
- **기린** 키가 커서 멀리에서도 적이 다가오는 것을 볼 수 있다. 먹이가 나무 위에 있는 경우 키가 작은 동물들에게 먹이를 선물해줄 수도 있고 육식동물이 초원으로 넘어와도 동물들을 지켜낼 수 있다.
- **악어** (먹이를 조절해주는 선생님 덕분에) 풀만먹으니까 다른 동물들에게 위협적이지 않지만, 적들에게는 위협을 줄 수 있다.

두 번째 질문은 '그림책 속 등장인물을 제외하고 리더에 가장 적합한 동물은?' 입니다. 이때 동물의 일반적인 특성을 중심으로 찾아보게 했습니다. 모둠별로 찾아보게 했는데 아주 다양한 의견이 나와 흥미로웠습니다.

- **토끼** 리더가 되기 위해서는 다른 동물들의 말에 귀를 기울여야 하기 때문에 귀가 큰 토끼가 리더가 되어야 한다.
- **부엉이** 부엉이는 목이 좌우로 180도 돌아가는 대표적 동물이다. 리더는 주변 앞뒤 좌우 모두를 보고 살필 수 있어야 한다. 가난한 자들, 부유한 자들, 노인, 학생 등 여러 가지 방향에서 확인할 수 있어야 한다.
- **침팬지** 침팬지는 학습능력이 뛰어나다. 계속해서 배움을 유지할 수 있다. '배움'이 리더의 자질이라고 생각한다. 지식만을 이야기하는 게 아니다. 동물에게 위협이 가해지면, 그걸 이겨내고 학습하여 나중을 대비하는 것도 중요하다. 게다가 구성원들이 좋아하는 것에 대해서도 학습해야 모두가 원하는 리더의 상에 다가가게 된다.
- **얼룩말** 얼룩말은 달리기가 빨라서 동물들이 위협을 받을 때 도움을 줄 수 있다. 얼룩말은 뭉치면 보호색 때문에 큰 동물처럼 보여서 위협에서 벗어날 수도 있고 뒷발의 힘도 강해서 육식동물들과 싸워도 이길 수 있다.
- **닭** 아침마다 큰 목청으로 깨워주어 동물들이 게으르지 않고 부지런해질 수 있다. 동물들이나 마을이 위험해졌을 때 큰 목소리로 위험을 알릴 수 있다.
- **치타** 빠른 속도로 멀리까지 금방 움직일 수 있어서 마을 동물들의 의견을 잘 들어줄 수 있다.

두 가지 질문을 통해 리더가 되기 위해서 갖추어야 할 조건들을 알 수 있었습니다. 즉 사자의 풍부한 경험, 코끼리의 불의에 맞서는 힘, 기린의 구성원을 안전하게 지키는 능력, 토끼의 경청 능력, 부엉이의 주변을 살필 줄 아는 따뜻함, 침팬지의 학습능력, 얼룩말의 위협에서 벗어나는 힘 등이 리더에게 필요한 덕목이라는 것을 알게 되었습니다.

후보자 토론회 진행 설명서

후보자 토론회를 통해 단순한 인기 위주의 선거를 탈피하고 후보자들이 지닌 리더의 자질을 살펴볼 수 있습니다. 또한 후보자들에게 학급을 위해 자신들이 지킬 수 있는 공약을 미리 생각해보는 기회를 주기 위함입니다. 후보자 토론회는 보통 3월 중순경에 진행합니다. 선거 당일의 토론회도 중요하지만, 토론회에 이르기까지 진행되는 절차 또한 아주 중요합니다. 다음에 나오는 표와 같은 절차로 진행하면 좋습니다.

선거 공고에 이은 후보자 등록 시작부터 후보자 토론회까지 일련의 과정을 거치면, 반장을 뽑는 중요성을 인식할 수 있고 민주 사회에서 절차가 중요하다는 것을 알게 됩니다. 선거 당일 이루어지는 후보자 토론회는 다음과 같은 순서로 진행하면 좋습니다.

① 자리 배치

후보자들을 칠판 앞에 나란히 앉게 하고 나머지 학생들은 동그랗게 앉습니다. 동그랗게 앉는 것은 후보자들의 긴장을 풀어주기 위함입니다. 동그란 형태는 수직적인 형태에 비해 편안함을 줍니다.

일자	내용
3월 4일(월)	- 선거 공고 　· 기간: 3월 4일~3월 6일
3월 11일(월)	- 후보자 등록 시작 　· 기간: 3월 11일~3월 13일 　· 제출 서류: 후보자 등록서
3월 13일(수)	- 후보자 등록 마감(16:40까지) - 후보자 번호 추첨: 마감 후 담임교사가 후보자 등록서 제출 순으로 후보자 순번 지정
3월 14일(목)	- 후보자 홍보 벽보 부착 　· 가로 50*세로 70 이내 3매 제한(교실 및 복도)
3월 14일(목)	- 선거 운동 시작 　· 기간: 3월 14일~3월 15일 - 선거 운동원: 개인당 5명 제한
3월 18일(월)	- 후보자 토론회 - 투표 실시 - 학급회 조직

② 소견문 발표

소견문에는 자기소개, 출마 동기, 공약 2~3가지 정도를 담게 합니다. 자기가 어떤 사람인지, 왜 반장이 되고 싶은지, 반장이 되면 학급을 위해 무엇을 할 것인지에 대해서 투표권을 가진 친구들에게 인상 깊게 발표하도록 합니다. 사전에 준비하는 것이기 때문에 PPT 등을 활용해서 발표할 수 있게 하면 더욱 좋습니다.

③ 후보자 간 공약 검증

후보자들이 발표한 공약을 상호 검증하는 시간입니다. 다양하게 진행할 수 있는데, 기본적인 3가지 방법을 소개합니다.

첫 번째 방법은 주도권 토론입니다.[5] 기호 순번대로 한 명씩 주도권을 가진 상태에서 다른 후보자들의 공약에 대한 질문 및 반박을 합니다. 대개 후보자별로 2~3분 정도 시간을 줍니다. 후보자가 많을 경우 주도권을 2번씩 주면 좋습니다. 그런데 주도권을 가진 후보자가 다른 후보자들의 공약을 검증하는 것이라서 어린 학생들은 다소 어려워합니다. 그리고 친구들의 공약을 직접 반박하는 것에 부담감도 있기 때문에 토론에 익숙한 학생들이거나 고등학생 이상의 학생들에게 적용하는 것이 좋습니다.

두 번째 방법은 원탁 토론입니다.[6] 기호 순번대로 돌아가면서 다른 후보자들의 공약에 대해 질문 또는 반론을 합니다. 여기서 중요한 것은 질문이나 반론을 받은 후보자가 즉문즉답을 하지 않는 것입니다. 1차 발언에서는 질문 또는 반론만 돌아가면서 하고 2차 발언에서 질문에 대한 답변과 반론에 대한 재반론을 합니다. 질문과 반론에 바로 반응하지 않기 때문에 토론이 과열되는 것을 막을 수 있습니다. 질문 또는 반론을 할 때 후보자끼리 쳐다보는 것이 아니라 청중을 바라보게 하면 더욱 좋습니다.

세 번째 방법은 후보자 간 공약 검증을 생략하는 것입니다. 후보자끼리 공약을 검증하는 자체가 부담이 될 수 있습니다. 특히 3월은 아직 서로 어색한 시기라 자칫 반론한 친구에게 안 좋은 감정을 갖게 될 수 있습니다. 따라서 후보자 간 공약 검증을 하지 않고 바로 청중과 담임교사 질문으로 넘어가는 것도 괜찮습니다.

---

5 권현숙 외 공저(2018), 『생각이 자라는 그림책 토론 수업』, 학교도서관저널, pp. 314~318 참고
6 유동걸(2012), 『토론의 전사 2』, 해냄에듀, pp.108~120 참고

④ 청중 및 담임교사 질문

후보자들의 공약에 대한 실천 가능성, 타당성 등에 대해 유권자인 청중 학생들의 질문을 받는 시간입니다. 담임교사는 사전에 준비한 질문을 하는데, 후보자들의 인성을 확인할 수 있는 질문을 하면 좋습니다. 공약에 대한 논박만을 주고받을 경우 자칫 말 잘하는 후보가 유리할 수 있는데, 담임교사의 인성 관련 질문을 통해 후보들을 제대로 파악할 수 있습니다.

⑤ 최종발언

마지막으로 하고 싶은 말을 하면서 자신이 반장이 되어야 함에 대해 인상을 남기는 시간입니다.

후보자 토론회 진행해보기

후보자 1   안녕하세요. 1 후보자 ○○○입니다. 우리 반에 봉사하고 싶은 마음이 생겨서 출마하게 되었습니다. 공약을 말씀드리겠습니다. 첫째, 건의함을 만들겠습니다. 친구들의 불편 사항을 건의함에 넣어주면 부반장, 선생님과 함께 문제를 해결하겠습니다. 둘째, 깨끗한 우리 반입니다. 청소할 것이 있거나 청소함이 지저분해지면 제가 직접 청소하겠고 청소 인원이 부족할 때는 제가 지원하겠습니다. 세 번째, 경쟁보다 격려하는 반입니다. 칠판 옆 게시판에 격려판을 만들어서 격려할 내용을 적어서 한 달에 한 번 격려를 가장 많이 한 친구에게 상품을 주겠습니다. 우리 반 친구끼리 서로서로 격려하는 마음이 생길 수 있을 것입니다.

후보자 2 안녕하세요. 2 후보자 ○○○입니다. 출마 동기는 그동안 한 번도 반장, 부반장을 못해봐서 해보고 싶었습니다. 첫 번째 공약, 관계가 돈독한 반입니다. 새 학년이 시작되어 아직은 서먹한 관계입니다. 친한 친구끼리만 지내고 있습니다. 그로 인해 소외되는 친구도 발생하고 있습니다. 이런 문제를 해결하여 학급 친구 모두가 서로 친하게 지내게 하겠습니다. 둘째, 학급 잘 이끌기입니다. 친구끼리 의견이 맞지 않아서 싸우는 경우 문제를 나서서 해결하는 등 학급을 잘 이끌어가겠습니다. 도움이 필요한 친구를 앞장서서 돕겠습니다. 세 번째, 우리 반의 불편한 점을 제거하겠습니다.

후보자 3 안녕하세요. 3 후보자 ○○○입니다. 많은 친구와 소통하고 싶어서 출마했습니다. 주요 공약을 말씀드리겠습니다. 첫째, 소외당하는 친구 없이 다 같이 웃을 수 있는 반입니다. 저는 소외당하는 친구가 생기지 않게 하기 위해 제가 적극적으로 다가가겠습니다. 둘째, 소통이 잘 이루어져서 협력이 잘 이루어지는 반, 또 고민이 있는 친구 얘기를 잘 들어주어 서로 이해할 수 있게 하겠습니다. 셋째, 가정 같은 편안함을 느껴 자신의 의견을 마음껏 말할 수 있는 반입니다. 집 말고 학교에서 가장 오래 있는데, 집에서와 같은 편안함을 교실에서 느꼈으면 합니다. 누구라도 학급에 있을 때 불편하지 않았으면 합니다. 친목을 위해 노력하겠습니다.

토론에 익숙하지 않은 학생들이고 처음 경험해보는 후보자 토론회라는 점을 고려해 상호 검증을 생략했습니다.

청중 세 후보 모두에게 질문을 하겠습니다. 세 후보가 내세우는 공약은 공약이기보다 슬로건 같습니다. 구체적인 추진 계획 없이 그냥 공약을 제시하는 것은 '나라를 나라답게' 같은 슬로건 같아 보입니다. 구체적인 추진 계획을 말해주어야 우리가 듣고 반장에 어울리는 친구를 선택할 수 있는데, 너무 포괄적인 의미만 담고 있으니 구체적인 실현 계획을 말해주면 좋겠습니다.

청중이 뜨거운 박수를 보냈습니다. '맞아, 맞아' 하는 친구들의 감탄사가 이어졌습니다. 후보자 토론회의 의의를 알려주는 질문이라 질문한 학생을 칭찬했습니다.

후보자 3 아무도 말하지 않고 있으면, 서로 무슨 생각을 하고 있는지 모릅니다. 협력이 잘되는 반을 만들기 위해 아이들이 자신의 의견을 말할 수 있게 하겠습니다.

후보자 2 원래 알고 있던 친구끼리만 다녀서 소외당하는 친구가 있는 것 같은데 소외당하는 친구와 먼저 친해지겠습니다. 학급에서 의견이 달라서 싸우는 경우가 많았는데 싸우는 횟수를 최대한 줄이고, 고민이 털어놓기 힘든 친구가 있으면 도움을 청하지 않아도 먼저 달려가겠습니다.

후보자 1	(답변하지 못함)
청중	(후보자 2에게) 왜 반장, 부반장을 해보고 싶은가요?
후보자 2	고입 내신 점수에 도움이 되니까요.
청중	(후보자 1에게) 격려를 하지 않는 학급 친구가 많은 경우 어떻게 할까요?
후보자 1	격려를 하지 않아도 칭찬이나 하고 싶은 말을 적어도 되니까 편하게 사용 가능합니다.
청중	(후보자 1에게) 건의함을 만들겠다고 했는데, 전교 학생회장 공약이 건의함 설치였는데 굳이 학급에 건의함을 설치할 필요가 있을까요?
후보자 1	학급 건의함은 학급 일을 해결하기 위한 거니까 학생회 차원에서 설치하는 건의함과는 다르다고 생각합니다.
담임교사	일 년 동안 우리 반이 따뜻한 공동체가 되면 좋겠는데, 학급에서 소외되는 학생이 발생할 수 있어요. 이런 경우 어떻게 문제를 해결할 것인가요?
후보자 1	학급에 여학생이 홀수라서 짝 활동할 때 짝을 이루지 못하는 학생이 생기는데, 이런 사소한 일 등 학급에서 문제가 발생하면 먼저 다가가서 대화를 시도하며 담임선생님과 협력해서 문제를 해결하겠습니다.
후보자 2	소외되는 친구가 직접 말하기 어려우니 문제 해결을 위해 적극적으로 나서겠습니다.
후보자 3	우리 반 아이들이 서로 친하게 지내게 해서 소외되는 학생이 생기지 않도록 하겠습니다. 저는 눈치가 빨라서 학급 분위기

를 잘 파악하니 문제가 생긴 초기에 바로 해결하도록 노력하겠습니다.

세 후보자가 최종발언을 합니다.

후보자 3   소외받는 친구가 없이 다 같이 웃을 수 있는 반, 소통이 잘 이루어져 협력이 잘 이루어지는 반, 가정 같은 편안함을 느껴 자신의 의견을 마음껏 말할 수 있는 반을 만들겠습니다. 여러분의 의견을 듣고 발로 항상 뛰어다니겠습니다.

후보자 2   2번 뽑아주세요. 우리 반의 불편함을 제가 해결하겠습니다. 소외당하는 친구에게 먼저 다가가겠습니다. 의견이 달라도 싸우는 일이 없도록 노력하겠습니다.

후보자 1   토론회를 준비하면서 우리 반을 생각하면서 공약을 정말 열심히 준비했는데 아까 당황해서 2번 공약을 잘 설명하지 못했습니다. 만약에 아파서 모둠 청소를 하지 못하는 경우 제가 대신하겠습니다. 열심히 하겠습니다.

이렇게 토론회를 마치고 투표를 통해 반장을 선출했습니다. 다음은 토론회를 통해 반장으로 당선된 학생의 소감입니다.

    토론회를 통한 선거 방식이 새로웠다. 특히 공약을 준비할 때 확실히 달랐다. 상대 후보와 친구들에게 확실하게 인식될 수 있도록 고민하고 여러 번 생각한 후에 공약을 작성했다. 작성하다 보니 내뱉은 말을 몸소 실천하여 보여주어야겠다는 생각이 더 강하게 들었다. 그리고 선생님과 친구들이 내 공약에 관해 질문하는 시간이 매우 인상 깊었다. 어떤 점이 부족하고, 다양한 면에서 어떻게 바라봐야 하며, 다른 의견들은 어떻게 수렴할지 등 혼자서는 알아내기 어려운 생각들을 깨닫는 시간이었다. 토론회가 쉽지 않았지만, 과정에서 다양한 경험을 했고 그 경험은 뜻깊고 유익했다.

더 나은 활동을 위한 도움말

그림책 『왕 한번 잘못 뽑았다가 큰일 날 뻔했네』를 통해 리더의 자격을 알아보고 이어진 후보자 토론회를 진행한 후 반장을 선출했습니다. 하지만 선출된 반장이 그림책을 통해 도출해낸 리더의 조건을 얼마나 많이 지니고 있는지는 정확히 알지 못합니다. 그러나 이런 과정을 거치면서 아이들은 공동체에서 함께 살아가는 것, 리더가 된다는 것, 투표의 중요성에 대해서 많은 생각을 하게 됩니다. 개인에게는 한 표에 불과하지만, 한 표 한 표가 모여서 엄청난 결과를 만들어낼 수 있다는 점도 알게 됩니다.

후보자 토론회를 진행할 때 후보자들이 열심히 준비할 수 있도록 지도하는 것이 중요합니다. 후보자 토론회를 안내하고 그냥 내버려 두면 토론회가 제대로 진행되지 않습니다. 후보자들이 별다른 준비 없이 토론회에 참가하기 때문입니다. 사전에 담임교사가 후보자들이 준비한 공약을 미리 살펴봐 주는 것만으로도 좀 더 의미 있고 실제적이며 실천 가능한 공약들을 준비하게 됩니다. 그렇게 준비되어야 유권자 학생들이 소중한 한 표를 의미 있게 행사할 수 있습니다.

함께 읽으면 좋은 그림책

- 『돼지왕』, 닉 블랜드 글·그림, 김혜진 옮김, 천개의바람, 2015
- 『양들의 왕 루이 1세』, 올리비에 탈레크 글·그림, 이순영 옮김, 북극곰, 2016
- 『토끼가 커졌어』, 정성훈, 한솔수북, 2007

3. 학급규칙 세우기

『쿠키 한 입의 인생 수업』

에이미 크루즈 로젠탈 글, 제인 다이어 그림, 김지선 옮김, 책읽는곰, 2008

　학기 초에는 학급규칙을 정합니다. 이때는 학생들이 서로 알기 전이라서 의견도 제대로 나오지 않습니다. 그나마 몇 개 나온 의견을 가지고 해치워 버리듯 학급규칙을 만듭니다. 그리고 교실 앞쪽 게시판에 학급규칙을 붙여 놓습니다. 매년 3월이 되면 급하게 학급규칙을 만들어야 합니다. 그러나 이때는 학생들끼리 어색해서 마음을 담은 의견이 잘 나오지 않습니다. 마음을 모은 학급규칙이 아니다 보니 학생들도 학급규칙을 왜 지켜야 하는지 의지도 없어 보이고, 언제 학급규칙을 적용해야 하는지 관심도 없어 보일 때가 많습니다. 이러다 보니 '이런 형식적인 학급규칙을 왜 정하라고 하는 거야' 하고 불평을 하기도 합니다.

　매년 이런 식으로 학급규칙을 만들면서 아쉬운 점이 많았습니다. 그래서 해마다 형식적으로 만드는 학급규칙이 아니라, 학년이 바뀌고, 졸업 후에 만나도 기억나는 학급규칙을 학생들과 함께 만들었으면 하는 소망이 있었습니다. 우리 모두를 성장하게 하는 학급규칙을 충분한 시간을 가지고 만들고, 지킬 수 있도록 돕는다면 학생들의 인성도 좋아질 것이고 학급 분위기도 좋아질 것 같았습니다. 그래서 먼저 우리가 살아가는 데 필요한 덕목이 뭐가 있는지 알아보고 난 후, 우리 학급에 필요한 덕목을 학생들에게 선정하게 하고, 그 덕목을 맘과 몸의 습관으로 자리 잡을 수 있도록 각자의 약속을 정하는 것이 좋겠다고 생각했습니다.

그런데 덕목을 정하려고 하니 덕목의 의미를 모르는 학생이 태반이었습니다. 덕목을 쉽게 설명해주는 것이 먼저라는 생각을 하고 어떻게 삶 속에 녹여내어 덕목을 쉽게 설명해줄까 고민했습니다. 그러는 와중에 22개의 덕목을 너무 쉽고 예쁘게 설명해주는 그림책을 발견했습니다. 바로 『쿠키 한 입의 인생 수업』입니다.

『쿠키 한 입의 인생 수업』 열어보기

이 책은 미국에서 출간되자마자 2006년 뉴욕타임스 베스트셀러로 선정되었다고 합니다. 읽어보면 알겠지만, 누구나 한번 읽게 되면 사랑하게 되는 책입니다. 이런 예쁘고 의미 있는 그림책을 소개해주는 것도 학생들에게 큰 선물이 되며 좋은 경험이 된다고 생각합니다. 혼자서 읽는 것도 좋겠지만, 학급 친구들과 함께 읽고, 생각을 나눈다면 내용과 감동이 오래 기억될 것입니다. 오래 기억된 감동은 학생들의 삶에서 덕목과 약속을 실천하는 원동력이 될 것입니다.

그림책에서 소개하는 22개의 덕목에는 서로 돕는다는 것, 참는다는 것, 당당하다는 것, 겸손하다는 것, 어른을 공경한다는 것, 믿음을 준다는 것,

공평(불공평)하다는 것, 남을 배려한다는 것, 욕심이 많다는 것, 마음이 넓다는 것. 부정적(긍정적)이라는 것, 예의 바르다는 것, 정직(용감)하다는 것, 부러워한다는 것, 우정이란, 열린 마음이란, 후회한다는 것, 만족스럽다는 것, 지혜롭다는 것 등이 있습니다.

첫 장면에는 귀여운 곱슬머리 여자아이가 동물들과 함께 쿠키 반죽을 젓는 그림이 크게 왼쪽에 보이고 오른쪽에 "서로 돕는다는 건 이런 거야, 내가 반죽을 저을게. 너는 초콜릿 조각을 넣을래?"라고 쓰여 있습니다. 서로 돕는다는 것이 어떤 것인지 너무 쉽게 설명해주고 있지요? 두 번째 장면은 까무잡잡한 피부에 큰 챙이 있는 모자를 쓴 여자아이가 턱을 괴고 싱크대 위에 앉아 있습니다. 이 여자아이의 그림을 통해서 참는다는 건, 쿠키가 다 익을 때까지 기다리고 또 기다리는 거라고 설명해줍니다. 예쁜 꽃을 바구니에 담고 있는 할머니 입에 까치발을 하고 쿠키를 넣어주는 아이의 그림 옆에는 어른을 공경한다는 건, 갓 구운 쿠키를 맨 먼저 할머니께 드리는 거라고 설명합니다. 머리띠를 한 단발머리 여자아이는 손에 쿠키를 들고 진지하게 바라보고 있고, 바깥쪽 문틈으로 말이 머리띠를 한 여자아이를 바라보고 있어요. 이 그림으로는 믿음을 준다는 건 친구가 나가면서 쿠키를 맡기면, 돌아올 때까지 안 먹고 잘 가지고 있는 거라고 설명해줍니다.

이런 식으로 22개의 덕목을 정말 쉽게 설명해주고 있습니다. 그림책에 등장하는 어린이들의 모습도 다양하게 그려 놓았습니다. 동물들의 종류도 다양하게 그려져 있습니다. 아마도 작가가 인생이란 다양한 사람들을 만나게 되고, 다양한 생물들과도 잘 어울려야 한다는 것을 이야기하고 싶었던 것 같습니다. 가장 마음에 남는 덕목은 그림책의 마지막 장면입니다.

나이가 들어 털이 하얗게 새어버린, 안경 쓴 강아지가 쥐와 함께 책을 보고 있습니다. 그림 오른쪽에는 이렇게 덕목을 설명하고 있습니다.

>지혜롭다는 건 이런 거야.
>"난 내가 쿠키에 대해 다 안다고 생각했는데,
>이제 보니 겨우 초콜릿 조각 하나 아는 것 같아."

이 대목에서 무릎을 탁 쳤습니다. '아 이렇게 지혜라는 것을 설명할 수 있구나!' 하는 깨달음을 얻었습니다. 학생들에게도 이런 깨달음이 있으면 하는 바람으로 그림책을 함께 읽기 시작합니다.

육각카드를 이용한 피라미드 토의토론

먼저 학생들에게 그림책을 읽어줍니다. 내용을 잘 들어보게 합니다. 그러고 나서 모둠별로 다시 한번 그림책을 읽게 합니다. 귀로 듣고, 눈으로 읽는 동안, 학급에 필요한 덕목을 고민하면서 1개씩 고르게 합니다. 1개씩 덕목을 고르면, 보드용 마커와 지우개, 육각카드 3장을 나누어줍니다. 육각카드 3장은 덕목 1가지와 규칙 2가지를 쓰는 데 사용합니다. 육각카드는 다음에 나오는 사진처럼 생겼습니다. 코팅된 하드보드지를 육각 모양으로 자른 것으로 모서리 부분에 다양한 색깔의 띠가 칠해져 있는데, 띠의 색깔은 앞뒤가 다릅니다. 마커도 지우개 달린 것으로 다양한 종류의 색깔을 준비해서 나눠줍니다.

학토재의 '6각 헥사보드'

　육각카드에 학급에 필요하다고 생각하는 덕목을 1개씩 적습니다. 그리고 뒷면에는 선정한 이유를 '왜냐하면'으로 시작하는 문장으로 간단하게 적고, 발표할 때 뒷면에 적은 것을 보고 토의토론 하도록 합니다. 각자 1개의 덕목과 선정한 이유를 다 작성하면 피라미드 토의토론[7]을 합니다.

　먼저 두 사람이 짝을 지어 각자 덕목을 작성한 육각카드를 책상 위에 놓고, 선정한 이유를 설명합니다. 그러면서 2개의 덕목을 토의토론을 통해 1개로 줄입니다.

　학생 A는 덕목 중에서 정직을 선택했고, 학생 B는 지혜를 선택했습니다. 다음은 두 학생이 토의토론을 통해서 정직과 지혜 두 가지 중에서 정직으로 합의해가는 대화 내용입니다.

7　정문성(2017), 『토의 토론 수업 방법 84』, 교학교육사, pp.337~340 참고

학생 A	나는 정직을 골랐어. 왜냐하면 무슨 일이 생겼을 때 정직하게 자기 잘못을 말하는 것이 우리 학급에 부족한 것 같아서 골랐어.
학생 B	왜? 우리 반 학생들이 거짓말을 한다고 생각해서 고른 거야?
학생 A	그건 아니고, 정직하게 말하는 것이 필요한 것 같아서 고른 거야. 너는 뭘 골랐니?
학생 B	나는 지혜를 골랐는데, 왜냐하면 문제가 발생하면 그 문제를 지혜롭게 해결하는 것이 좋기 때문이야.
교사	만일 둘 중 1개를 고른다면, 어떤 것을 선택할 건지 고민하면서 대화를 하도록 해요. 어느 하나가 옳지 않아서 선택되지 않는 것이 아니니 자기 것을 강하게 고집하기보다는 어느 덕목이 우리 반에 더 필요할지를 생각해보는 것이 좋아요.
학생 A	저는 정직이요. 왜냐하면 물어봤을 때 서로 모른다고 하면 문제가 해결되지 않잖아요. 관심을 가지고 정직하게 말하는 것이 지혜보다 먼저인 것 같아요.
학생 B	저는 지혜였는데 친구 얘기를 들어보니 학급 문제를 해결하려면 먼저 정직해야 할 것 같아요.
교사	(B 학생에게) 너는 지혜에서 정직으로 생각을 바꾸었는데, 네가 이해한 정직이라는 것은 무엇인지 궁금하구나?
학생 B	정직하려면 학급에서 일어나는 상황에 관심이 있어야 해요. 관심이 있어야 정직하게 얘기할 수 있을 것 같아요.
교사	이제까지 서로 자신이 선택한 덕목에 대해서 왜 선정을 했는지 얘기를 주고받았지요? 정직과 지혜 중에서 하나의 덕목

학생들 으로 합의를 한다면 어떤 것을 선택할 건가요?

정직이요.

두 학생이 정직으로 합의하면, 다음 단계로 넘어갑니다. 마찬가지로 예의라는 덕목으로 합의한 다른 두 학생과과 만납니다. 이번에는 정직과 예의를 가지고 네 명이서 똑같은 방법으로 다시 정직으로 합의합니다.

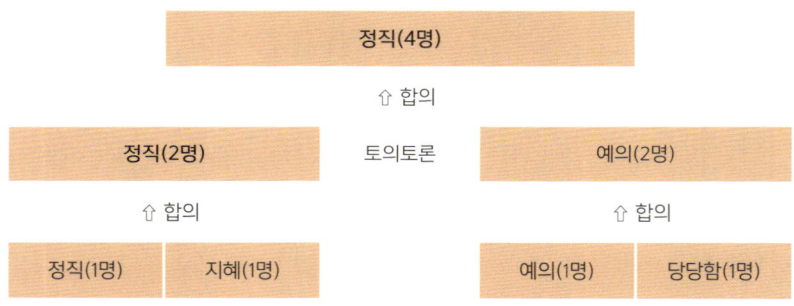

이렇게 4명씩 6모둠이 토의토론을 해서 합의한 덕목이 예의, 정직, 예의, 당당함, 믿음, 인내입니다. 그다음 단계는 네 사람이 1개의 덕목으로 합의한 것을 가지고, 다른 네 사람의 모둠을 만나 여덟 명이 토의토론을 통해 2개의 덕목을 다시 1개의 덕목으로 합의합니다. 예의와 정직, 예의와 당당함, 믿음과 인내로 4명씩 8명이 토의토론을 합니다. 이런 방식으로 학생 수는 늘어나도 합의된 덕목은 1개를 유지하게 됩니다. 참여한 학생의 수가 24명이므로 최종적으로 3개의 덕목이 나올 때까지 피라미드 토의토론을 진행합니다. 교사는 학생들의 대화 내용을 들어보고, 진행 방향이 바르

예의(8명)	정직(8명)	믿음(8명)
⇧ 합의	⇧ 합의	⇧ 합의

예의(4명)	정직(4명)	예의(4명)	당당함(4명)	믿음(4명)	인내(4명)

게 가도록 도와줍니다. 8명씩 세 팀에서 합의한 덕목은 최종적으로 예의, 정직, 믿음입니다.

　3개의 덕목(예의, 정직, 믿음)은 규칙을 만들기에는 많아서 우리 학급에 가장 필요한 2개의 덕목을 고르는 투표를 했습니다. 압도적으로 1위로 예의와 그다음으로 정직이 선정되었습니다. 예의를 학급에 필요한 덕목으로 선정한 이유를 "서로 사이좋게 지내고 싸우지 않으려면 배려도 필요하지만, 예의 있게 대하면 서로 기분 나쁠 일이 없기 때문에 필요한 것 같아요", "친구 간, 선생님 간에 예의가 있어야 서로 싸울 일도 덜 발생하게 되고 서로 간의 신뢰와 좋은 점이 드러나고, 그 사람에 대해서 좋은 사람으로 인식이 되기 때문에 우리 반 덕목으로 예의가 좋은 것 같습니다"라고 진지하게 발표합니다. 육각카드에 자신이 쓴 것을 보고 읽어도 된다고 하면 발표를 어려워하는 학생도 자신 있게 발표합니다.

　또 다른 덕목으로 선정된 정직을 뽑은 이유로는 "살면서 정직하지 못한다면 어떠한 일에 책임을 지지 않게 되고 떠넘기게 되기 때문입니다", "사람 대 사람 간의 최소한의 신뢰를 지켜주는 덕목이 정직이므로 우리 학급에 필요하다", "정직해야 좋든 안 좋든 학급에서 생긴 일이 해결될 수 있기 때문입니다"라는 내용이 주가 되었습니다.

학급규칙 만들기

최종 선정한 덕목인 예의와 정직이 그림책에서 어떻게 설명되어있는지 다시 한번 찾아보고 기억하게 합니다.

예의 바르다는 건 "미안하지만 그 쿠키 좀 이리 줄래?" 하고 말하는 거야.

정직하다는 건 이런 거야. "말씀드릴 게 있는데요. 실은 그 쿠키, 나비가 가져간 게 아니라 제가 가져갔어요."

예의와 정직이라는 학급 덕목을 실천하기 위해서 자신이 지킬 수 있는 약속을 육각카드에 각각 1~2개씩 적어 육각카드의 모서리를 맞추어 검은 판에 붙입니다. 예의가 바른 학생들이 있는 학급을 만들기 위해서 스스로 지켜야 할 약속으로 적은 "상대방의 기분을 고려해서 한 번 더 생각하고 말을 하겠습니다", "친구들과의 일상대화에서 욕을 줄이겠습니다", "선생님과 친구에게 항상 감사를 표시하기", "선생님께 먼저 큰소리로 인사드리기", "친구를 대할 때 막 대하지 않고 예의를 지키기", "수업 종이 치기 전에 제자리에 앉아 일어나지 않겠습니다", "수업시간에 선생님 말씀 경청하기" 등입니다.

　정직에 대한 약속은 "자신의 이익을 위해 남을 속이지 않기", "친구들에게 거짓말하지 않기", "정직하기 위하여 자신의 잘못을 인정하겠습니다", "옳지 못한 행동을 했다면 즉시 정직하게 말하겠습니다" 등입니다. 아주 간단하지만, 함께 고민의 시간을 갖고 찾아낸 꼭 필요한 약속들입니다.

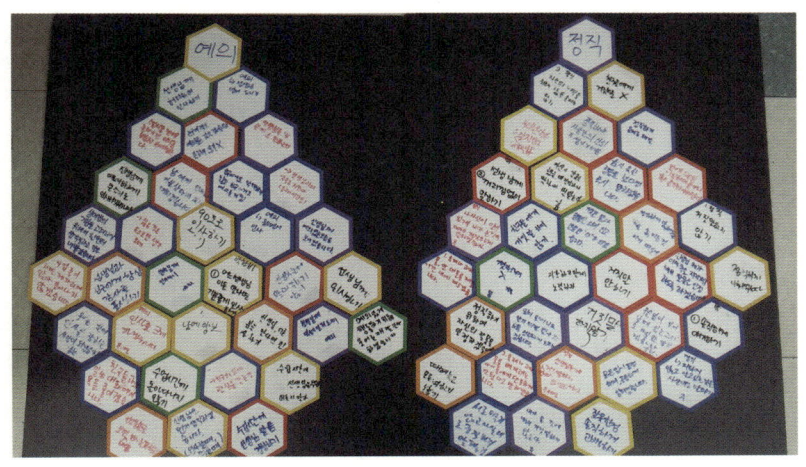

최종 선정한 예의와 정직의 육각카드를 검은 판 맨 위에 올려놓게 했습니다. 그리고 학생들이 육각카드에 기록한 규칙들을 가지고 나와서, 위 그림과 같이 색깔이나 내용에 맞게 붙이게 했습니다. 붙이면서 다른 친구들의 내용도 읽어보고, 자신과 같은 내용을 적은 사람은 누구인지 찾아보기도 했습니다.

교사는 학생들이 적어낸 약속을 기억하고 꾸준히 지키도록 도와주어야 합니다. 학생들이 적어낸 약속 중에서 중복되는 것을 뽑아서 교실 게시판에 부착했습니다. 그 옆에 자신이 하루 종일 약속을 지켰다면 스스로 스티커를 붙이는 표를 함께 붙여 놓았습니다. 말로만 끝나는 것이 아니라 삶에 녹아드는 약속이 되도록 말입니다.

자신이 예의와 정직에 관한 약속을 하루 종일 지켰고, 스스로 칭찬하고 싶을 때 스티커를 붙이게 했더니 다 붙인 한 학생이 있었습니다. 2주 동안 스티커 판에 스티커를 1개라도 붙인 학생이 11명입니다. 29명 중에 약속

 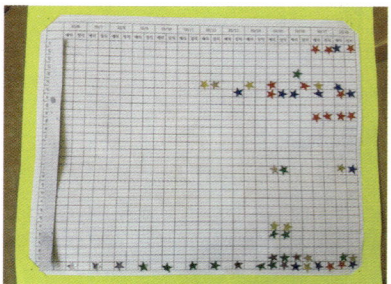

을 지키려고 노력하는 학생이 11명이면 40% 정도입니다. 더 열심히 약속을 지키도록 칭찬해주고, 졸업식 날 스스로 약속을 잘 지킨 학생들에게 작은 선물을 준비할 예정입니다.

더 나은 활동을 위한 도움말

『쿠키 한 입의 인생 수업』은 22개의 덕목을 쉽게 설명해주기 때문에 학생들에게 학급에 필요한 덕목을 고르라고 했을 때 쉽게 고를 수 있습니다. 덕목을 쉽게 이해할 수 있기 때문에 학급규칙을 정하는 데 시간을 절약할 수 있습니다. 이 활동 후 일대일 상담을 할 때 "네가 뽑은 덕목은 무엇이었니? 그 덕목을 뽑은 이유는 뭘까? 학급규칙은 무엇으로 했니? 효과가 있었다고 생각하니, 스스로에게?" 등등 질문을 하면 진술하게 대답합니다. 친구들과 많이 생각을 나누었던 것이라서 대답하는 데 어려워하지 않습니다. 그리고 필요하다면 몇 달 뒤에 또는 2학기에 새로 덕목을 정하고 학급규칙을 새로 정하는 것도 학급 분위기를 새롭게 하는 데 도움이 됩니다.

육각카드를 활용한 이유는 학생들이 재미있어하기도 하고, 학급규칙을 적어서 판에 붙일 때 편하기 때문입니다. 우리 학급에 필요한 예의와 정직이라는 덕목을 학급 친구들과 대화를 통해서 알아내어 합의하여 정했습니다. 합의한 학급 덕목이기에 학급규칙을 구체적으로 정할 수 있고, 정한 학급규칙을 잘 지키게 하는 동기가 되어 좋습니다.

마지막으로 『쿠키 한 입의 인생 수업』은 그림이 예쁘고 귀엽기 때문에 교사가 직접 읽어주는 것보다 영상 플래시 동화를 이용하는 것도 재미있습니다. 출판사에서 무료로 제공해주는데 귀여운 여자아이의 목소리로 읽어주므로 학생들이 무척 좋아합니다.

함께 읽으면 좋은 그림책

- 『규칙이 있는집』, 맥 바넷 글, 매트 마이어스 그림, 서남희 옮김, 주니어RHK, 2017
- 『규칙은 꼭 지켜야 돼?』, 브리지트 라베 글, 에릭 가스테 그림, 김영희 옮김, 문학동네어린이, 2009
- 『쿠키 한 입의 사랑 수업』, 에이미 크루즈 로젠탈 글, 제인 다이어 그림, 최현경 옮김, 책읽는곰, 2010

4. 학부모 총회

『완벽한 아이 팔아요』

미카엘 에스코피에 글, 마티외 모데 그림, 박선주 옮김, 길벗스쿨, 2017

　매해 돌아오는 학부모 총회, 어떻게 준비하시나요? 새 학기 새로운 아이들과의 만남만큼이나 학부모 총회는 떨리고 긴장됩니다. 학부모에게 배부할 자료를 만들고, 학부모에게 자기소개를 어떻게 소개할지 고민합니다. 학부모 총회가 있는 날, 오랜만에 정장을 꺼내 입습니다. 출근 후 일과를 마치고, 학부모 총회를 기다립니다. 약속한 시간이 되었습니다. 긴장된 마음을 진정시키고 교실로 들어서는 순간 교사 못지않게 긴장하고 있는 학부모를 만나게 됩니다. 어색하게 인사를 나눈 다음 준비한 자료를 배부하고, 자료를 읽어나갑니다. 그러다 어색함이 풀리지 않은 채 사무적으로 학부모를 만나고 있는 나 자신을 발견하게 됩니다.
　이런 상황은 제가 교직 생활을 시작하고 겪은 몇 차례의 학부모 총회 기억을 떠올리며 적어본 것입니다. 올해 학부모 총회는 어떠셨나요? 학교에서 학부모를 만나는 시간을 갖는 것은 생각보다 쉽지 않습니다. 맞벌이 가정이 많은 요즘 학부모도 직장에 양해를 구하고, 시간을 마련하여 학교에

방문합니다. 이처럼 어렵게 시간을 내서 온 학부모들을 그저 준비한 자료만 가지고 만난 경험들은 공허했을 뿐만 아니라 이후의 학부모와의 관계에도 크게 도움이 되지 못했습니다. 서로 귀한 시간을 마련하여 만나는 학부모 총회를 좀 더 의미 있게 보내기 위해 그림책으로 학부모 총회를 채워 보는 건 어떨까요?

학부모 총회 때 학부모와 함께 읽기 좋은 그림책『완벽한 아이 팔아요』를 소개합니다.

『완벽한 아이 팔아요』 열어보기

『완벽한 아이 팔아요』는 미카엘 에스코피에가 쓴 책입니다. 30권 이상의 어린이 책을 쓴 작가로 지금은 어린이 문학책을 집필하고 있습니다. 그동안 쓴 책으로는『화성에서 온 담임선생님』,『미루는 미루기 대장』,『저요, 저부터요!』,『내 초능력이 사라진 날』 등이 있습니다. 우리나라에 출간된 작품으로는『늑대 잡는 토끼』,『큰 토끼의 비밀』,『양심 팬티』 등이 있습니다.

부부가 아이를 임신하고, 출산하고 또 아이가 자라는 그 과정에서 간절하게 바라는 단 한 가지를 꼽으라면 무엇보다 아이의 건강일 것입니다. 아이가 '건강하게만 자라길' 하고 바라던 부모는 아이가 점차 커가면서 점점 더 많은 것을 바라게 됩니다. 좀 더 예의 바른 아이가 되기를 바라고 동생을 잘 돌보길 바라며 학업도 충실하게 척척 잘 해내길 바랍니다. 이 과정에서 아이와 갈등이 생기기도 하고, 서로 힘들어지기도 합니다.

어느 화창한 날 뒤프레 부부는 완벽한 아이를 사기 위해 대형마트를 찾습니다. 부부는 점원의 추천으로 완벽한 아이인 바티스트를 구입합니다. 바티스트는 놀라운 아이입니다. 치아 건강을 생각하여 솜사탕을 마다하고, 밥투정을 하는 법이 없습니다. 얌전히 혼자서도 잘 놀고 잠자리에 일찍 듭니다. 친절하고 예의 바르며 학업에도 뛰어난 기량을 보입니다. 그 어떤 상황에서도 완벽한 모습을 보여줍니다. 부모들이 꿈꾸는 그런 아이입니다.

그러던 어느 날 축제 날을 착각한 부모의 실수로 바티스트는 우스꽝스러운 축제 의상을 입고 등교하게 됩니다. 친구들의 놀림에 마음이 상한 바티스트는 부모에게 처음으로 화를 냅니다. 전에 보지 못한 모습에 놀란 뒤프레 부부는 아이를 샀던 대형마트의 고객센터를 찾아갑니다. 수리를 맡기라는 판매원의 제안을 듣고 잠시 머뭇거리는 부부를 두고, 바티스트는 판매원에게 질문합니다. "혹시 저한테도 완벽한 부모님을 찾아주실 수 있나요?" 바티스트의 질문에 판매원은 엉뚱한 생각이라며 웃어넘깁니다. 그렇게 이야기는 끝납니다.

세상에 완벽한 사람은 없습니다. 그것은 부모도 아이도 마찬가지입니다. 서로 불편한 점이 있다고 해서 책에서처럼 부모나 아이를 수리하거나 교환하지는 않을 것입니다. 갈등이 생겨도 그때뿐 서로 사랑하는 마음은 변하지 않을 테니까요. 이 책을 통해서 내 아이가 얼마나 소중한 존재인지 내가 얼마나 사랑하고 있었는지 깨닫게 됩니다.

자녀와 부딪치다 보면, 때로는 부모와 자녀 모두 상처를 받기도 하고 좀처럼 좁혀지지 않는 의견 차이로 갈등이 증폭되기도 합니다. 자녀와 부모 모두 힘든 상황을 보낼 때도 있지만, 자녀를 세상에서 그 누구보다 사랑하는 사람 역시 부모입니다.

학부모 총회 때 학부모와 함께 그림책 『완벽한 아이 팔아요』를 읽고 교사는 자녀와 갈등으로 힘들어하는 학부모의 마음에 공감해보고, 학부모는 자녀에 대한 사랑을 떠올려보는 시간을 보내길 바랍니다.

프리즘 카드 활용 대화

프리즘 카드[8]는 참가자들의 생각을 자연스럽게 표현할 수 있도록 돕는 도구입니다. 100장의 다양한 사진으로 구성된 프리즘 카드를 이용하면 학부모들이 자신의 생각을 부담 없이 이야기할 수 있습니다. 학부모 총회뿐만 아니라 수업, 회의 등에서 다양하게 활용할 수 있습니다. 꼭 프리즘 카드가 아니어도 다양한 그림이 있는 카드라면 다 좋습니다.

미리 의자를 원 형태로 동그랗게 배치하고, 블루투스 스피커나 핸드폰을 이용하여 잔잔한 음악을 틀어놓습니다. 부드러운 음악은 분위기를 좀 더 좋게 만들어줍니다. 동그랗게 자리를 배치한 후 가운데에는 프리즘 카드를 깔아 둡니다. 프리즘 카드뿐만 아니라 색종이나 보자기를 깔고 그 위에 생화나 화분 등을 함께 두면 좀 더 분위기도 화사해지고 학부모들도 환영받는 느낌을 받을 수 있습니다. 회복적 생활교육에서는 원 가운데 있는 조형물들을 센터피스라고 부르는데, 학부모와 함께 동그랗게 앉아서 대화를 나눌 때 어색한 시선을 센터피스에 둘 수 있어서 좀 더 편안하게 대

---

8 학토재의 '프리즘 카드'를 사용함.

화를 이어나가는 데 도움이 됩니다.

 학부모가 교실로 오면, 간단하게 인사를 나누고 의자에 앉도록 안내해 드립니다. 약속한 시간이 되면, 준비한 음악을 끄고 대화를 시작합니다. 먼저 교사가 간단한 자기소개를 한 후 학부모들도 인사를 나눕니다. 대부분 처음 만나는 분들이니 서로 익힐 수 있도록 포스트잇에 학부모와 학생의 이름을 써서 나눠드리고 명찰처럼 사용하면 좋습니다. 덕분에 처음 만난 사이지만 이름을 잘못 부르는 실수를 하지 않고 함께 대화를 이어나갈 수 있습니다.

 함께 그림책을 읽기 전에 그림책 내용과 연결되는 주제로 이야기를 나눕니다. 아이를 키우는 입장을 공감하기도 하면서 그림책을 읽기 전에 좀 더 분위기를 따뜻하게 만들 수 있습니다.

 첫 번째 나눌 주제는 '현재 아이의 모습과 가장 닮은 카드를 찾고, 카드를 고른 이유 이야기하기' 입니다. 학부모에게 주제를 안내하고, 카드를 고를 동안 다시 음악을 틉니다. 모든 학부모가 카드를 찾으면, 돌아가면서 이야기를 나눕니다. 돌아가며 이야기를 나누는 것이 어색한 학부모를 위해서 먼저 교사가 이야기를 시작하면 좋습니다. 교사가 자녀가 있는 경우 자신의 자녀에 대해 이야기를 나눠도 좋고, 현재 담임을 맡은 반의 모습과 가장 닮은 카드를 찾고, 카드를 고른 이유를 이야기해도 좋습니다.

교사 카드 다 고르셨나요? 그럼 저부터 하겠습니다. 저는 올해 제가 맡은 반 학생들과 가장 가까운 카드를 골라봤어요. 잔디밭 위에서 사람들이 즐거운 시간을 보내는 모습이 담긴 카드입니다. 학기 초인데도 아이들이 서로에게 다가가며 즐겁게 생활하는 모습을 볼 수 있었어요. 아이들끼리 금세 친해져서 즐겁게 생활하고 있는 것 같아서 이 카드를 골랐네요. 이야기를 나눌 준비가 된 분이 있을까요? 네, 감사해요. 그럼 ○○ 어머니부터 나눠주세요.

학부모 A 저는 돌이 탑처럼 쌓여 있는 카드를 골랐어요. 저희 아이가 벌써 중학교 3학년이 되었네요. 이제 곧 고등학교에 진학하는데, 아이와 지낸 시간이 돌처럼 켜켜이 쌓이고 있는 것 같아서 이 카드를 골랐어요. 아이와 제가 보낸 시간이 우리 아이에게도 의미 있게 남아서 돌이 쌓여서 탑이 된 것처럼 올해도 아이가 잘 성장하면 좋겠네요.

교사 나눠주셔서 감사합니다. 그럼 ○○ 어머니 왼쪽으로 돌아가면서 나눠도 괜찮을까요? □□ 어머니, 다음 차례인데, 괜찮으세요? 네, 감사합니다.

학부모 B 저는 물이 가득 찬 잔을 골랐어요. 요즘 아이가 부쩍 힘들어 보여요. 물이 가득 찬 잔이 곧 넘칠 것처럼 아이가 언제까지 잘 버텨줄지 요즘 걱정이 많이 되네요. 고등학교 진학을 앞

두고 고민이 많은 것 같은데, 생각보다 성적은 잘 안 나오거든요. 저라도 아이가 옆에서 기댈 수 있도록 따뜻하게 대해야 하는데, 아이가 집에 와서도 핸드폰만 붙들고 있는 것 같아서 화낼 때가 많았어요.

학부모 C 저는 톱니바퀴 사진을 골랐어요. 톱니바퀴가 매일 맞물려서 움직이는 것처럼 저와 아이의 관계도 매번 반복되는 톱니바퀴처럼 느껴져서 이 사진을 골랐네요. 아이가 이제 중3이 되었으니 좀 더 진로에 대해서 깊이 고민하면 좋겠어요. 그런데 아직도 별 계획 없이 하루하루 화장과 핸드폰, 친구들에게만 매달려 있어요. 매일 한 시간씩 책상에서 공부하자는 약속도 잘 지키면 좋겠는데, 일주일에 지키는 날이 손에 꼽을 정도네요. 아이랑 자꾸 부딪치니 답답하기만 합니다.

(모든 학부모가 이야기를 나눌 수 있도록 한다)

첫 번째 주제를 마치면, 학부모와 함께 그림책 『완벽한 아이 팔아요』를 읽습니다. 학생들이 어렸을 때 학부모가 그림책을 읽어주었던 것처럼 교사가 직접 학부모에게 소리 내어 그림책을 읽어주면 좋습니다. 그림책을 누군가가 읽어주는 경험이 생소한 학부모이기에 그림책을 교사가 읽어주었을 때 반응이 좋았습니다. 쉽게 공감할 수 있고 자녀 양육에 대해서 다양한 생각을 할 수 있는 내용이어서 학부모들도 지루해하지 않고 재미있게 읽을 수 있었습니다.

교사 솔직하게 자녀의 이야기를 나눠주셔서 감사합니다. 오늘은 제가 학부모님들께 그림책을 읽어드리려고 합니다. 자녀가 어렸을 때 그림책을 읽어주신 경험이 있나요? 그때 이후로 오랜만에 그림책을 다시 보실 것 같아요. 오늘 함께 읽을 책은 『완벽한 아이 팔아요』입니다. (표지부터 넘기며 그림책을 읽는다) 어머니, 그림책에 나오는 완벽한 아이 '바티스트'를 보니 어떤 생각이 들었나요?

학부모 C 처음엔 '바티스트 부모는 참 편하겠다' 라는 생각이 들면서 부러웠어요. 저희 아이랑 비교도 되고요. 그런데 마지막 장에 바티스트가 자신에게도 완벽한 부모를 찾아달라고 하는 부분을 보고는 마음이 뜨끔했네요. 저 역시 완벽한 부모가 아닌데도 아이에게 그동안 '공부해라', '방 좀 깨끗하게 치워라' 하고 지적만 했던 것 같네요.

학부모 B 저도 비슷한 생각이 들었어요. 요즘 들어 계속 아이와 부딪치기만 했는데, 아이가 왜 힘들어하는지, 어떤 것이 어려웠는지 이야기를 들어주지 못했다는 생각이 드네요. 바티스트의 부모를 보니 갑자기 제가 부모로서 부족했던 부분이 많이 떠올랐어요. 아이에게 미안해지네요. 오늘부터는 다시 아이와 대화하는 시간을 늘려야겠다는 생각이 드네요.

책에 대한 소감을 나눈 후 두 번째 나눌 주제를 안내합니다. 두 번째 이야기 주제는 '내가 원하는 아이의 모습을 닮은 카드를 찾고, 카드를 고른 이유 이야기하기' 입니다. 학부모에게 카드를 고르게 하고, 첫 번째 주제 나눔과 같은 방법으로 진행합니다. 이번에도 교사가 먼저 이야기를 나눠도 좋지만, 준비가 된 학부모에게 시작을 부탁해도 좋습니다. 나눔의 첫 시작을 교사가 하거나 적극적으로 참여하는 학부모에게 부탁하는 것이 이후의 나눔을 좀 더 풍성하게 하는 데 도움이 됩니다.

교사 두 번째 함께 나눌 이야기 주제는 '내가 원하는 아이의 모습을 닮은 카드를 찾고, 카드를 고른 이유 이야기하기' 입니다. 마찬가지로 카드를 고르면 되고요. 다 고르신 후 나누도록 하겠습니다. (학부모들이 카드를 고를 동안 어색하지 않도록 음악을 튼다) 다 고르셨나요? 나눌 준비가 다 된 분이 있으신가요? 네, 그럼 ◇◇ 어머니부터 나눠주시겠어요?

학부모 C 저는 따뜻한 물에 족욕을 하는 사진을 골랐어요. 막상 그림책을 보니 아이가 건강하게 옆에 있어 주는 것만으로도 참 감사한 일이라는 생각이 들더라고요. 따뜻한 물에 족욕을 하면 피로가 풀리는 것처럼 ◇◇이가 일 년간 편안하게 잘 지내면 좋겠다는 생각이 들어서 카드를 골랐어요.

학부모 B 저는 비빔밥 사진이에요. 저는 그동안 제가 원하는 모습만 아이에게 강요했더라고요. 아이에게는 비빔밥처럼 다양한 모습이 있고, 그게 너무나 당연할 텐데 말이죠. 아이에게는 다양한 모습이 있고, 그 자체가 우리 아이인 것처럼 아이의 다양한 모습을 제가 인정하고 사랑해야겠다는 생각이 들었어요.

(모든 학부모가 이야기를 나눌 수 있도록 한다)

그림책을 읽고 바티스트와 뒤프레 부부의 관계를 통해서 학부모와 자녀 간의 관계에 대해 생각해보는 시간을 가질 수 있었습니다. 학부모와 함께 아이에 관한 이야기를 나눠 보니 첫 번째 주제의 대화와 달리 두 번째 주제에서는 학부모의 마음이 좀 더 편안해지고, 아이에 대한 감사와 사랑이 회복되는 것을 느낄 수 있었습니다. 그림책을 통해서 현재 자녀와의 관계를 생각해보며 관계 개선을 위해서 어떤 노력이 필요한지 자연스럽게 생각해보는 시간이었습니다.

격려 카드 보내기

그림책을 함께 읽으며 완벽한 아이 '바티스트'에 대해 학부모들은 많은 생각을 하게 됩니다. 뒤프레 부부의 모습이 자신의 모습은 아닌지 생각해보기도 하고, 그동안 자녀에게 많은 것을 바라진 않았는지, 현재 자녀가 힘들어하는 것은 무엇인지 생각해보기도 합니다.

그림책의 여운을 이어가기 위해 마지막으로 격려 카드[9] 보내기를 합니다. 다음 사진에 있는 격려 카드에는 따뜻한 메시지와 함께 예쁜 그림이 있습니다. 시중에 판매하는 따뜻한 문구가 적혀 있는 캘리그라피 엽서로 해도 좋습니다.

학부모 총회에 참석하는 학부모의 수보다 약간 많은 수의 카드를 여유 있게 준비하는 것이 좋습니다. 학부모에게 마음에 드는 카드를 고르게 한

---

9 스탠드그라운드의 '2018 응원카드'를 사용함.

후 '부모가 아이에게 보내는 격려 편지'를 씁니다. 이때 따뜻한 음악을 틀어주면 좋습니다. 사인펜과 색연필, 색 펜 등을 준비합니다. 준비한 엽서 디자인에 따라 필요하다면 예쁜 그림이 있는 스티커나, 따뜻한 문구가 있는 스티커를 준비하여 엽서를 꾸밀 수 있도록 해도 좋습니다.

모든 학부모가 격려 카드를 완성하면, 음악을 끄고 다시 동그랗게 앉아서 서로 만든 카드를 보여주며 격려 카드를 만든 소감과 학부모 총회의 소감을 간단히 나눕니다.

교사   오늘 저와 그림책도 함께 읽고, 카드를 통해서 자녀에 관한 이야기를 나눴습니다. 모두 솔직하게 잘 나눠주셔서 감사해요. 오늘 활동을 하면서 어떠셨는지 소감을 간단하게 나누려고 합니다. ○○ 어머니 먼저 나눠주셔도 괜찮을까요? 감사합니다.

학부모 A   처음에 선생님께서 그림책을 읽어주신다고 했을 때 당황스럽기도 했는데, 오늘 함께 '완벽한 아이 팔아요'를 읽었던 게 가장 마음에 크게 남는 것 같아요. 그림책 속의 부부와 아이를 보면서 지금 저는 어떤지 생각해볼 수 있었어요. 평소 아이에게 카드를 쓴 적이 별로 없었는데, 카드로 마음을 전할 수 있어서 좋네요.

학부모 B   아이의 소중함을 생각할 수 있는 좋은 시간이었네요. 언제부턴가 쑥스러워서 잘하지 못했던 사랑한다는 말을 카드에 적으면서 앞으로는 아이와 저를 위해서 자주 표현해야겠다고 생각했어요.

학부모 C   학부모 총회를 준비해주신 담임선생님께 감사하다는 말을 전하고 싶네요. 담임선생님의 따뜻함이 느껴져서 일 년간 아이를 맡기는 것도 안심이 되네요. 아이에게 격려 카드를 쓰면서 오늘뿐만 아니라 앞으로도 자주 아이에게 응원 편지를 써줘야겠다고 생각했어요. 좀 더 따뜻한 엄마가 되도록 노력해야겠네요. 감사합니다.

(모든 학부모가 이야기를 나눌 수 있도록 한다)

교사   오늘 시간 내주셔서 감사합니다. 일 년간 제가 맡은 아이들을 사랑으로 잘 돌볼 수 있도록 가정에서도 함께 응원 부탁드립니다. 그럼 오늘 모임을 박수로 마무리하겠습니다. 안녕히 돌아가세요.

모든 학부모가 소감을 이야기하고 학부모 총회의 모든 순서가 끝나면, 자녀의 책상 위치를 안내하여 책상 위에 학부모가 만든 격려 카드를 붙일 수 있도록 돕습니다. 자녀가 다음 날 등교하면 부모님의 메시지를 확인할 수 있게 됩니다. 담임 시간을 이용해서 반 학생들에게도 부모님께 응원의 메시지를 적게 해도 좋습니다. 짧은 메시지이지만, 가정의 소통을 도울 수 있습니다.

더 나은 활동을 위한 도움말

3월에 있는 학부모 총회를 통해 처음 학부모를 만나는 교사가 대부분일 것입니다. 학부모 총회 때 학부모와 함께할 것이 여러 가지가 있겠지만, 무엇보다 학부모와의 관계에서 신뢰를 쌓는 것이 중요합니다. 일 년간 학급에 여러 가지 사건이 있을 텐데, 학급의 모든 사건을 교사 혼자 해결하는 것은 어려운 일입니다. 교육의 동반자인 학부모의 협조가 필요한 순간이 많습니다.

학부모와의 긴밀한 협조 속에서 학생을 더 잘 만나기 위해서는 학부모 총회 시간을 활용하여 학부모와의 관계의 물꼬를 트는 것이 중요합니다. 학부모와의 첫 만남인 학부모 총회 시간이 길지 않지만, 그 시간을 관계를 맺는 데 효과적으로 사용하려면, 함께 대화를 나누며 서로 연결되는 시간이 필요합니다. 학부모와 함께 그림책을 읽고, 그림책에 대한 이야기를 나누다 보면 처음 느꼈던 어색함이 사라지고 자연스럽게 아이에 대한 이야기를 나누며 대화를 이어나갈 수 있습니다. 학부모 총회를 따뜻하게, 서로 소통하는 시간이 될 수 있도록 그림책을 활용해보시길 바랍니다.

함께 읽으면 좋은 그림책

- 『내가 엄마를 골랐어!』, 노부미 글·그림, 황진희 옮김, 스콜라, 2018
- 『고함쟁이 엄마』, 유타 바우어 글·그림, 이현정 옮김, 비룡소, 2005
- 『엄마가 화났다』, 최숙희 글·그림, 책읽는곰, 2011

5. 어버이날

『알사탕』

백희나 글 · 그림, 책읽는곰, 2017

　5월은 감사의 달입니다. 감사는 세상을 따뜻하게 바라보고 자신을 긍정적으로 성장시키는 큰 힘입니다. 가정의 달인 5월에는 어린이날, 어버이날, 스승의 날 등이 있어 학교에서도 행사가 많습니다. 그런데 관련하여 학급에서 따로 행사를 하는 것이 학생들에게 감사를 강요하는 것 같아 고민이 많습니다.

　특히 어버이날은 더욱 그렇습니다. 요즘 주거 형태나 가족의 기능, 가족을 구성하는 방법이 다양해지는 것을 교사로서 체감하고 있습니다. 그래서 수업시간에 엄마나 아빠라는 단어를 쓰기가 조심스러워집니다. 그래서 부모님 대신 자신을 지지하거나 사랑해주는 사람이라고 포괄적인 단어를 사용하기도 합니다.

　'부모님'은 학생들이 살면서 생각하게 되는 중요한 문제이면서 뭔가 답이 딱 떨어지지 않는 묘한 관계입니다. 이때 그림책을 활용하면 부모님에 관한 이야기를 자연스럽게 말할 수 있어서 좋습니다.

학생들에게 부모님이 자신에게 어떤 존재인지 물으면 대부분이 별로 생각해보지 않았다고 대답합니다. 우리는 부모님에 대해 깊게 생각해본 적도 없고 늘 그 자리에 있는, 늘 그 자리에 있을 사람이라고 생각합니다. 그리고 부모님에게는 받는 것이 당연하고 감사함을 표현하지 않아도 당연히 부모님께서 안다고 생각합니다. 그래서 어버이날을 맞아 '왜 부모님의 사랑을 당연한 것으로 받아들이는지'에 대해 학생들과 함께 나누고 싶었습니다.

부모님에 대해 생각나는 것을 말해보게 했습니다. 그러자 1, 2초의 기다림도 없이 '가장 좋아하는 사람'이라고 대답합니다. 그다음 학생은 '꼭 나에게 필요한 사람'이라고 말합니다. 또 다른 학생은 '좋다가 미워하다가 그러다가 쉽게 화해하는 관계'라고 말합니다. 부모님에 대한 학생들의 생각에는 공통점이 있었습니다. 자신과 가까우면서 뭔가 명확하지 않은 좋고 싫은 감정이 같이 존재하면서, 없어서는 안 되는 사람이 부모님이었습니다.

"우리는 부모님께 어떻게 해야 할까요?"라고 물어보았습니다. 대부분이 부모님께 효도해야 한다고 입을 모아 이야기합니다. "그럼 어떻게 하는 것이 부모님께 효도하는 것일까요?"라고 물었더니, 부모님이 좋아하는 일을 하면 된다고 대답했습니다. 그럼 이번 시간에는 부모님이 좋아하는 일이 무엇일까를 생각해보고 나답게 부모님에게 효도하는 방법을 고민하는 활동을 하자고 유도했습니다.

『알사탕』 열어보기

표지에 예쁜 분홍색의 큰 알사탕이 눈에 확 들어옵니다. 어렸을 때 먹었던 추억이 떠오릅니다. 표지를 넘기면 가을을 배경으로 한 아무도 없는 놀이터를 희미하게 표현해 놓았습니다. 맨 뒷장의 면지를 펼치면 주인공 동동이가 친구랑 재미있게 씽씽카와 보드를 타고 놀고 있습니다. 알사탕과 무슨 연관이 있을까요? 그리고 뒷표지에는 동동이와 친구가 놀이터에서 탔던 씽씽카와 보드가 아파트 출입구에 놓여 있습니다. 이렇게 그림책을 읽기 전에 표지와 면지를 연결해서 살펴보면 흥미와 호기심을 유발할 수 있습니다.

동동이가 놀이터 한구석에서 구슬치기를 합니다. 동동이는 친구들이 자기끼리만 논다고 하면서 혼자 노는 것도 나쁘지 않다며 태연한 척을 합니다. 그러나 겉으로 표현한 말과 달리 잠시 후 동동이는 구슬이(개)와 함께 어깨를 축 늘어뜨리고 새 구슬이 필요하다며 놀이터를 뜹니다. 동네 문방구에 들러 색깔, 크기, 모양이 제각각인 구슬 한 봉지를 집어 듭니다. 그런데 사실은 구슬이 아니라 사탕이었습니다. 동동이는 아주 달다는 주인 할아버지의 말에 알사탕을 사게 됩니다.

여러 가지 알사탕 중에서 동동이는 눈에 익은 빨간색 체크 무늬의 사탕을 냉큼 입에 넣었습니다. 진한 박하 향이 나더니 갑자기 낯선 목소리가 들려왔습니다.

"동… 동동… 동동… 동동아… 여기야… 여기…"

동동이를 부르는 목소리의 주인은 바로 소파였습니다. 소파는 리모컨이 옆구리에 끼어서 결리다고, 아빠가 자기 위에 앉아 방귀를 뀌는 통에 숨쉬

기가 힘들다고 방귀를 여기서 뀌지 말아 달라고 부탁합니다. 사탕이 녹아 사라지자 목소리도 사라집니다. 정말 이상한 사탕입니다.

또 다른 알사탕으로 인해 동동이는 늙은 개 구슬이의 속사정을 알게 됩니다. 동동이는 어디를 가든 구슬이를 끌고 다닙니다. 동동이는 구슬이가 자꾸 도망가려고 한다고 생각했습니다. 그러나 대화를 해보니 구슬이의 입장을 알게 되었습니다. 구슬이가 나이가 들어서 자꾸 눕고 싶어 한다는 것을 알게 되었습니다. 둘은 오후 내내 함께 놀았습니다.

동동이는 자기 입장에서만 생각하다가 알사탕 덕분에 소파와 구슬이의 말을 듣고 입장을 이해하게 됩니다. 자신을 표현해야만 소통할 수 있다는 것을 알게 되었습니다.

그다음 장면에는 까칠까칠한 수염의 아빠 얼굴과 글자만 있습니다.

> 숙제했냐?장난감다치워라.이게치운거냐?빨리정리하고숙제해라.구슬이산책시켰냐?…글씨가이게뭐냐?창피하다.리모컨은?똑바로앉아라…자기전에뭐먹으면안된다.양치다시해라.조끼입고자라.춥다.9시다.얼른자라.

이렇게 아빠의 잔소리만 가득합니다. 동동이는 침대에 누워서 반항으로 아빠 수염처럼 생긴 알사탕을 먹습니다. 문 틈 사이로 '사랑해, 사랑해, 사랑해…' 하는 말이 들려옵니다. 쉴 새 없이 잔소리를 퍼붓던 아빠의 속마음이었습니다. 침대에 누워있던 동동이가 살며시 다가가 설거지하는 아빠를 등 뒤에서 안아줍니다.

몇 개 남지 않은 사탕 중에서 동동이가 분홍색 사탕을 먹었습니다. 풍선껌이었습니다. 풍선껌을 불었더니 껌이 날아갔다가 다시 돌아오면서 너무나 그립지만 이제는 만날 수 없는 할머니의 말을 전해줍니다. 동동이는 그렇게 할머니와 대화를 하게 됩니다. 할머니는 동동이에게 친구들이랑 많이많이 뛰어놀라고 당부를 합니다. 동동이의 눈과 콧구멍이 커지는 표정이 너무 웃깁니다.

주황색 사탕에서는 낙엽이 떨어지는 소리가 들렸습니다. 그 낙엽 사이로 희미하게 또래 친구가 보입니다.

이제 동동이 손에는 투명한 사탕 한 알이 남았습니다. 그런데 투명 사탕은 아무리 빨아도, 아무 소리도 들리지 않았습니다. 6개의 알사탕으로 인해 동동이는 변했습니다. 친구에게 먼저 자신의 마음을 말해 버리기로 한 것입니다. "나랑 같이 놀래?"

이 그림책은 알사탕이 마법을 부리는 책입니다. 알사탕 덕분에 들리는 아빠의 속마음과 돌아가신 할머니의 목소리를 듣게 되고 친구에게 말을 먼저 하게 되고 주변에 있는 소파, 개, 낙엽들의 마음을 알게 됩니다. 알사탕을 먹으면 마음의 목소리가 들린다는 설정을 통해 어떤 가치가 더 소중한지를 일깨워주는, 맛있는 책입니다

그림책 읽고 감동 나누기

첫 번째 활동으로는 교사가 그림책을 읽어주면서 동작을 따라 할 수 있는 장면에서 멈추고 짝이나 모둠별로 동작을 하게 하고 느낌을 공유하도록 합니다.

'알사탕' 은 점토 소재인 스컬피로 대상을 만들고 실제 물건을 모형으로

만들어 촬영한 책입니다. 기존의 한국 그림책에서는 많이 활용되지 않던 표현 방식입니다. 인물을 점토로 만들어서 눈, 코, 입의 크기와 색깔, 위치 등을 활용해 드러낸 인물의 표정이 유독 눈에 띕니다. 그래서 학생들에게 인물의 표정을 따라 하도록 하면서 그림책을 읽습니다.

예를 들면, 알사탕을 위로 들어 올려다보면 어떤 느낌이 드는지, 사탕을 아래로 쳐다보면 어떤지를 비교해보게 합니다. 동동이의 친구인 개 구슬이의 목줄처럼 줄을 손목에 감아 팽팽하게 당기고 풀어주었을 때, 어떤 생각이 드는지 이야기를 나누게 합니다.

그리고 동동이가 아빠를 뒤에서 안아주는 장면처럼 짝을 이뤄 친구를 등 뒤에서 안아주는 동작을 따라 하고 느낌을 나눕니다. 등 뒤에서 안은 다음 '사랑해'라고 말합니다. 동작을 따라 하고 느낌을 나누어보면 학생들이 교사들이 생각하는 것보다 더 많은 표현과 생각을 한다는 것에 놀랍니다.

두 번째 활동으로 학생들이 그림책을 처음부터 다시 한번 읽습니다. 그런 다음 가장 인상 깊게 본 장면이 무엇인지 물어봅니다. 3가지 장면이 나왔습니다. 동동이가 아빠를 안은 장면과 투명 사탕을 먹고 친구에게 말을 거는 장면, 그리고 할머니 말이 들리는 장면입니다. 학생들의 반응은 다음과 같습니다.

: 아빠에게 반항을 하려고 하다가 까끌한 사탕을 먹고 아빠의 진심을 듣는 것이 좋았어요.
: 사탕을 통해 아빠의 사랑을 보여주는 장면이 가장 마음에 들었어요.
: 아빠가 하는 잔소리 속에 아들을 사랑하는 마음이 담겨 있어요.

: 돌아가신 할머니와 얘기하는 장면을 따뜻하게 표현했고 언제든지 대화하려고 탁자 밑에 붙여 두는 행동이 너무 사랑스러웠어요.

: 동동이는 할머니가 많이 그리웠나 봐요. 가슴이 아팠어요.

: 투명한 사탕을 먹었을 때, 처음에는 친구에게 말을 걸지도 못하고 혼자 놀았는데, 사탕을 먹고 물건들과 이야기를 하면서 말을 하는 방법을 터득했고 나중에는 속마음을 털어놓았잖아요. 동동이가 성장하는 과정이 보였어요.

공통점과 차이점 더블 버블맵[10]으로 표현하기

더블 버블맵은 씽킹맵의 한 종류로 '두 가지' 사물이나 개념의 공통점과 차이점을 찾는 것입니다. 평소에 깊게 생각해보지 않았던 개념이나 생각을 촉진하게 하고 다른 생각과 연결하여 의미를 다른 각도에서 보게 합니다. 사고의 깊이를 더하는 방법으로, 생각과 느낌을 세분화하게 되고 그에 따라 의미를 다르게 부여할 수 있는 장점이 있습니다.

앞의 활동에서 인상 깊게 본 장면에 해당하는 사탕과 연관 있는 대상을 선택해 더블 버블맵 활동지 가운데에 씁니다. 그리고 활동지 가운데는 두 사물의 공통점을 쓰고 활동지 양쪽 끝에는 그 대상만이 가지고 있는 점, 즉 두 대상의 차이점을 쓰게 합니다.

공통점과 차이점을 어떻게 찾아내는지 먼저 시범을 보여줍니다. 예를 들면 '소파를 나타내는 사탕과 소파를 비교해보면, 패턴과 색깔은 공통점

---

10 한국 Thinkingmaps연구소 http://cafe.daum.net/ThinkingMaps/Gjg4/3 참고

인 반면에 차이점은 소파는 말을 할 수 없지만 소파 사탕은 말을 할 수 있어' 라고 알려줍니다. 다음은 '할머니 사탕' 과 '할머니'의 공통점을 찾는 대화입니다.

교사	선생님은 이 그림책을 보면서 왜 할머니 사탕이 분홍색인지 궁금했어.
학생 A	할머니가 여학교 때 친구들을 만난다고 하는 것을 보니 여학생의 꿈을 상징한 것이 아닐까요?
학생 B	혹시 할머니가 좋아하는 색깔이 아닐까요?
학생 C	나는 할머니의 따뜻함이 생각나요.
학생 D	왜?
학생 C	색깔이 완전 진한 분홍색이 아니라 솜사탕 같은 연한 분홍색이야. 그래서 더 따뜻한 느낌이 드는 것 같아.
학생 A	동동이가 할머니를 진짜 좋아했나 봐. 할머니에 대한 동동이의 사랑을 나타낸 것일 수도 있어. 껌을 식탁 밑에 붙여 두고 계속 만나려고 하잖아.
학생 D	그럼 침대에 두면 더 자주 만날 수 있지 않아?
학생 A	할머니와 추억이 혹시 부엌에서 더 많은 것 아니야?
학생 B	식탁 밑이어서 좀 더 아늑한 공간으로 느끼는 것이 아닐까? 뭔가 보호받고 안전한 곳이라는 느낌으로 말이야. 진짜 할머니와 동동이가 친했나 봐. 할머니가 많이 그리운가 봐.
학생 C	그래, 동동이의 마음이 색깔 중 파스텔 톤 분홍색이 제일 어울리는 것 같아.

교사   너희 정말 훌륭하다. 여기에 꼭 정해진 정답은 없어. 제일 처음은 상상해서 색깔의 이유에 대해 생각해보고, 그것도 멋졌는데 동동이와 할머니의 관계까지 그리고 마음까지 설명해내다니. 선생님도 거기까지는 생각하지 못했어.

다음은 학생들이 더블 버블맵 활동을 한 사진들입니다.

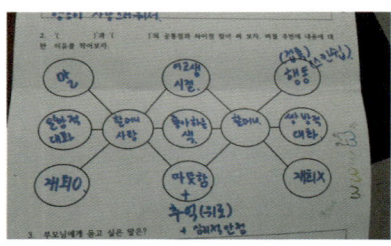 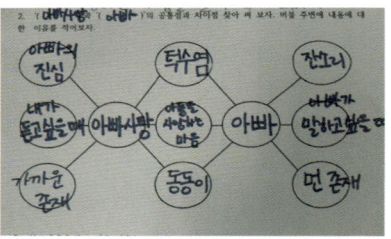

'할머니 사탕'과 '할머니'의 공통점(활동지 가운데 3가지 원에 작성), 차이점(활동지 양쪽 끝에 할머니 사탕만이 가지는 특징과 할머니만이 가지는 특징 작성)

'아빠 사탕'과 '아빠'의 공통점(턱수염, 사랑하는 마음, 동동이), 차이점('아빠 사탕'은 아빠 진심, 내가 듣고 싶을 때, 가까운 존재이고 '아빠'는 잔소리, 아빠가 말하고 싶을 때, 먼 존재처럼 느껴짐)

학생들에게 모둠별 활동을 발표하게 합니다. 교사는 더블 버블맵의 내용을 짚어주면서 아빠의 잔소리 의미를 학생들과 함께 이야기해봅니다. '아빠'는 '아빠 사탕'과 달리 스킨십을 할 수도 있고 쌍방향적 대화가 되기에 부모님과 대화를 할 때 어떻게 표현을 해야 하는지에 대해 같이 이야기합니다.

사탕 디자인하기

아빠 혹은 사랑하는 사람에게 줄 알사탕을 디자인해서 자신의 마음을 표현합니다. 요즘은 가족 구성의 형태가 다양하기 때문에 이런 활동을 할 때 조심스럽게 접근해야 합니다. 학생이 사탕을 주고 싶은 사람을 생각하면서, 하고 싶은 말을 사탕 디자인에 반영하고 색깔로 표현해보게 했습니다. 다음은 학생들의 작품입니다.

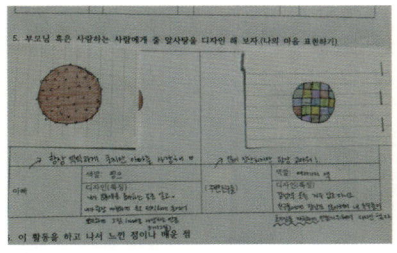

- [아빠] 표현하고 싶은 말: 아빠에게 항상 틱틱하게 굴지만, 아빠를 사랑해.
- 색깔과 디자인: 나를 분홍색으로 표현, 내가 아빠에게 뾰족하게 구는 모양과 툴툴거리는 것을 모양에 반영.

- [주변 친구들] 표현하고 싶은 말: 많이 장난치지만, 항상 고마워!
- 색깔과 디자인: 친구들의 호기심을 자극하고 다양한 친구들의 요구를 만족시키기 위해 색깔을 선택하고 디자인함.

- [아빠] 표현하고 싶은 말: 일을 끝내고 집에 돌아오셔서 자주 술을 드시는데 건강을 해칠까 걱정돼요. 힘내세요.
- 색깔과 디자인: 맥주 색깔, 이 사탕을 먹으면 힘들 때 술을 마신 기분이 들면서 피로가 풀리는 요술 사탕을 생각함.

- [언니] 표현하고 싶은 말: 언니가 나의 언니여서 정말 좋아.
- 색깔과 디자인: 알록달록한 글자 모양, 나의 선택에 확신이 들지 않을 때 옳고 그름을 답해주는 특징을 반영.

이러한 활동으로 평소에 생각하지 못했던 가족의 소중함을 알게 되고 가족에게 표현하는 것 자체가 중요하다는 것을 느끼게 했습니다. 이제까지 한 활동은 다음과 같은 활동지를 사용했습니다.

활동지 예시

1. 가장 인상 깊었던 장면과 그 이유?

   장면:

   이유:

2. '(각각의 사탕)'과 '(소파, 동동이, 아빠, 할머니, 은행잎, 낙엽...)'의 공통점과 차이점 찾아 써 보자. 버블 주변에 내용에 대한 이유를 적어보자.

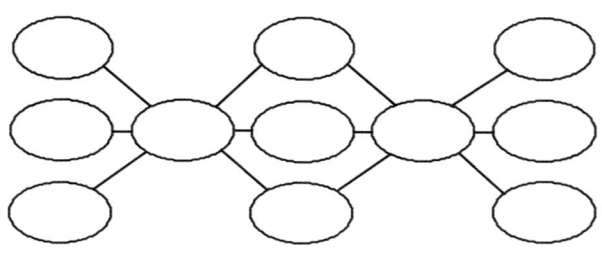

3. 부모님 혹은 사랑하는 사람에게 줄 알사탕을 디자인해보자. (나의 마음 표현하기)

주고 싶은 대상: 아빠	색깔:	주고 싶은 대상:	색깔:
하고 싶은 말:	디자인(특징)	하고 싶은 말:	디자인(특징)

일주일 동안 부모님 칭찬해보기

마지막 활동은 감사한 마음을 내면화하는 과정으로 시도해보았습니다. 학생들에게 일주일 동안 부모님을 칭찬해보고 생각이나 느낌을 써보도록 했습니다. 부모님을 떠올려보는 동영상을 보여주고 동동이처럼 쌍방향 대화를 시도하는 용기를 가져보자고 설득했습니다. 그리고 칭찬했을 때, '칭찬 상황은? 칭찬의 말은? 부모님의 반응은? 오늘 칭찬 활동에 대한 나의 생각은?' 으로 써서 제출하게 했습니다. 학생들이 스스로 자신의 행동을 다시 생각해보게 하여 변화를 알아차리게 하고 싶었기 때문입니다. 다음은 한 학생의 활동입니다.

10월 19일 (금)

칭찬 상황 아빠께서 나를 위해 대형마트에 직접 들러서 초밥을 사다주셨다. 너무나도 먹고 싶었지만, 퇴근길에 피곤하실 것 같아서 말씀드리지 않았는데 어찌 아셨는지 딱 초밥을 사 오셨다.

칭찬의 말 그래서 아빠께 "아빠는 역시 저랑도 잘 통하시고 저에 대해 잘 아시는 것 같아요!"라고 칭찬해드렸다.

아빠의 반응 그랬더니 아빠께서 멋쩍은 웃음을 지으시더니 먹을 것 때문에 칭찬해주는 거냐며 웃으셨다.

나의 생각 생각보다 너무 수줍어하셔서 놀랐고 나의 칭찬으로 인해 순간 집안의 분위기도 좋아졌다. 더불어 나도 잘 안 하던 칭찬을 해야 하는 부담도 있었는데 막상 해보니까 부담보다는 아빠의 반응에서 오는 왠지 모를 뿌듯함이 더 컸던 것 같다.

10월 22일 (월)

칭찬 상황 숙제를 하고 있던 나에게 아빠가 오셔서 작은 초콜릿을 하나 주시면서 "작은딸 파이팅!"이라고 하셨다.

칭찬의 말 그래서 "아빠는 참 자상한 것 같아! 먹고 열심히 공부할게요!"라고 칭찬해드렸다.

아빠의 반응 아빠께서 내 말을 들으시더니 "요즘 작은딸이 아빠한테 칭찬을 많이 해주네" 하고 웃으시면서 나가셨다.

나의 생각 원래의 나였으면 그냥 지나쳤을 법한 일이지만, 칭찬일기를 쓰다 보면서 아빠의 작은 행동 하나하나에 관심을 가지게 되었다. 그러다 보니 아빠께서 나에게 얼마나 큰 관심을 가지고 계신지에 대해 잘 알게 되었다. 그 사실을 알고 나서 보니 이때까지 아빠께서 나에게 하신 잔소리도 나를 위한 말씀이었다는 걸 깨닫게 되었다.

10월 23일 (화)

칭찬 상황 아침에 씻기 위해서 평소보다 일찍 일어났는데 아빠는 이미 그 이른 시간에 출근 준비를 마치시고 나가기 위해 신발장에 계셨다.

칭찬의 말 그런 아빠께 다가가서 "아빠는 정말 부지런하신 것 같아요! 매일 이렇게 이른 시간에 일어나셔서 출근하시는 것이 쉬운 일이 아닌데 정말 대단하신 것 같아요!"라고 칭찬해드렸다.

아빠의 반응 그러자 아빠께서 "아빠가 이렇게 일해야 네가 더 좋은 생활을 하는 거야, 딸이 알아주니까 힘이 나네"라고 웃으면서 말씀하셨다.

나의 생각 그 말을 듣는 순간 그동안 수없이 아빠께서 출퇴근하시는 모습을 봤음에도 불구하고 당연시 여겼던 나 자신이 부끄러워졌고 이 일기를 통해 그 짧은 칭찬 한마디 말이 아빠께는 가벼운 말이 아닌 마음이 따뜻해지고 힘이 되는 말이 된다는 걸 몸소 느끼게 되었다. 이런 걸 느끼는 나를 보니 한층 성장한 것 같았다.

10월 25일 (목)

칭찬 상황 아빠께 나의 진로에 대해 진지하게 여쭤봤는데 아빠께서 정말 자기 일처럼 진지하게 나의 진로에 대해 걱정해주시며 격려의 말씀과 조언을 해주셨다.

칭찬의 말 아빠께 "아빠는 정말 다른 사람의 고민을 잘 들어주시는 것 같아! 아빠의 조언이 진짜 도움이 많이 될 것 같아요!"라고 칭찬해드렸다.

아빠의 반응 그러자 아빠가 "그럼~~! 언제든지 또 물어봐. 항상 의지해도 좋아"라고 하셨다.

나의 생각 나는 그 말에 정말 내가 아빠께 의미 있는 존재라는 것을 느꼈다. 또한 아빠의 존재가 나에게 얼마나 큰 의미인지도 또 한 번 다시 느끼게 되었다. 칭찬일기가 막바지를 향해 가고 있는데 회를 거듭할수록 아빠의 새로운 모습을 알아가는 재미가 쏠쏠하다. 그리고 확실히 아빠와 전보다 더 가까워진 것 같다.

더 나은 활동을 위한 도움말

'말하는 사탕' 디자인 대신 녹음이 되는 카드나 인형을 활용하거나 직접 제작하면 더 알찬 활동이 될 수 있습니다. 교과 융합, 자유학기제, 교과 프로젝트를 시간을 통해 다른 교과나 수업과 연결해서 활동해도 좋습니다. 저는 시간이 한정되어 부모님과 행복했던 사건을 플로우맵으로 작성해보는 시간을 가졌습니다. 플로우맵[11]은 사건의 흐름을 시간 순서대로 정리하는 씽킹맵의 한 종류입니다.

"부모님이 나이가 들어 우리가 돌봐드려야 하는 상황이 될 때, 당연히 우리를 위해 해주었던 것처럼 우리는 부모님을 사랑할 수 있을까요?" 대답이 쉽게 나오지 않습니다. 세상에 당연한 것은 없습니다. 당연한 것이 없다는 것은 감사한 것이 많다는 것과도 통합니다. 감사한 마음을 표현해야 한다는 것을 학생들과 함께 알게 되었습니다. 이 그림책이 선생님과 함께 길잡이별이 되어 줄 것이라고 생각합니다.

---

11 한국 Thinkingmaps연구소 http://cafe.daum.net/ThinkingMaps/Gjg4/3 참고

이 활동을 마친 학생들의 소감입니다.

: 부모님과의 행복했었던 날들도 생각하게 되었고 부모님에 대해 더 깊게 생각한 것 같았다. 평소에 하지 않았던 생각을 해서 추억도 회상하게 되고 좋았었다. 그리고 책을 읽고 공감되는 부분도 있었고 감동받은 부분도 있었는데 이 활동을 하고 난 뒤에 이 책에 대해 더 세세하게 알게 된 것 같아서 뭔가 뜻깊었다.

: 나도 알사탕을 먹어보고 싶었다. 우리 집 소파도 방구를 그만 뀌라고 할까, 낙엽들이 밟혀서 아프다고 하진 않을까? 만약 나에게 분홍색 알사탕이 주어진다면 우리 아빠에게 드리고 싶다. 투명한 알사탕을 먹기 전까지 나는 아니가 노력을 했다고 생각한다. 마지막에 용기를 내서 먼저 다가간 장면은 삭막한 개인주의적인 요즘 사람들이 한 번씩 봐야 될 것 같은 장면이었고 나 또한 먼저 다가가야 한다는 점을 배운 것 같다. 아빠, 엄마에게도.

함께 읽으면 좋은 그림책

- 『**엄마의 의자**』, 베라 B. 윌리엄스 글·그림, 최순희 옮김, 시공주니어, 1999
- 『**우리 엄마**』, 앤서니 브라운 글·그림, 허은미 옮김, 웅진주니어, 2005
- 『**까만 코다**』, 이루리 글, 엠마누엘레 베르토시 그림, 북극곰, 2015

6. 스승의 날

『선생님은 너를 사랑해 왜냐하면』

강밀아 글, 안경희 그림, 글로연, 2013

    매년 돌아오는 스승의 날. 스승에 대한 존경심을 되새기며 그 은혜를 기념하는 날로 만들었다는 스승의 날에 우리 아이들은 선생님에 대하여 어떤 생각을 떠올릴까요? 요즘은 스승의 날이 다가오면 촌지나 선물을 받지 않는다는 내용의 가정통신문을 내보내고 꽃 한 송이도 선물하지 말아달라는 메마른 메시지를 보내기도 하면서, 아예 재량 휴업일로 지정하여 등교하지 않는 학교도 있을 정도가 되어 버렸습니다.

    아이들과 함께 의미 있는 활동을 해보고 싶었습니다. 그동안 함께했던 선생님들을 떠올려보면서 선생님에 대한 감사의 마음을 일깨워줄 수 있다면 얼마나 좋을까 하는 마음으로 시작한 활동이었습니다. '스승의 날은 왜 있을까?', '내 마음에 가장 크게 남아 있는 선생님은 누가 계시지?'와 같은 질문에 자신의 생각을 자유롭게 이야기해 보았습니다. 중학생이 된 지금 함께 지내는 선생님 중에 자기가 좋아하는 선생님에 대하여 신나게 이야기하는 아이도 있고, 초등학교 시절의 담임선생님이나 학원 선생님

등 여러 선생님을 떠올리며 신나게 이야기하는 아이도 있었습니다.

그런 가운데 "저는 기억에 남는 선생님 없는데요?"라고 당당하게 말하는 아이가 있었습니다. 당황한 저는 "학교에서 만난 선생님뿐 아니라 어디서 만난 선생님이건 상관없이 한번 생각해봐~ 그래도 너와 마음이 잘 맞았거나, 너를 예뻐해 주셨던 선생님, 혹은 네가 마음을 열고 다가갔던 선생님이 있지 않아?"라고 여러 가지의 경우를 들어가며 여러 번 되물어봤지만, 돌아오는 것은 "진짜 없어요!"라는 짧고 퉁명스러운 대답이었습니다. 분명히 그 아이를 사랑스럽게 여겨주셨던 선생님이 있었을 것이고 지금도 있을 텐데 말이죠. 이 아이의 충격적인 대답을 듣고 저는 꼭 이 아이에게 좋은 기억이 있는 선생님을 찾아주고 싶다는 마음이 들었습니다.

스승의 날 아이들과 함께 읽으며 나의 선생님을 떠올려볼 수 있는 그림책 『선생님은 너를 사랑해 왜냐하면』을 소개합니다.

『선생님은 너를 사랑해 왜냐하면』 열어보기

이 그림책에서 선생님은 다른 사람들은 단점으로 보기도 하는 개성 강하고 사고뭉치인 아이들의 모습을 장점으로 바꾸어 생각해줍니다. 사랑스러운 눈으로 바라보는 선생님의 마음이죠. 개성이 다른 일곱 명의 아이가 일상에서 어울려 노는 모습을 재미있게 그려낸 책입니다.

많은 아이가 함께하는 학교는 조용할 날이 없습니다. 게다가 각자 하고 싶은 이야기와 하고 싶은 행동이 다르고 표현하는 방법도 다릅니다. 저는 이 그림책을 보며 각기 개성이 다른 아이들이 때로는 선생님을 힘들게 하기도 하지만 어른들이 정한 기준으로 아이들을 판단하지 말아야겠다는 마음도 가지게 되었습니다.

한 명 한 명 개성도 강하고 유별난 듯 보이는 일곱 명의 아이. 그 아이들과 매일 함께 울고 웃으며 생활하는 선생님의 한 마디 "선생님은 너를 사랑해"라는 말로 이야기가 시작됩니다. 첫 번째 주인공은 눈물이 많아서 만날 우는 아이 '고우나'입니다. "친구가 안 놀아줘요", "애들이 양보를 안 해줘요"라고 하며 매일 우는 울보 고우나를 선생님은 사랑한다고 말합니다. 왜냐하면 잘 울기만 하는 울보 고우나가 아니라, 작은 일에도 기쁨과 슬픔을 공감하고 나누는 우나의 따뜻함 마음을 알아보았기 때문입니다.

친구들의 생활을 사사건건 간섭하고 선생님에게 일러바치는 '왕이륵'을 선생님은 사랑한다고 하십니다. 수없이 이르는 말을 통해서 미처 알지 못했던 소식과 우리 반 아이들의 소소한 이야기를 가장 먼저 전해주기 때문이라고 하면서요.

힘이 너무 세서 그 힘을 주체하지 못하고 친구들에게 과하게 힘을 쓰는 힘자랑쟁이 '한영웅'에게는 나중에 그 힘을 정의를 위해 써달라며 칭찬합니다.

선생님에게 칭찬받거나 상 받는 모든 친구를 샘내는 '강새미'에게는 "다른 사람을 잘 관찰하고 배우려는 자세를 가진 너를 선생님은 사랑한다"라고 말합니다.

'쾌한'이의 장난기 넘치는 모습을 보면, 개구쟁이 아이들과 학교에서 일어나는 수많은 사건 사고가 떠오릅니다. 밥 먹는 시간이든 언제든 시도 때도 없이 방귀를 뀌고, 콧구멍에 휴지를 끼워서라도 웃긴 장난을 치는 장난꾸러기 유쾌한에게도 선생님은 사랑한다고 말합니다. 왜냐하면 어떤 방법으로든 친구들에게 항상 웃음을 주려고 하는 쾌한이의 노력이 예쁘기 때문이라고 선생님은 말합니다.

그다음에도 선생님을 힘들게 할 수 있는 여러 아이에게 선생님은 사랑한다고 말합니다. 저마다 특성이 있는 이 아이들을 긍정의 눈으로 바라보며 각자의 장점을 찾아서 칭찬해주고 사랑할 수밖에 없는 이유를 이야기해줍니다.

친구들에게 어른인 마냥 행동하며 자기가 제일 똑똑한 줄 알고 잘난 척하는 '허풍이'에게 선생님은 말합니다.

"선생님은 너를 사랑해. 왜냐하면."
"너에 대해 자부심을 가지는 건 좋은 점이니까. 때로는 너만 알고 있는 사실이지만 말이야."

무언가 하나를 시작했다 하면 끝을 내야 그만하게 되는 고집쟁이 구준희에게 선생님은 말합니다.

"선생님은 너를 사랑해. 왜냐하면."
"너는 한번 시작한 일은 끝까지 해내고 말거든."

"선생님은 너희 모두를 사랑해. 왜냐하면"
"너희들은 모두 사랑스런 아이들이기 때문이야!"[12]

12　강밀아 글, 안경희 그림(2013), 『선생님은 너를 사랑해 왜냐하면』, 글로연, 인용

평소에 선생님을 다소 힘들게 하는 사고뭉치 아이들에게도 선생님은 사랑한다고 말합니다. 모두가 개성은 강하지만 각자 훌륭하게 자라날 새싹들임을 알고 계신 선생님의 깊은 사랑도 감동 있게 다가옵니다. 마지막에는 이런 선생님의 관심과 사랑을 먹고 자란 아이들이 자랑스럽게 성장했을 모습을 보여줍니다.

우리 아이들이 그림책을 통하여 나의 선생님도 자신의 좋은 점을 발견해주시고 사랑해주실 거라는 믿음을 가질 수 있기를 기대합니다.

그림책 읽기 활동을 통한 선생님 떠올리기

화면에 크게 그림책을 띄워놓고 제가 직접 그림책을 읽어주며 구석구석에 숨어 있는 메시지를 함께 찾아보았습니다. 아이들은 모둠별로 직접 그림책 곳곳의 그림을 하나하나 자세하게 살펴보면서 자기들끼리 웃고 떠들며 멈출 수 없는 웃음을 터트리기도 합니다. 그림책을 선생님과 함께 읽은 뒤에도 아이들은 몇 번이고 다시 책장을 이리저리 넘기며 소소하게 숨겨져 있는 재미있는 그림을 하나하나 더 깊이 살펴보았습니다. 그렇게 다시 한번 그림책을 속속들이 살펴보며 특별한 의미를 부여하고 공유하는 과정을 통해 이야기가 더 재미있게 다가오는 듯 보였습니다.

아이들은 책을 보면서 자신에게도 이렇게 장점을 찾아주고 칭찬을 아끼지 않은 선생님이 있었는지 떠올려봅니다. 지금의 담임선생님일 수도, 좋아하는 과목의 선생님일 수도, 초등학교 때의 선생님일 수도 있습니다.

감사한 마음을 표현하고 싶은 선생님을 떠올리면서 '한마디로 표현하기' 활동을 먼저 해보았습니다. 어떨 때 선생님이 좋았는지, 어떨 때 감사한 마음이 들었는지, 선생님이 어떻게 해주셨을 때 사랑받는다는 느낌이 들었는지, 선생님의 어떤 말이나 표현에서 선생님께 인정받는다고 느꼈는지 등 작은 일부터 구체적으로 생각해보고 단어 또는 짧은 한마디로 적어서 칠판에 붙여보았습니다. 아이들이 붙인 메모들을 비슷한 내용끼리 분류해서 학급 전체 친구들과 공유해 보았더니, 절반 이상이 칭찬받았을 때를 꼽았습니다.

다른 친구들이 적은 내용을 보면서 '아~ 이럴 때 감사한 마음이 드는구나~', '아, 맞아! 나도 저럴 때 선생님의 마음이 느껴졌어!' 하며 더 많은 공감이 일어나기도 했습니다.

이렇게 구체적인 마음을 공유하는 활동을 하면서 처음 시작할 때 "기억

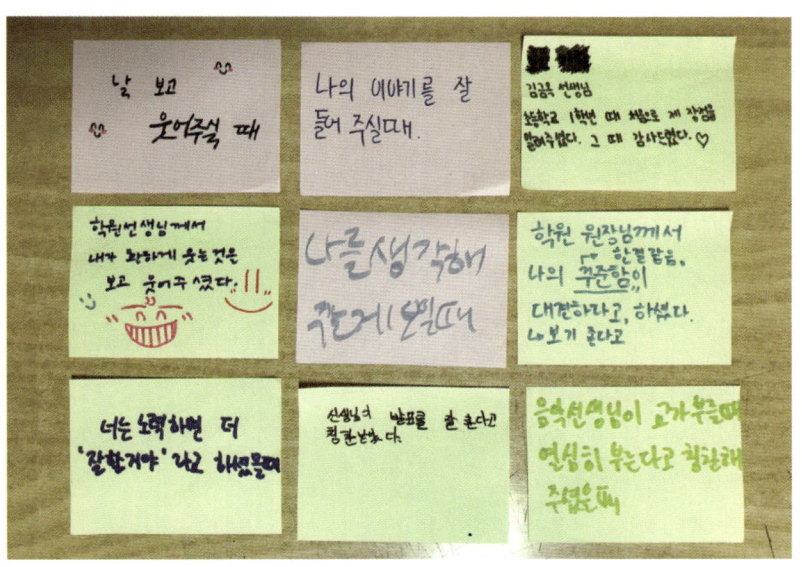

에 남는 감사한 선생님 없어요"라고 단호하게 말하며 더 생각해보기도 귀찮아했던 아이를 유심히 살펴보았습니다. 그런데 그 아이가 "아~ 나도 있네~"라고 하면서 환한 얼굴로 메모를 적어서 붙였습니다. 그 아이의 마음에 선생님에 대한 감사의 마음을 싹틔울 수 있었다는 생각에 뿌듯했습니다. 아마도 그림책 속의 사고뭉치 아이들의 단점까지도 사랑스러운 장점으로 여겨주시는 선생님의 이야기와 감사한 마음에 대해 친구들과 공유하는 시간이 그 아이에게도 감사한 마음을 가질 수 있게 해주는 불씨가 되어주지 않았나 생각해봅니다.

그림책을 함께 읽고 생각과 마음을 공유해보는 활동을 한 다음 본격적으로 자신에게 가장 기억에 남는 선생님과 감사한 마음에 대한 구체적인 생각하기 활동을 시작해보았습니다.

비주얼씽킹(핑거형 레이아웃)[13]을 이용한 감사 부채 만들기

아이들이 떠올린 선생님에 대한 감사의 마음을 표현하는 활동으로 저는 비주얼씽킹을 활용했습니다. 비주얼씽킹의 여러 기법 중에서도 자신의 손을 종이에 대고 그대로 따라 그려서 활용하는 핑거형 레이아웃을 선택했습니다. 손가락마다 하나씩 자기 생각을 써서 표현하는 활동이 선생님을 떠올리는 감수성 있는 활동과 잘 어울린다고 생각했기 때문입니다. 긴 줄글이 아닌 간단한 그림과 짧은 문장이 아이들이 좀 더 쉽게 표현하고 생

---
13 우치갑 외 공저, 『비주얼 씽킹 수업』, 디자인펌킨, pp.62~67 참고

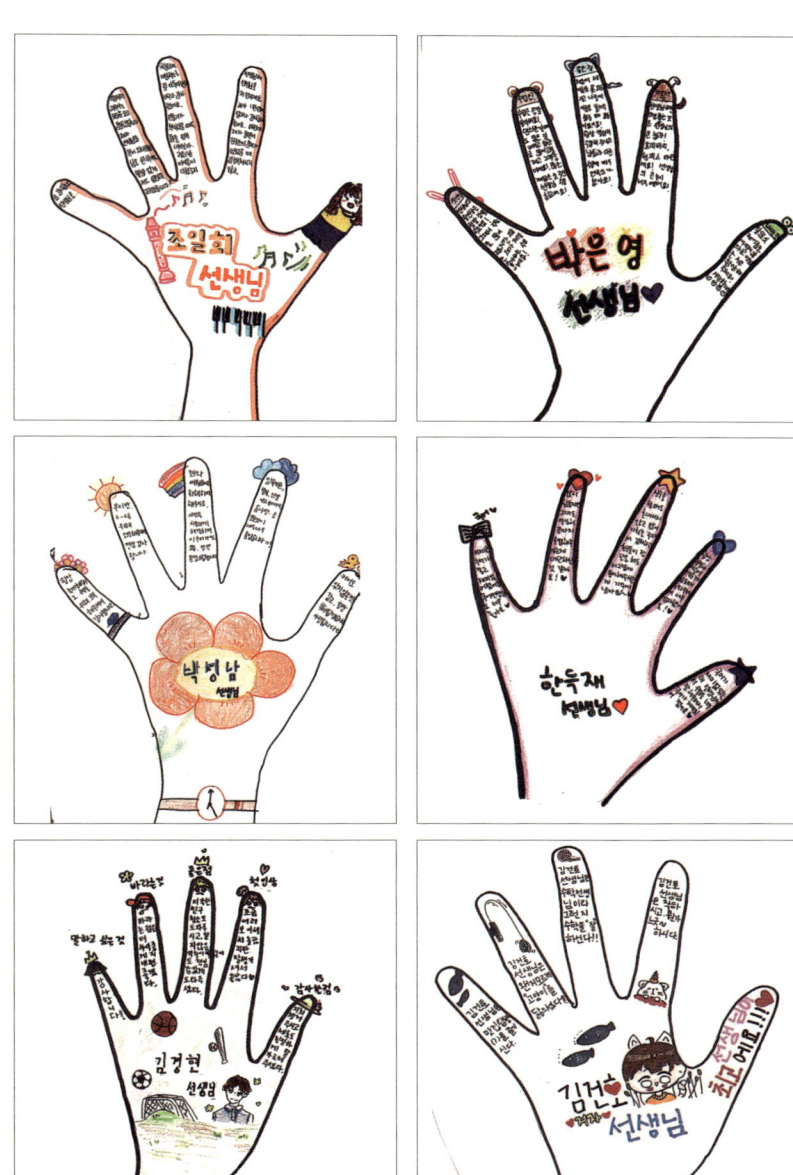

각을 정리할 수 있는 방법이라고 생각했습니다. 그리고 다양한 색깔을 사용하여 그림과 글로 자유롭게 표현하는 활동이 아이들의 마음을 더 감성적으로 자극할 수 있었습니다.

먼저 종이에 자기 손을 대고 손 모양을 그대로 따라서 핑거형 레이아웃의 밑그림을 그립니다. 그다음에는 그림책 읽기 활동을 통해 자신이 떠올려본 선생님 중에 가장 감사하고 싶은 선생님의 이름을 그려놓은 손의 가운데에 씁니다. 자신에게 한없는 사랑을 주셨던 선생님께 감사한 마음을 생각해봅니다. 감사한 마음에 대한 키워드를 손가락 끝마다 씁니다. 손가락마다 써놓은 5가지 키워드에 대한 감사의 마음을 구체적으로 적습니다. 감사의 마음을 쓴 손가락마다 의미 있는 그림을 예쁘게 그리고 색칠까지 하여 창의적으로 표현합니다. 마지막으로 완성한 핑거형 레이아웃 활동

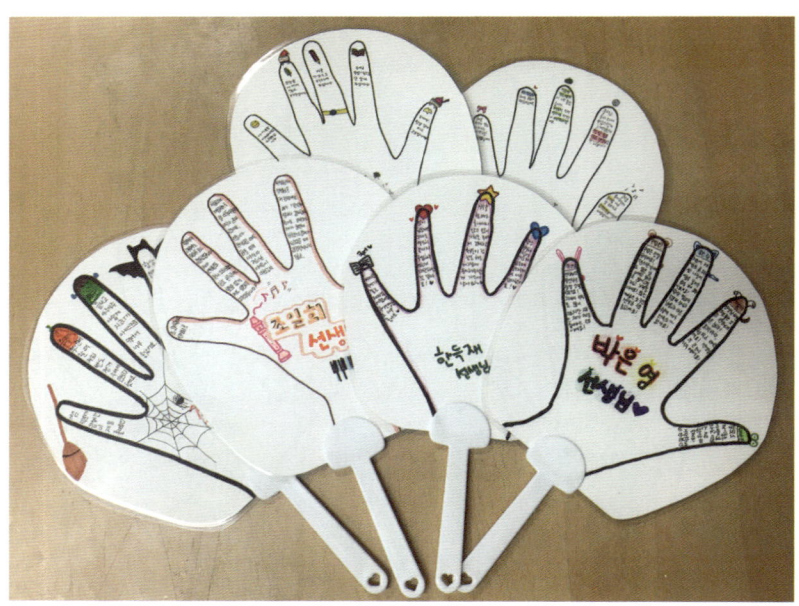

지를 예쁘게 잘라서 코팅하여 부채로 만들어서 감사 부채를 완성합니다.

감사하고 싶은 선생님께 직접 만든 부채를 선물해드리고 자신의 마음을 전달해보라고 했습니다. 의미 있는 선물로 선생님을 찾아뵙고 함께 이야기를 나누는 시간을 통해 더 많은 감사의 마음이 생겨났다는 아이들의 이야기가 저를 뿌듯하게 했습니다.

"다른 선생님한테도 감사 부채 선물하고 싶어요."

"부채를 만들면서 선생님에 대한 기억을 더 많이 떠올려볼 수 있어서 평소보다 감사한 마음이 더 생긴 것 같았어요."

"제 선물을 받고 엄청 좋아하시는 선생님의 모습을 보니까 제 기분이 더 좋았어요."

"제 손을 그려서 거기에 감사한 걸 쓰니까 제 손에 저의 진짜 마음을 써서 부채로 만드는 기분이었어요."

"그동안 잊고 지냈던 여러 선생님을 떠올려보게 된 것 같아요."

멀리 계시거나 직접 찾아갈 수 없더라도 자기가 만든 부채를 꺼내서 볼 때마다 선생님이 생각난다고 말하는 아이들도 있었습니다.

더 나은 활동을 위한 도움말

누구나 흥미를 가지고 재미있게 참여할 수 있는 비주얼씽킹을 활용했습니다. 쉽게 참여할 수 있도록 하기 위해 그림은 복잡하지 않고 간단하게 그리도록 합니다. 혹시라도 그림 그리기에 치중하지 않도록 하기 위해서 색칠하기 활동은 감사한 마음에 대한 키워드 쓰기와 문장 쓰기를 모두 완성한 후에 제일 마지막에 하는 것이 좋습니다.

　감사한 선생님을 떠올려보라는 막연한 질문은 아이들의 마음을 열기에는 많이 부족한 것 같습니다. 스승의 날에 대한 의미를 그다지 깊게 생각해본 적도 없는 아이가 많았습니다. 이런 우리 아이들이 한 번쯤은 스승의 날에 대한 진정한 의미와 선생님에 대한 마음을 깊이 돌아보고 좋은 기억을 떠올려보는 소중한 시간이 되면 좋겠습니다.

　평소 생활을 돌아볼 수 있는 사소한 질문들, 그림책을 함께 읽으면서 나눌 수 있는 소소한 이야기가 아이들의 마음을 깨워주었습니다. 처음에는 감사한 선생님이 없다고 말하던 아이도 함께 나누고 공유하는 대화 속에서 스스로 감사한 마음을 찾아가는 듯했습니다. 『선생님은 너를 사랑해 왜냐하면』을 통해 선생님과 아이들이 서로에 대한 깊은 마음을 느껴볼 수 있는 좋은 시간이 되기를 바랍니다.

함께 읽으면 좋은 그림책

- 『선생님을 화나게 하는 10가지 방법』, 실비 드 마튀이시윅스 글, 세바스티앙 디올로장 그림, 이정주 역, 어린이작가정신, 2017
- 『가난한 아이들의 선생님』, 파브리치오 실레이 글, 시모네 마씨 그림, 유지연 역, 지양어린이, 2018
- 『고맙습니다, 선생님』, 패트리샤 플라코 저, 서애경 역, 미래엔아이세움, 2001

7. 방학 계획 세우기

『파리의 휴가』

구스티 글·그림, 최윤정 옮김, 바람의아이들, 2007

    7월 둘째 주가 되면 대부분 학교에서는 지필시험이 끝나고 마무리되면서 학생들에게는 그간 바빴던 학교생활이 느슨해집니다. 교사들은 이때부터 방학까지 약 2주의 시간을 어떻게 보낼지 고민이 많습니다.

    시험을 마치고 난 학생들은 면학 분위기가 다소 흐트러져 있습니다. 그간 받았던 스트레스를 날려버릴 놀 거리들을 찾는 듯 보입니다. 반면 "선생님, 우리 뭐해요?"라고 하며 이 시간에 대한 기대를 살짝 드러내는 학생도 있습니다. 이런 학생들의 마음을 사로잡을 만한 교육계획을 구성하기란 여간 어려운 게 아닙니다. 독서 활동을 해보기도 하고 학급문집 만들기도 하고 한 학기를 마무리하는 학급 축제를 준비해보기도 합니다. 되돌아보니 마무리하는 활동을 많이 하는 것 같습니다.

    마무리를 하는 대신에 다가올 날들을 위한 계획을 세워보는 건 어떨까요? 학생들에게 물어보니 초등학교 6학년까지는 방학 전에 계획표 만들기 활동을 했다고 합니다. 그런데 중학교에 와서는 계획을 세워보는 시간을 따로 갖지는 못했다고 하네요. 학생들에게 방학 계획표를 만들어보자고 하면 흔쾌히 좋다고 하는 학생이 몇이나 있을까요? 방학 계획 세우기는 초등학교 때부터 정말 많이 해온 활동이라 신선하지 않은데 말이지요. 우리 학생들의 마음을 사로잡을 만한 게 뭐가 있을까 고민이 되기 시작했습니다.

제가 선택한 것은 그림책이었습니다. 그림책은 누구나 편하게 다가갈 수 있고 호감을 갖고 보는 책이지요. 학생들에게 그림책을 보여주면 대부분 관심을 보입니다. 운 좋게 재미도 있고 동기 부여에도 딱 맞는 그림책을 보게 되었습니다. 이 그림책을 보고 나서 실패 없는 방학 계획 세우기를 하면 어떨까 하는 아이디어가 번뜩였습니다.

방학을 앞둔 학기 말에 학생들 스스로 방학 생활을 계획하고 고민하는 의미 있는 시간을 갖는 것은 어떨까요? 방학 전에 계획을 세워보는 것과 세워보지 않는 것에는 어떤 차이가 있을까요? 계획 세우기에서 끝나지 않고 이것을 잘 실천한다면? 생각만 해도 보람 있고 행복해집니다. 지금부터 그림책과 함께 실패 없는 방학 계획 세우기를 소개합니다.

『파리의 휴가』 열어보기

준비한 그림책은 『파리의 휴가』입니다. 작가인 구스티는 그림책 작가들에게 주는 상을 많이 받은 사람입니다. 그런데 이 작가에게 마음이 더 끌리는 점은 진심으로 좋아하는 일을 하고 있다는 것입니다. 이 그림책에서 중점적으로 할 일이 '좋아하는 일 찾아 실천하기'이기 때문입니다. 이 책의 묘미는 내용뿐만 아니라 그림에서도 찾아볼 수 있습니다. 다양한 재료로 붙이고 그려서 파리를 표현했기 때문에 파리를 좋아하지 않는 사람들도 재미있게 볼 수 있는 유쾌한 그림책입니다.

표지를 보면 파리의 표정에 시선이 고정됩니다. 유리구슬처럼 반짝이는 눈과 미소를 한껏 머금고 있는 입, 귀여운 앞니. 파리의 표정이 뭔가 기분 좋은 일이 있었다는 것을 짐작케 합니다.

파리는 기다리고 기다리던 휴가가 시작되자 수영을 하러 갑니다. 수영을 하러 가는 날 아침, 침대에서 일어나 두 팔을 활짝 뻗으며 앉아 있는 파리는 기분이 매우 좋아 보입니다. 얼마나 기대되고 설렐까요. 벌써 가방은 다 준비해 놓았습니다. 날씨도 너무 좋고 파리는 커다란 수건, 선크림, 물놀이 공까지 정말 완벽하게 여행 준비를 했습니다. 수영장에 드디어 도착. 파리는 수영하기 딱 좋은 시원한 물에 몸을 날립니다. 파리는 좋아하는 노래도 부르고 춤도 추며 세상에서 가장 행복합니다.

그런데 갑자기 하늘이 어두워지고 천둥소리가 나면서 폭풍이 밀려오는 듯합니다. 비상사태! 저기 높은 데서 뭔가 무서운 게 내려오는 것 같습니다. 엄청나게 커다란 게, 축구장만큼이나 커다란 게 파리를 향해서 내려옵니다. 누렇고 기다란 큰 덩어리가 하늘에서 내려오고 있습니다. 커다란 별똥돌 같은 게 첨! 벙!. 물속으로 떨어지면서 어마어마한 파도가 일어납니다. 날개가 젖은 파리는 발버둥을 치지만, 빠져나가기가 힘이 듭니다. 파리는 겨우겨우 커다란 수건을 행글라이더 삼아 빠져나옵니다. 그런데 잠시 후 들리는 소리, "엄마, 엄마! 나, 다 했어!" 이제야 깨달은 파리. 너무 기가 막힙니다. 이곳은 물 좋은 곳으로 물색해 놓은 수영장이 아니라 변기통이었습니다. 파리는 다시는 수영을 하지 않겠노라 다짐합니다.

이 그림책은 반전을 통한 재미를 선사해줍니다. 후반부에서 팍 터지는 웃음을 자아내며 가라앉아 있는 학급 분위기에 활기를 불어넣어 줍니다.

그림을 보며 질문하기

이 그림책은 학생이 돌아가면서 읽는 것이 좋습니다. 돌아가면서 읽으면 중간에 끼어들어 이야기를 방해하는 학생이 없습니다. 그리고 학생이 읽을 때 교사는 전체를 둘러볼 수 있다는 장점도 있습니다. 총 13명의 학생이 읽을 수 있습니다. 또는 분단별로 돌아가며 읽기를 해도 좋습니다. 돌아가며 읽기를 하는 이유는 후반부에 예상하지 못한 반전이 있는데, 혼자 읽게 했을 때 먼저 다 읽은 학생이 결말을 말해버릴 수 있기 때문입니다. 그래서 혹시 먼저 본 학생이 있다면 잠시 모른 척하는 센스를 발휘해 달라고 부탁합니다.

학생들이 그림 속 이야기를 잘 들여다볼 수 있는 비결이 있습니다. 바로 교사의 질문입니다. 학생이 그림책을 읽고 난 후 교사는 다시 그림책 장면을 하나씩 보면서 질문을 합니다. 이 과정이 그림책으로 수업을 해야 하는 이유라고도 할 수 있습니다. 그림을 보며 새로운 생각과 발견을 하게 되니까요.

속표지에는 제목과 작가, 옮긴이가 있고 파리 한 마리가 그려져 있습니다. 파리는 웃고 있고 손에는 사각형의 무언가를 들고 있습니다. 다리 앞에는 다채로운 색의 공이 놓여 있습니다. 교사가 질문합니다.

"파리의 표정을 볼까요? 기분이 어떤 것 같나요?"

"파리가 들고 있는 노란색 물건은 도대체 뭘까요?"

학생 중 누군가 파리채라고 대답합니다.

"과연 파리채일까요?"라고 한 번 더 묻습니다. 노란색 물건은 앞으로 전개될 사건에서 여러 가지로 활용되는 물건이라 눈여겨볼 필요가 있기 때문입니다.

"공도 있네요. 무엇을 하려는 걸까요?"

학생이 물놀이 공이라고 답하면서 물놀이 하는 무언가와 관련 있는 내용이라는 것을 알게 되는 듯합니다.

첫 장면에는 파리가 귀여운 앞니를 보이며 활짝 웃고 있습니다. 눈동자도 반짝거립니다. 오른쪽에는 침대에서 기지개를 켜며 일어나는 모습이 있습니다. 학생들에게 질문합니다.

"자, 여러분 휴가 가는 날 아침이라고 상상해보세요. 가슴이 설레고 벅차죠! 파리의 표정을 보세요. 가방까지 준비해 놓았네요. 바로 출발할 것 같지 않나요? 파리의 휴가 계획은 수영인데, 여러분은 방학 때 제일 하고 싶은 일이 뭔가요?"

학생들이 파리에게 감정이 이입되는 순간입니다.

세 번째 장면에는 파리가 물가 근처에 자리를 펴고 누워 있습니다. 가방, 물놀이 공, 선크림이 놓여 있습니다. 학생들에게 질문합니다.

"이 장면에 답이 있네요. 파리가 손에 들고 있던 사각형 물건 있잖아요. 이게 뭐죠?"

학생들이 수건이라고 답합니다. 속표지에서 보았던 노란색 물건의 정체를 알고 '아, 그게 바로 이거였어?' 하는 표정을 짓습니다.

본문 다섯 번째와 여섯 번째 장면에는 파리가 너무도 행복해하며 수영을 합니다. 콧노래를 부르며 폴짝폴짝 뛰어다니면서요. 다시 질문합니다.

"파리가 살짝 부럽네요. 진짜 하고 싶은 일을 하게 되면 이렇겠죠? 여러분은 뭘 하면 이렇게 행복할까요?"

학생들은 순간 생각에 잠기기도 하고 대답을 하기도 합니다.

열네 번째 장면에서 파리가 행글라이더처럼 날아올라 위기에서 겨우겨우 빠져나옵니다. 왼쪽 그림에는 운동화가 살짝 보이고 악어 장난감도 보입니다.

"파리의 행글라이더 좀 보세요. 이게 뭐였죠? 여기 그림도 보세요(운동화, 장난감). 이건 뭘까요?"

속표지 그림에 많은 의미가 있다는 것을 새삼 느끼게 합니다. 앞으로 이어질 이야기를 암시하는 것이었습니다.

마지막 장면에는 변기통이 보이고 파리의 표정이 매우 좋지 않습니다.

"파리의 표정을 살펴볼까요? 본문 첫 장면에서 파리의 표정과 어떻게 다르죠?"

"파리의 휴가는 성공했나요?"

"파리가 휴가를 망친 이유는 무엇 때문이었을까요?"

"가방, 선크림, 커다란 수건 등 파리도 나름 열심히 준비한 것 같은데 왜 실패했을까요?"

"파리가 휴가를 잘 보내기 위해서 어떻게 해야 할까요?"

학생들은 파리가 휴가 장소를 잘못 알아내서 실패했다고 대답합니다. 이 기회를 놓치지 않고 앞으로 전개될 활동에 대한 이유를 설명해줍니다.

"파리는 준비물은 꼼꼼하게 잘 챙겼는데 정작 가장 중요한 자신이 가야 할 목표에 대한 탐색을 제대로 하지 않았어요. 파리에게 휴가가 있다면 우리에겐 방학이 있어요. 파리가 수영장 탐색을 잘했더라면 만족할 만한 휴가가 되었을지도 모르는 것처럼 우리도 방학에 무엇을 해야 할지 탐색을 잘한다면 즐겁고 보람 있는 방학 생활을 할 수 있습니다. 이 부분을 잘 새겨 실패 없는 방학이 되도록 계획을 세워봅시다."

가용 시간 알아보기

그림책을 통해 방학 계획 세우기에 대한 공감과 의지를 다졌습니다. 방학 계획 세우기는 하루 일과 전체를 계획하는 것이 아니라 자신이 하고 싶은 일 한 가지를 정해 꾸준히 실천하는 것을 핵심으로 합니다. 초등학교 때는 하루 일과 전체를 계획하는 활동을 많이 했습니다. 하지만 이번 활동은 하루 일과 중 특정 시간에 평소 자신이 꼭 한번 해보고 싶어 한 일을 반드시 실천하는 것입니다.

방학 계획 세우기를 할 때 3가지 활동지를 활용합니다. 첫 번째는 가용 시간 알아보기, 두 번째는 핵심 습관 계획하기, 세 번째는 해빗 트랙커(HABIT TRACKER) 작성하기입니다.

첫 번째 가용 시간 알아보기는 자신이 하고 싶은 일을 언제 어떤 시간에 해야 하는지 구체적으로 알아보는 활동입니다. 계획을 세워 실천하는 가능성을 높이려면 가용 시간을 확인해봐야 합니다. 가용 시간은 하루 일과 중 해야 할 일이 정해져 있는 시간을 제외하고 순수하게 내가 쓸 수 있는 시간을 말합니다.

"방학 때 몇 시에 일어나는지, 일어나서 무엇을 하는지, 정해져 있는 자신의 스케줄을 표에 작성해보세요. 학원 가는 사람들은 학원 시간을 체크하면 되겠죠. 그 외에도 자신만의 스케줄이 정해져 있는 사람은 그것을 체크하면 됩니다."

가용 시간을 체크하다 보면 방학 동안 자신의 일과가 한눈에 보입니다. 몇 시에 일어나는지 오전, 오후 시간에는 무엇을 하는지 방학 중에 자신의 일과를 정리해볼 수 있습니다. 그리고 가용 시간 알아보기 표에서 자유롭게 사용할 수 있는 자신만의 시간을 확인합니다. 정해져 있는 스케줄을 제

가용시간 알아보기

- 방학 중 할 일이 정해져 있는 시간을 체크한다.
- 가용 시간을 확인한다.
- 가용 시간 중 실천 가능한 계획을 실행 할 수 있는 구간을 확인한다.
- 가용 시간 구간에 계획한다.

	월	화	수	목	금	토	일
7시~8시	기상	기상	기상	기상	기상	취침	취침
9시	아침식사	아침식사	아침식사	아침식사	아침식사	↓기상	↓기상
10시						아침식사	
11시		가 용 시 간				수학 영어 학원	아침식사
12시							
13시	점심	점심	점심	점심	점심		
14시							점심
15시	수학,영어	수학,영어	수학,영어	수학,영어	수학,영어	점심	
16시	학원	학원	학원	학원	학원		
17시	↓	↓	↓	↓	↓		
18시							
19시	음악학원	음악학원	음악학원	음악학원	음악학원	저녁식사	저녁식사
20시	↓	↓	↓	↓	↓		
21시	저녁식사	저녁식사	저녁식사	저녁식사	저녁식사		
22시	↓취침	↓취침	↓취침	↓취침	↓취침		↓취침
23시							
24시						취침	

외하고 자신이 계획한 것을 어느 요일, 어느 시간에 수행할 수 있는지 생각해볼 수 있습니다.

　빨간색으로 칠한 부분이 자유롭게 쓸 수 있는 가용 시간입니다. 이 학생의 일주일 생활을 보면 요즘 학생들의 방학 중 일과를 알 수 있습니다. 주말에는 기상 시간도 늦고 취침 시간도 늦습니다. 특히 토요일에는 더욱 그렇습니다. 가용 시간을 작성하는 데 대략 15~20분 정도 걸렸습니다. 이 학생처럼 가용 시간을 다른 색으로 표시한다면, 다음 계획을 훨씬 수월하게 작성해나갈 수 있습니다.

핵심 습관 계획하기

　두 번째 활동은 핵심 습관 계획하기입니다.

　학생들은 어릴 때부터 너무 오랜 시간 동안 부모의 지도를 받으면서 또는 주변 친구들이 하는 공부와 놀이를 따라 하면서 시간을 보냈습니다. 스스로 무엇을 좋아하는지 그리고 무엇을 하고 싶어 하는지 고민해보고 경험하는 시간이 많지 않았습니다. 이러한 점이 안타까워 방학 동안에 자신이 하고 싶은 일을 스스로 찾아보자는 것이 첫 번째 취지였습니다. 그래서 예전에 하고 싶었는데 해보지 못했던 일, 또는 고치고 싶은데 잘 안됐던 잘못된 습관, 자신의 진로와 관련하여 해보고 싶었던 일 등에서 하나를 선택해서 수행해보도록 했습니다.

　두 번째 취지는 하나를 실천해서 성공했을 때의 가슴 벅찬 경험을 느끼게 해주고 싶었습니다. 세계 최대 알루미늄 생산업체 알코아의 최고 경영자 폴 오닐은 "핵심 습관은 우리 삶의 모든 부분에 영향을 미칠 수 있고 핵심 습관을 바꾸면 그 밖의 모든 것을 바꾸는 것은 시간문제일 뿐이다. 모든 일을 빠짐없이 올바로 한다고 성공하는 것은 결코 아니다"[14]라며 직원들에게 핵심 습관 하나를 심어주어 회사를 성공시킨 인물로 유명합니다. 제가 방학 계획표에서 하나만을 실천해보려는 이유입니다. 결과는 매우 성공적이었고 보람 있었습니다.

---

14 찰스 두히그(2012), 『습관의 힘』, 갤리온, p.152

핵심 습관 계획하기 활동지를 학생들에게 나눠주고 순서대로 작성하게 했습니다. 9개 칸 중앙에 '나'라고 적고 그 주변 8칸에 '이것을 실천하면 너무도 보람 있고 기분 좋을 것 같은 일', '학교 다닐 때는 하기 힘들어서 하지 못했던 일', '평소 잘못된 습관이 있었다면 고치고 싶은 것' 등을 생각하여 단어로 채우기를 했습니다.

앞의 그림에서 이 학생은 방학 동안 하고 싶은 일 8개를 표 안에 채워 넣었는데 그중에 '이것만큼은 꼭 하고 싶다!' 는 것으로 3가지(기타 연습, 운동, TV 안 보기)를 선택했지만, 이 중 하나만 실천해보기로 했습니다. 학생이 선택한 것은 기타 연습이었습니다. 알고 보니 기타리스트가 되는 것이 꿈이었습니다. 그 외에 작성한 것들을 보면, 본인이 무엇이 잘 안 되고 있는지 무엇을 더 집중해서 하고 싶어 하는지가 느껴졌고 건강한 마음을 갖고 있다는 것을 느꼈습니다.

다른 학생들도 상당히 놀라운 점이 많았습니다. 남자친구와의 관계에서 노력해야 할 점을 쓴 학생도 있었고 아토피를 고민하여 식생활 개선을 쓴 학생도 있었습니다. 아이들은 솔직하고 자신이 무엇을 원하는지 잘 알고 있는 것 같았습니다.

그다음으로 작성해야 할 것은 8개 단어 중 실천 가능한 단어를 선택한 후 구체적으로 계획하기입니다. 실천 가능한 단어를 9칸 중앙에 적고 이 목표를 이루기 위해 구체적으로 노력해야 할 것들을 비어 있는 8칸에 적습니다. 시간, 장소, 방법 등 구체적으로 적습니다. 구체적으로 적는 것은 매우 중요합니다. 앞의 표에서 학생이 계획한 내용을 보면, 기상하자마자 기타 연습을 하고 오전 10~12시 사이에 연습, 점심 식사 후 손 풀면서 연습, 자기 전 10~20분 손 풀기, 하루 2시간 이상 연습, 보상으로는 일주일에

1회 영화 시청이라고 적었습니다. 학생들에게 보상하기에 대해 다음과 같이 설명해주었습니다.

"자, 일주일 동안 내가 계획한 것을 하루도 거르지 않고 성실하게 실천했습니다. 돌아오는 일주일도 지금처럼 하루도 거르지 않고 성실하게 실천하려면 에너지가 필요하겠죠. 그 에너지는 개인마다 다릅니다. 어떤 사람은 영화 한 편을 보면 기분 전환이 되고, 어떤 사람은 한숨 자고 일어나면 에너지가 생기고, 또 어떤 사람은 친구들과 수다를 떨면 힘이 납니다. 이것이 보상하기입니다. 일주일 혹은 일정 기간 열심히 생활한 여러분 자신에게 어떤 보상을 줄 건가요?"

저는 이 보상하기를 매우 중요하게 생각합니다. 보상하기는 자신이 목표한 바를 일정 기간(적어도 일주일) 이상 꾸준히 실천했을 때 자신에게 기특하다, 잘했다는 의미로 쉼과 칭찬을 주고 다음 실천을 위해 에너지를 충전하게 하는 것입니다. 부모님께 받는 보상이 아니라 본인이 자신에게 주는 쉼이나 취미와 같은 것입니다.

앞의 학생이 원하는 보상은 영화 보기였습니다. 보상하기로 학생들이 제일 많이 한 것은 휴대폰 사용이나 게임이었습니다. 이 보상하기 경우에는 시간제한(2시간을 초과하지 않게)을 두도록 했습니다. 학생들은 보상하기를 했더니 평상시 쉽게 즐겼던 부분을 아껴두었다가 하려는 마음이 생기고 보상을 받았을 때 두 배의 기쁨을 느꼈다고 소감을 말했습니다.

해빗 트랙커

지금까지 계획을 세웠다면, 세 번째 활동은 의지와 실천을 가능하게 하는 습관 기록지인 해빗 트랙커(Habit tracker)를 작성하는 것입니다. 해빗 트랙커는 자신이 생각한 목표와 행동을 습관화하는 것으로, 얼마만큼 실천하고 있는지 정량적 표시를 통해 확인하게 하는 매우 유용한 도구입니다. 해빗 리스트에 실천할 사항들을 구체적으로 기록합니다. 학급에서 하는 활동은 여기까지입니다.

그다음부터는 방학 동안 집에서 기록합니다. 매일 실천 여부를 색칠해 나갑니다. 오늘 목표를 실천했으면 색칠하고, 실천하지 않았으면 빈칸으로 남겨둡니다. 통계는 계획한 횟수 중 실천한 횟수를 말합니다. 걷기 운동을 한 달간 20회를 계획했는데 실제로 실행한 게 15회면 15/20이라고 기록합니다. 비율은 15/20을 퍼센트로 나타낸 것이며 75%라고 기록합니다. 통계와 비율은 얼마나 실천했는가를 확인하게 해줍니다. 해빗 트랙커 기록지는 '냉장고에 붙여 놓기'를 권합니다. 가족이 모두 볼 수 있어서 응원과 격려, 때론 채찍의 역할을 해줄 수 있습니다. 개학 후 해빗 트랙커를 제출할 경우 '학생생활기록부-행동발달사항'에 기록해주어도 좋고 학생 상담에도 매우 유용한 좋은 자료가 됩니다.

대부분의 사람은 하루에 이를 3번 닦습니다. 습관화된 것이지요. 해빗 트랙커는 이와 비슷한 효과가 있습니다. 매일 체크해야 한다는 생각에 계획한 일들을 실천하게 이끌어줍니다. 그리고 마지막에는 해빗 트랙커 기록지를 보고 스스로 자신에게 감동하거나 반성하게 되는 피드백 역할도 합니다.

Habit List	수	목	금	토	일	월	화	수	목	금	토	일	월	화	…	…	31	통계	비율
	1	2	3	4	5	6	7	8	9	10	11	12	13	14					
기상시간 연습	■	■	■	■				■						■				5/14	36%
오전10시~12시 연습	■	■	■	■				■	■	■	■	■	■	■				11/14	79%
하루 2시간 이상	■	■	■	■				■	■	■	■	■	■	■				11/14	79%
곡 넘후 손풀기	■	■	■	■	■	■		■	■	■	■	■	■	■				13/14	93%
남는시간 손풀기	■	■	■	■				■		■	■		■					8/14	57%
매일 연습	■	■	■	■					■	■	■							7/14	50%
자기전 10~20분손풀기	■	■	■	■				■	■	■	■	■	■					10/14	71%
보상 취미 영화시청							■											1/2	50%

학생이 실천한 해빗 트랙커입니다. 여름방학이 15일밖에 안 되어 2주만 계획을 실시했습니다. 기상 후 연습은 36%로 많이 실천하지 못했네요. 아침 10시~12시 사이 연습은 79%, 하루 2시간 이상 연습도 79%나 됩니다. 손 풀기를 참 많이 했네요. 기타 연습을 할 때 손 풀기가 많이 필요하다는 걸 이번에 알았습니다. 보상하기는 2회 계획이었으나 1회만 했기에 물어보니 연습이 일주일 동안 많이 부족했기 때문에 보상 대신 연습을 했다고 합니다. 기특하죠.

이 학생은 소감문에 이렇게 기록했습니다.

"이 계기로 실력이 조금이나마 느는 것 같아서 기분이 좋다. 습관이 든 것 같아서 이 습관을 계속 유지하고 싶다. 기타를 칠 때 내가 웃고 있다는 것을 알았다. 나중에 다른 일도 한번 해보고 싶다."

'실시 후 바뀐 점이 있다면' 이라는 질문에는 이렇게 답했습니다.

"기타를 치는 데 속주에도 여유가 생겼어요. 습관이 되어서 기타를 매일 아침, 학원 갔다 와서 저녁에 치게 돼요. 실력이 좋아져서 기타 선생님에게 칭찬을 많이 들어요."

더 나은 활동을 위한 도움말

방학 계획 세우기 활동 후 학생들에게 짧은 문장으로 소감을 쓰게 했습니다. 이 활동이 정말 도움이 되었는지가 궁금해서였습니다. 학생들은 이렇게 소감문을 썼습니다.

: 뭔가 꾸준히 한다는 것은 어렵다.
: 나도 할 수 있구나.
: 힘들어도 꾸준히 하다 보면 결과를 이뤘을 때 기분이 좋았다.
: 예전과는 다르게 정해진 시간만 되면, 책상 정리를 하려는 모습에 나 스스로도 놀랐다.
: 다음에 하고 싶은데 하지 못했던 일이 있을 때 이렇게 해봐야겠다.
: 꼬박꼬박 했더니 딱히 의도하지 않아도 집에서 하는 걸 보고 참 습관이 힘이구나라는 걸 느꼈다. 신기했다.
: 요즘 하고 싶은 것이 무엇인지 모르고 살았는데 이 활동으로 해보고 싶었던 것도 알고 하게 되어 좋았다. 기회가 된다면 다른 것도 한 번 더 시도해보고 싶다.
: 한가할 때 핸드폰만 했지만 이젠 할 일이 있다. 기분이 좋다.
: 작은 것인데도 꾸준히 실천하니까 큰일을 해낸 것처럼 뿌듯했다.

: 처음엔 어려웠지만 나중엔 익숙해졌다.

놀라운 것은 방학 중 이것을 실천하려고 노력한 학생이 기대 이상으로 많았다는 것입니다. 이유를 물었더니 '해보고 싶었던 거라서', '한 가지만 하니까', '해빛 트랙커에 표시해야 하니까' 라고 답하더군요.

이번 활동 결과에 저도 놀라서 제 아들(11살 남아)과도 계획을 세워 실천해 보았습니다. 결과는 매우 만족스러웠습니다. 그래서 저도 한 번 해보았습니다. 길지 않은 2주 동안 하나만 실천하기! 냉장고에 해빛 트랙커 붙이기! 보상으로는 5시간 자유 시간 갖기. 제가 한 활동은 아침 5시에 일어나기였습니다. 64% 성공했습니다. 실천한 날은 아침부터 기분이 참 좋았습니다. 그리고 하루가 길어진 듯 여유가 생겼습니다. 그렇지만 수행하기 힘들 때는 순간 갈등이 어찌나 많이 생기던지요.

생각했던 것보다 계획 세우기와 실천하기를 잘해준 학생들께 진심으로 고맙습니다.

함께 읽으면 좋은 그림책

- 『숲에서 보낸 마법 같은 하루』, 베아트리체 알레마냐 글·그림, 이세진 옮김, 미디어창비, 2017
- 『어떻게 할까?』, 신소라 글·그림, 현북스, 2018
- 『하루살이의 알찬 하루』, 스테판 세네기 글·그림, 이정주 옮김, 한솔교육, 2011

8. 종업식

『처음 학교가는 날』

제인 고드윈 글, 안나 워커 그림, 안온 역, 파랑새어린이, 2014

　한 해를 마무리하며 맞이하는 종업식. 막상 종업식 날 당일에는 정신없이 우왕좌왕하다가 하루를 마무리하곤 했던 기억이 많습니다. 일 년 동안 같은 학급에서 즐겁고 좋았던 일도, 힘들었던 일과 서로 부딪히기도 했던 일도 많았을 텐데, 그 수많은 추억을 한 번쯤 되돌아볼 여유도 없이 그냥 그렇게 흘려보내는 경우가 많았습니다. 그런 종업식 날 학급 아이들과 한 해를 되돌아보며 즐거웠던 추억을 마음껏 떠올려보고 마무리하면 좋겠다는 생각이 들었습니다.

　매년 학교에서 생활하는 일정이 비슷해서 아이들의 추억도 비슷할거라 생각할 수 있습니다. 그렇지만 조금만 이야기를 나누어보면, 아이들이 마음속에 품은 일 년간의 추억은 저마다 다른 다양한 색깔로 남아 있다는 것을 알 수 있었습니다. 입학식 날 처음 만난 담임선생님을 보고 좋았다는 아이도 있지만, 무서울 것 같아 걱정되었다는 아이도 있었습니다. 체육대회 날 우리 반이 종합 1위를 해서 너무 기뻤다는 아이도 있지만, 자신이 참

가한 종목에서 진 것이 너무 억울해서 하루 종일 기분이 안 좋았다는 아이도 있었습니다. 방학식 날에는 하고 싶은 것이 너무 많아서 설레었다는 아이도 있지만, 방학을 하고 학교에 오지 않으면 심심할 것 같아서 솔직히 그렇게 좋지만은 않았다는 친구도 있었습니다.

이렇게 저마다 다른 다양한 빛깔로 아이들의 가슴 속에 남게 될 일 년 동안의 수많은 추억. 학급 친구들과 그 추억을 떠올려보고 지난 일을 즐겁게 이야기 나누면서 표현하여 보는 시간을 통해서 또 그냥 스쳐 지나가는 흔한 한 해가 아니라 나중에도 꺼내어 펼쳐보면서 즐거워할 수 있는 좋은 활동이 없을까 고민했습니다. 그래서 아이들과 함께 '우리 반의 추억의 그림책' 만들기 활동을 계획하게 되었습니다.

『처음 학교 가는 날』 열어보기

여러 가지 색깔로 된 '처음 학교 가는 날'이라는 제목. 설레는 마음이 고스란히 느껴지는 표지 속의 아이들이 우리 마음까지 설레고 궁금하게 만듭니다. 페이지마다 소제목이 있어서 한 장면씩 아이들의 학교생활이 연상되도록 구성되어 있습니다.

첫 번째 '학교에 갈 준비하기' 페이지에서는 학교 갈 때 신고 갈 새로 산 신발을 신어보며 설레하는 아이, 새롭게 시작될 학교생활을 상상하면서 학교 놀이를 하는 아이, 새 가방에 붙은 이름표를 자꾸만 만져보는 아이, 빨리 학교에 가고 싶냐는 질문에 자기 마음이 어떤지 생각 중이라는 아이가 등장합니다. 우리 반 아이들도 중학교에 입학하여 새로운 학교에 등교하기 전에 이렇게 다양한 모습이지 않았을까 하는 생각이 들었습니다.

'우리 반 친구들'이라는 제목의 페이지에서는 일 년 동안 같은 반으로 지낼 담임선생님과 새 친구들을 떠올리게 해줍니다.

다음은 '친구 사귀기'라는 제목으로 초등학교 시절부터 이미 알고 지낸 친구도 있고 처음 보는 새로운 친구도 있는 교실입니다. 나는 어떤 방법으로 새 친구에게 다가갔고, 또 어떤 친구가 나에게 다가왔는지 떠올려보게 되는 부분입니다.

'운동장에서'라는 제목의 페이지를 보면서 쉬는 시간이나 점심시간 또는 체육 시간에 운동장의 모습을 떠올렸습니다. 축구도 하고 달리기도 했던 시간과 운동장 구석의 그늘에서 친구들과 수다를 떨던 시간까지 떠올려 보았습니다.

'수업하기' 페이지에서는 손들고 열심히 대답하는 아이도 보이고, 손 한번 들지 않고 조용히 앉아 있기만 하는 아이도 보이고, 옆 친구의 머리카락을 만지면서 싫다는 친구에게 기어코 장난을 거는 아이도 보입니다. 우리의 수업시간과도 비슷한 모습이죠? 우리 학급 친구들의 수업시간 모습까지 떠올리면서 이야깃거리가 많아졌던 장면이었습니다.

'책가방 꾸리기' 페이지는 우리 학급 아이들의 종례 시간을 떠올리게 하는 부분이었습니다. 그 날 있었던 일에 대해서 떠들고 있는 아이들, 큰 소리로 자기 물건을 찾는 아이들, 책가방을 꾸리고 집에 갈 준비를 하는 그림책 속의 아이들 모습이 우리 반의 모습을 생각나게 합니다.

각자 자기가 좋아했던 수업시간, 좋아했던 활동, 친하게 지냈던 단짝 친구들이 모두 다릅니다. 학교에서 그날그날 있었던 많은 일과 시간이 쌓여서 추억이 됩니다. 그렇게 한 해 동안 같은 반에서 함께 생활하며 겪었던 여러 가지 사건을 떠올려봅니다. '학교에서 가장 좋았던 것들'이라는 페이지는 우리 반의 추억을 되새기는 시간으로 이어갈 수 있을 만한 페이지였습니다.

그 외에도 '처음 학교 가는 날', '학교 둘러보기', '간식 시간', '교실에서', '새로운 것들에 적응하기, 공부하기', '집에 갈 시간' 이라는 작은 제목으로 페이지마다 표현해놓은 아이들의 학교생활 모습. 그림책을 함께 읽는 동안 아이들이 자신의 학교생활과 지난 추억까지 떠올릴 수 있어서 좋았습니다.

추억의 그림책 만들기

모둠별로 한 권의 그림책을 가지고 한 문장씩 돌아가며 소리 내어 읽으면서 함께 그림책을 보았습니다. 모둠별 그림책 읽기를 한 번 끝내고 난 다음에 교사와 함께 다시 한번 그림책을 한 페이지씩 천천히 보면서 우리 반의 추억을 떠올려보았습니다. 다음 페이지로 넘기기가 어려울 만큼 수많은 이야기가 아이들의 입에서 쏟아지기 시작했습니다. 책 속의 아이들이 우리 모습과 비슷한 부분도 있고, 우리 반의 누군가를 떠오르게 하는 그림들도 있었기 때문이었습니다.

그림책 읽기를 모두 끝낸 후 모둠별로 한 장의 큰 종이에 마인드맵을 그리며 지난 일 년간의 추억을 마음껏 이야기 나누도록 했습니다. 다른 친구가 써놓은 추억 단어에도 이어서 떠오르는 기억을 연결하고 또 연결하여 쓰면서 즐거운 이야기꽃이 피었습니다. 잊고 지내던 1학기 때의 일들도

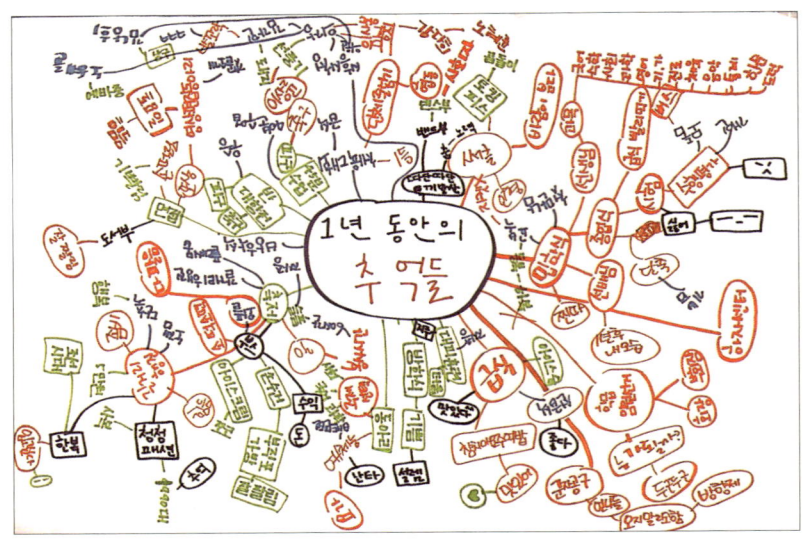

떠올리면서 아이들은 "아, 맞아! 그런 일도 있었지 참!", "우리가 일 년 동안 진짜 많은 일이 있었네~" 등의 이야기가 여기저기에서 들렸습니다. 자유롭게 써놓은 마인드맵에는 아이들의 소소한 추억과 마음이 가득 담겨 있었습니다.

 그다음은 우리 학급 추억의 그림책에 자신이 가장 남기고 싶은 기억을 하나 또는 두 가지 정도 골라봅니다. 그림책의 한 페이지라고 생각하고 그림으로 표현해 보았습니다. 두근두근 입학식부터 시작하여 학급 임원 선거, 서클 활동, 급식 시간, 체육대회, 축제, 학급부스, 학부모 공개수업, 종업식까지 일 년 동안의 다양한 추억을 한 장의 그림으로 표현합니다. 그림을 잘 그리건 못 그리건 상관없이 즐겁게 추억에 빠져드는 아이들의 표정이 좋았습니다.

두근두근 입학식 날. 그날의 설렘과 두근거림을 기억하는 아이들.

학급 전체 서클과 소그룹 서클 활동을 통해서 입학 후 새 친구들과 선생님과 많이 가까워졌다는 아이들. 기억에 많이 남았나봅니다.

후보자 토론을 통한 학급 임원 선거의 투표 과정이 기억에 남았다는 아이들.

그저 먹는 시간이 제일 즐겁다는 아이들.

체육대회 날만큼은 일 년 중에 가장 단합이 잘 되었던 우리 반. 종합 우승을 한 것이 최고로 기분 좋았다며 뿌듯해하는 아이들.

방학은 정말 눈 깜짝할 사이에 지나갔다며 서로 고개를 끄덕이는 아이들.

마을 축제에서 우리 학급이 제일 운영을 잘 했다고 자랑하는 아이들.

벌써 헤어져야 하다니… 애들아 아쉽다, 그치?

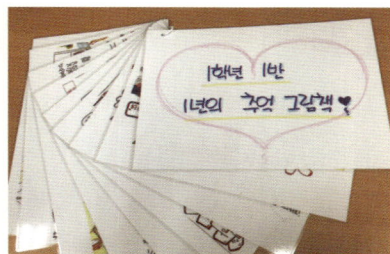
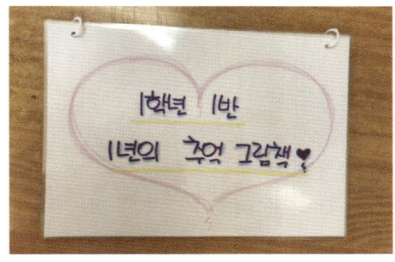
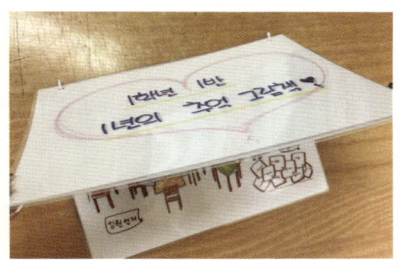

더 나은 활동을 위한 도움말

아이들이 지난 일 년 동안의 추억을 회상하면서 작은 일까지 떠올릴 수 있도록 도와주는 과정이 중요합니다. 친구들과 마인드맵을 그리면서 지난 추억을 떠올리게 해주세요. 마인드맵 그리기 자체가 과제 활동이 되지 않도록 최대한 자유롭게 그리도록 하는 것이 좋습니다. 잘 짜여 한눈에 알아볼 수 있는 구조화된 마인드맵이 아니라 생각나는 대로 마음껏 쓰고 친구들이 써놓은 추억의 단어에 자신의 추억도 연결하여 지나간 좋은 기억을 많이 떠올릴 수 있도록 해주는 것이 좋습니다. 이 활동을 하는 동안에도 아이들은 많은 대화를 나누면서 즐거워하는 모습을 볼 수 있습니다.

가장 기억에 남는 추억을 그림으로 그릴 때도 어떤 방식이든지 상관없이 자기만의 표현 방식으로 그릴 수 있도록 해주면 좋습니다. 여러 친구의 그림들을 자유롭게 공유하고 잘 그린 그림을 모아서 한 권의 우리 반 추억의 그림책으로 만들어봅니다. 한 해를 마무리하는 종업식 날, 그동안의 추억을 떠올리는 데 그림책 『처음 학교 가는 날』이 도움이 되기를 바랍니다.

함께 읽으면 좋은 그림책

- 『만남』, 백지원 글·그림, 봄봄출판사, 2017
- 『기다릴게 기다려 줘』, 이적 글, 이진희 그림, 웅진주니어, 2018
- 『꼬마곰의 친구』, 엘스 미나릭 글, 모리스 센닥 그림, 엄혜숙 옮김, 비룡소, 1997

2장

그림책으로
이해하는 나와 너,
그리고 우리

1. 내 감정 조절하기

『제라드의 우주쉼터』

제인 넬슨 글, 빌 쇼어 그림, 김성환 역, 교실어린이(교육과실천), 2018

　학생들이 모둠 활동에 열중하고 있는 수업시간, 누군가의 욕설이 들려옵니다. 욕설도 모자라 갑자기 자리에서 벌떡 일어나더니 책상을 발로 찬 후 교실 밖으로 뛰어나갑니다. 누구인지 확인해보니 평소 저를 힘들게 하는 학생입니다. 가끔 이런 행동을 해서 다른 사람에게 피해를 주는 행동이 나쁘다고 훈계도 했지만 달라지는 건 없습니다. 그 학생이 돌발 행동을 할 때마다 수업 분위기는 엉망이 됩니다. 그리고 저 또한 화난 감정이 올라옵니다. 주의를 주고 지도를 했는데도 달라지지 않고 자기감정을 그대로 표출하는 녀석을 볼 때마다 담임교사인 저에 대한 도전으로 느껴지기까지 합니다. 그 학생에게 무슨 일이 있었던 것일까, 어떤 일이 그 아이를 힘들게 했을까를 생각해보기 전에 제 말을 무시한 버릇 없는 아이로 생각해버립니다.

　감정을 조절하지 못하는 학생들이 늘어나고 있습니다. 이런 학생들은 때와 장소와 상황에 맞는 감정 표현을 하지 못합니다. 화가 올라올 때면 자기감정을 다스리지 못하고 막무가내로 화를 표출합니다. 친구에게 화가 났을 때 "네가 ~~ 행동을 해서 내가 기분이 좋지 않았어. 나는 ~~ 지냈으면 했는데 그러지 못해 속상했거든. 앞으로는 ~~ 행동해주면 좋겠어." 이렇게 감정을 표현할 수는 없을까요? 모두가 비폭력적으로 대화를 나눌 수는 없을까요? 감정을 비폭력적으로 표현하기 위해서는 우선 감정을 조절하는 시간이 필요합니다. 너무나 화가 난 상태에서는 대화하기가 어렵습니다. 화가 누그러져야 대화가 가능해집니다.

너무 화가 나 감정 조절이 안 되는 학생들에게 감정을 다스리는 방법을 알려주고 싶었던 시기에 『제라드의 우주쉼터』가 제게 다가왔습니다.

『제라드의 우주쉼터』 열어보기

『제라드의 우주쉼터』는 제인 넬슨이 지은 글입니다. 제인 넬슨은 아들러 철학에 기반을 둔 긍정 훈육 시리즈의 공저자입니다. 우리나라에서도 몇 해 전부터 긍정 훈육에 대한 관심이 높아져 학교 현장에서 이를 실천하고 있는 교사가 많이 늘고 있습니다. 『제라드의 우주쉼터』는 긍정 훈육 기술 중 하나인 '긍정의 타임아웃'에 주목한 그림책입니다.

> 훈육이라 하면 대부분 처벌을 생각한다. 오히려 아이에게 필요한 사회생활 및 일상생활을 가르치는 기술에 가깝다. 제라드의 우주쉼터는 긍정의 훈육의 여러 기술 가운데 아이에게 감정을 스스로 조절하는 '긍정의 타임아웃'을 알려주는 그림책이다. 긍정의 타임아웃이란 말 그대로 시간을 가

지는 것이다. 격렬해진 감정의 온도를 낮추거나 상황을 정돈하기 위한 시간이다. 화가 나고 속이 상하는 상황에서 감정을 진정시키고 회복하는 시간을 갖는 것이다. 벌을 주어 상처를 주는 것이 아니라 격려하며 용기를 주며 도움을 주는 것이다. (출판사 리뷰 중)

표지를 보면 우주 공간에서 제라드가 상자로 만든 듯한 우주선을 타고 해맑게 웃고 있습니다. 여기서 우주선을 타고 있는 제라드의 표정에 주목해볼까요. 너무나도 해맑게 웃고 있습니다. 세상 근심 하나 없이 행복한 듯한 표정입니다. 제라드에게 무슨 일이 있었던 것일까요? 그림책 속으로 들어가 보겠습니다.

쾅!
문이 활짝 열리고
잔뜩 화가 난 얼굴을 한 제라드가 뛰어 들어왔어요.

"안녕, 제라드."
제라드는 대꾸도 하지 않고 있는 힘껏 문을 닫았어요.
쿵!
"화가 나는 일이 있었나 보구나.
 무슨 일이 있었는지 엄마한테 말해주지 않을래?"
엄마는 걱정스런 눈으로 바라보며 말했어요.

『제라드의 우주쉼터』는 이렇게 시작합니다. 엄마의 말에 대꾸도 하지 않고 힘껏 문을 닫는 제라드에게 엄마는 "화가 나는 일이 있었나 보구나. 무슨 일이 있었는지 엄마한테 말해주지 않을래?"라고 말합니다. 행동의 문제점을 이야기하기 전에 마음을 먼저 읽으려는 엄마의 모습을 보면서 교실 속 제 모습이 떠올랐습니다. 욕설을 하고 교실을 뛰쳐나간 학생이 무슨 일 때문에 그런지, 무엇 때문에 화가 났는지 신경 쓰지 않고 그저 그 학생의 행동만 가지고 판단했던 것은 아닐까? 게다가 평소에 그 학생에게 네 행동이 잘못되었으니 앞으로 그러면 안 된다 등의 훈계를 하기 바빴습니다. 부끄러웠습니다. 그 학생의 감정을 이해하려 하지 않고 제 입장에서만 그 학생을 판단하고 나무라기에 바빴습니다.

  자신의 마음을 이해해준 엄마 덕분에 제라드는 엄마 품에 안겨 엉엉 울며 감정을 가라앉혔습니다. 진정이 된 제라드에게 엄마는 화가 났을 때 머

무릎 수 있는 특별한 공간을 만들 것을 제안합니다. 엄마의 권유를 받아들여 제라드가 만든 것이 바로 우주쉼터입니다. 감정을 다스리는 공간, 제라드만의 공간이 만들어졌습니다. 이후 아빠 생일 선물로 줄 그림을 그리다가 물감을 엎질러 망치게 되자 제라드는 갑자기 화가 납니다. 그리고 달려갑니다. 제라드의 우주쉼터로.

제라드의 표정이 변화하는 것을 살펴보면, 화가 나서 얼굴이 시뻘겋게 된 제라드이지만 차츰 얼굴색이 변합니다. 제라드는 이제 감정을 조절할 수 있게 되었습니다. 긍정의 타임아웃 기법을 통해 감정을 다스리는 법을 배웠습니다.

저를 힘들게 하는 그 학생이 제라드처럼 되었으면 합니다. 그러기 위해서 저는 무엇을 해야 할까요? 무엇을 할 수 있을까요? 그에 대한 저만의 해답은 바로 진정한 대화를 나눠보자는 것입니다. 더 이상의 훈계나 지적이 아니라 그 학생 내면의 감정을 알아차릴 수 있는 대화를 시도해보고 싶었습니다.

그로그 카드를 활용한 비폭력대화[15]

교실 밖으로 뛰쳐나간 그 학생이 수업이 끝날 때쯤 교실로 터덜터덜 들어왔습니다. 하고 싶은 말이 많았지만, 그 학생도 힘들어 보여서 다른 말 하지 않고 방과 후에 선생님하고 얘기를 나누면 좋겠다는 말을 전했습니

---

15 강현경 외 공저(2018), 『회복적 생활교육으로 학급을 운영하다』, 교육과실천, pp.169~194 참고

다. '방과 후에 오지 않으면 어떡하지' 걱정하며 시간을 보냈는데 다행스럽게도 약속 시간에 맞춰 교무실로 와주었습니다. 살짝 어색한 웃음을 짓고 교무실에 들어서는 것을 보고 '아! 이 녀석 마음이 조금 풀렸구나' 라는 마음이 들었습니다. 대화를 잘 나눌 수 있을 것 같다는 기대감으로 대화를 시작했습니다.

학생의 감정을 알아차리기 위해서는 대화가 필요합니다. 서로 마음을 열고 진정성을 가지고 대화를 나누면 됩니다. 그러나 교사와 학생 사이에 이런 대화가 이뤄지기는 생각보다 쉽지 않습니다. 학생들이 교사에게 마음을 쉽게 열지 않기 때문입니다. 학생들의 감정을 알아내는 데 사용하기 좋은 것이 바로 그로그 카드입니다.

그로그 카드는 자신을 솔직하게 표현하고 다른 사람을 공감하는 것을 재미있게 배울 수 있는 대화식 카드 게임입니다. 이 게임은 마셜 로젠버그(Marshall Rosenberg)가 개발한 비폭력대화(NVC, Nonviolent Communication)를 기초로 하고 있습니다. NVC는 개인, 가정, 공동체에서 발생하는 갈등을 해결하고 평화를 증진하는 방법으로 전 세계의 많은 사람이 배우고 있습니다. 그로그 카드의 느낌 카드와 욕구 카드는 각각 60장의 느낌말과 욕구말로 구성되어 있고 공 카드가 1장씩 들어 있습니다. 공 카드는 카드에 없는 느낌과 욕구를 표현할 때 사용할 수 있습니다.[16]

| 교사 | 수업시간에 많이 힘들었지? 이제 조금 마음이 풀렸니? 선생님하고 수업시간에 있었던 일에 관해서 이야기를 나눌 수 있 |

---

16 그로그 카드 게임 설명서 내용을 인용함.

을까?

학생 네. 선생님.

교사 너의 마음을 솔직하게 얘기해주면 좋겠어. 그럴 수 있겠니?

학생 네. 선생님.

교사 고마워. 수업시간에 네게 무슨 일이 있었던 거야?

학생 수업시간에 친구들이 저만 빼고 모둠 활동을 했어요. 또 제가 모르는 문제가 있어서 친구들에게 물어봤는데, 제 말을 무시하고 자기끼리만 모둠 활동을 계속해서 화가 났어요.

교사 그때 너를 화나게 했던 친구들의 말이나 행동은 무엇이었니?

학생 제가 문제를 못 풀어서 물어봤을 때 친구들이 넌 어차피 가르쳐줘도 못하니까 우리끼리 한다는 말에 화났고 저를 무시하는 행동 때문에 화가 났어요.

교사 어떤 행동이 화나게 했어?

학생 제 말을 무시했어요.

교사 네가 말을 했는데 친구들이 듣지 않았다는 거야? 그래서 무시당하는 기분이 들었던거야?

학생 네.

교사 그럼 친구들이 널 무시했다고 생각했을 때 어떤 느낌이었어?

학생 글쎄요. 제가 받은 느낌을 말로 표현하려니까 어려워요. 그냥 화가 많이 난 거 말고는 달리 할 말이 없어요.

교사 그렇구나. 화가 많이 났었구나. 그럼 그때 네가 느낀 감정을 찾는 데 선생님이 도움을 주고 싶은데 괜찮아?

학생 네.

교사 이 카드는 그로그 카드라고 해. 너의 감정을 찾는 데 도움이 될 거야. 여기 느낌을 표현한 여러 카드가 있어. 이 중에서 친구들이 널 무시했다고 생각했을 때 든 느낌을 찾아봐.

일대일 상담이나 적은 수의 학생을 대상으로 대화할 때는 그로그 카드를 활용하면 좋습니다. 학급 전체 학생을 대상으로 할 때나 많은 수의 그로그 카드를 준비하기 어려울 때는 정리된 느낌 단어 리스트를 활용하면 좋습니다.

느낌 단어 리스트[17]

1	감사한 · 고마운	2	가슴 뭉클한 · 감동한	3	걱정스러운 근심스러운
4	겁나는 · 무서운 두려운	5	경이로운 · 황홀한	6	괴로운
7	귀찮은 · 성가신	8	기대되는 희망을 느끼는	9	긴장되는 · 떨리는
10	긴장이 풀리는	11	끌리는 · 흥미로운 궁금한	12	난처한 · 난감한 곤혹스러운
13	놀란 · 오싹한 · 섬뜩한	14	느긋한 · 여유로운	15	답답한 · 갑갑한
16	당혹스러운 어리둥절한	17	든든한	18	따뜻한 · 푸근한
19	마음이 두 갈래인	20	막막한 · 암담한	21	무기력한
22	무안한 · 민망한 멋쩍은	23	반가운	24	불안한

---

17 그로그 카드 게임 설명서 내용을 인용함.

25	불편한 · 거북한	26	비참한 · 참담한	27	뿌듯한 · 자랑스러운
28	상쾌한 · 개운한	29	생기가 도는 활기 넘치는	30	서먹한 · 어색한
31	서운한 · 섭섭한	32	속상한 · 마음이 아픈	33	슬픈 · 서글픈
34	신경 쓰이는 꺼림칙한	35	실망한 · 낙담한	36	심심한 · 지루한 따분한
37	쓸쓸한 · 외로운	38	안심이 되는 마음이 놓이는	39	억울한 · 분한
40	용기 나는 기운이 나는	41	우울한 · 울적한	42	정겨운 · 다정한
43	조바심 나는 속 타는 · 초조한	44	좌절감이 드는 절망스러운	45	지친 · 피곤한 · 힘든
46	질린 · 지겨운	47	짜릿한 · 신나는 재미있는	48	짜증 나는
49	창피한 · 부끄러운	50	평화로운 · 평온한	51	행복한 · 기쁜 · 즐거운
52	허전한 · 공허한 허탈한	53	혼란스러운	54	홀가분한 · 편안한
55	화나는 · 열 받은 격분한	56	후련한 · 통쾌한	57	후회스러운 아쉬운 · 안타까운
58	흐뭇한 · 만족스러운	59	흥분되는		

학생　(느낌 카드를 선택함. '무안한 · 민망한 · 멋쩍은', '화나는 · 열 받은 · 격분한', '서운한 · 섭섭한') 친구들이 계속 제 말을 들어주지 않아서 화가 났어요. 같은 모둠인데 저를 소외해서 서운했고요. 친구들이 제 말을 들어주지 않아요.

교사　민망한 느낌도 받았니?

학생	네. 제가 혼자 말하는 것 같아 민망했어요.
교사	혼자 말하는 것 같아서 민망했구나. 그럼 화가 난 것이 네 감정의 전부는 아니구나. 화도 났지만 친구들과 함께하지 못해 민망하고 서운하기도 했구나.
학생	네.
교사	다음 질문을 할게. 네가 서운하고 민망하기도 하고 화가 나기도 했을 때 네게 필요했던 욕구를 찾아볼 거야. 그때 네게 필요했던 욕구를 선택해줄래?

욕구 단어 리스트[18]

1	감사 · 인정	2	건강	3	공감 · 연민
4	공기 · 물 음식 · 주거	5	공동체 · 소속감	6	공유(인식 · 가치관)
7	기여 · 나눔	8	꿈 · 희망 · 비전	9	놀이 · 재미 · 유머
10	능력 · 자신감	11	도움 · 지지 · 협력	12	도전
13	독립 · 자립 주관을 가짐	14	돌봄 · 보호	15	따뜻함 · 부드러움
16	명료함 · 투명성	17	발견 · 자극	18	배려
19	배움 · 성장	20	사랑 · 관심 · 우정	21	삶의 의미 보람 · 목표
22	상호의존 · 상호성	23	선택	24	성실 · 온전함

---

18 그로그 카드 게임 설명서 내용을 인용함.

25	성적 표현	26	성취	27	소통
28	수용	29	숙달 · 전문성	30	스킨십 · 신체적 접촉
31	신뢰	32	아름다움	33	안전 · 안정 (신체적 · 정서적)
34	애도	35	여유 · 편안함 홀가분함	36	연결 · 유대
37	영성 · 영적교감	38	예측 가능성	39	이해
40	일치 · 일관성	41	자각 · 깨달음	42	자기 돌봄
43	자기표현 · 개성	44	자유로운 움직임 운동	45	자율성 · 자유
46	정직 · 진실	47	존재감 · 현존	48	존중
49	진정성	50	질서 · 조화	51	창조성 · 영감
52	축하 · 인생예찬	53	치유 · 회복	54	친밀함
55	평등	56	평화	57	혼자만의 시간
58	효율성	59	휴식 · 잠		

학생   (욕구 카드를 선택함. '사랑 · 관심 · 우정', '소통', '존중')

교사   왜 이 카드를 선택했는지 말해줄래?

학생   친구들이 제 의견을 무시하지 않고 존중해주며 관심을 가져주었으면 해요. 그런 후에 친구들과 소통을 하면 좋겠어요.

교사   친구들과 함께하고 싶었던 마음이 컸던 거구나.

학생	네.
교사	그럼 친구들이 널 존중해주고 관심을 가져주며 소통을 하기 위해서 친구들이나 선생님에게 부탁하고 싶은 것이 있어?
학생	저도 친구들과 잘 지내고 싶은데 화가 나면 참지 못하고 감정을 다 쏟아내 버려서 친구들과 소통이 되지 않는 것 같아요. 그런 모습을 보면서 친구들이 저를 멀리하는 것 같기도 하고요. 친구들이 저를 이상한 아이로 보지 않았으면 해요. 그러려면 우선 제가 제 감정을 조절할 수 있어야 할 것 같은데 잘 안 돼요. 감정 조절을 못 하니 같은 상황이 반복되어서 저도 많이 속상해요. 저도 어떻게 해야 할지 모르겠어요.
교사	친구들과 잘 지내고 싶은데 감정 조절이 되지 않아 힘든 상황이구나. 너와 비슷한 상황에 처한 아이의 이야기를 보면서 감정 조절을 하는 방법을 고민해보면 좋겠는데, 선생님이 추천하는 그림책 '제라드의 우주쉼터' 읽어 보겠니?
학생	네. 좋아요. 선생님.

그림책을 그 학생이 직접 읽어볼 수도 있었지만, 교사인 제가 읽어주면 내용이 따뜻하게 다가갈 것 같았습니다. 제라드가 엄마에게 위안을 얻었듯이 그 학생이 저를 통해 조금이라도 편해졌으면 하는 마음이었습니다. 그래서 제 자녀에게 읽어주는 느낌과 기분으로 그 아이에게 '제라드의 우주쉼터'를 읽어주었습니다.

그림책을 읽고 나서 대화를 이어갔습니다.

교사	그림책을 읽은 느낌이 어때?
학생	저와 똑같이 화가 난 친구가 자신만의 공간에서 화를 식히는 게 멋있었고요, 저도 제라드처럼 하면 앞으로 화를 절제할 수 있을 것 같다는 느낌이 들었어요.
교사	어느 장면에서 그런 마음이 들었어?
학생	자기 방의 우주쉼터에서 화가 수그러지는 장면이 인상적이었어요.
교사	제라드가 자신만의 쉼터에서 화가 난 감정을 조절하는 것이 인상적이었구나. 그렇다면 너도 제라드처럼 감정 조절을 할 수 있는 쉼터를 만들어보면 어때?
학생	좋아요. 그런데 혼자서 만들 수 있을지 모르겠어요. 선생님, 친구들에게 부탁할 일이 생각났어요. 쉼터를 만드는 일을 모둠 친구들이 도와주면 좋겠어요.
교사	그래 그게 좋겠구나. 쉼터를 함께 만들어보자.

나만의 쉼터 만들기

그 학생과의 대화는 이렇게 마무리되었습니다. 이후 모둠 친구들을 만나서 그 학생의 마음을 알려주고 쉼터 만드는 일을 함께하자고 제안했습니다. 다행히도 세 명 모두 선뜻 나서주었습니다. 그리고 방과 후에 다 같이 힘을 모아서 그 학생의 쉼터를 만들었습니다. 친구들과 함께 만든 쉼터의 모습을 살펴볼까요?

 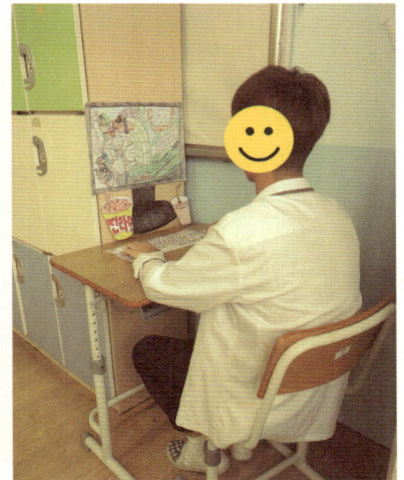

교실 사물함과 에어컨 사이에 작은 공간이 있었습니다. 그 공간에 피시방을 만들었습니다. 그 학생은 라면을 먹으면서 컴퓨터 게임을 할 때 가장 행복하다고 합니다. 책상과 의자를 놓고 B4용지에 그린 게임을 설치해 놓으니 피시방 분위기가 납니다. 책상에 앉아서 게임 화면을 보고 있으니 마음이 편안해진다고 합니다. 앞으로는 화가 나 감정 조절이 안 될 때 이곳에서 감정을 조절할 수 있다고 생각하니 너무 좋다고도 합니다. 모둠원 친구들과 함께 쉼터를 만드는 과정에서 소통이 이루어지고 친해진 기분도 들었다고 합니다. 매일 인상만 쓰고 다니던 그 학생의 밝은 모습을 보고, 제 마음도 환해졌습니다. 그림책 『제라드의 우주쉼터』가 저와 그 학생에게 준 선물입니다.

더 나은 활동을 위한 도움말

『제라드의 우주쉼터』는 학생들과 대화를 나눌 때도 좋지만, 개인적으로는 집에 있는 저의 사랑스러운 딸과 대화를 통해 관계를 형성하는 데 큰 도움이 되었습니다. 부모의 사랑을 독차지하고 싶지만 자신보다 더 사랑을 받고 있다고 느껴지는 동생이라는 존재, 학교에서도 열심히 생활하고 싶지만 시험과 성적이라는 거대한 벽, 친구와의 관계 맺음을 잘하고 싶지만 여학생끼리의 잘 드러나지 않는 심리 싸움 등으로 많은 스트레스를 받는 저의 사랑스러운 딸. 어느 순간부터 감정 조절을 잘하지 못해 화가 나면 소리부터 지르는 상황이 이어지면서 가슴이 무너져 내리는 경험을 자주 했습니다. 그때 『제라드의 우주쉼터』를 접하고 딸에게 읽어 주었습니다. 책을 읽고 많은 이야기를 나누지는 않았습니다. 책을 읽으면서 스스로 많은 것을 느끼길 바랐기 때문입니다. 다만 책을 다 읽고 딸에게 이렇게 말했습니다.

"요즘 많이 힘들지. 아빠는 네가 행복했으면 좋겠어. 네가 화가 나 감정 조절이 힘들 때 편히 쉴 수 있는 너만의 쉼터를 만들었으면 해. 아빠도 힘들고 화가 날 때가 있어. 그럴 때마다 아빠는 너의 웃는 모습을 떠올려. 사랑하는 너의 웃는 모습을 떠올릴 때 아빠는 마음이 편안해지거든. 아빠에게 있어 쉼터는 바로 너의 웃는 모습이란다."

이 책을 읽는 여러분도 『제라드의 우주쉼터』로 자녀와 대화를 나눠보길 바랍니다.

함께 읽으면 좋은 그림책

- 『소피가 화나면 정말 정말 화나면』, 몰리 뱅 글·그림, 박수현 옮김, 책읽는곰, 2013
- 『성질 좀 부리지마, 닐슨!』, 자카리아 오하라 글·그림, 유수현 옮김, 소원나무, 2015
- 『42가지 마음의 색깔』, 크리스티나 누녜스 페레이라, 라파엘 R. 발카르셀 지음, 남진희 옮김, 레드스톤, 2015

2. 자신의 장점을 찾고 자존감 회복하기

『세상에서 가장 아름다운 달걀』

헬메 하이네 그림·글, 김서정 옮김, 시공주니어, 1998

    학생인권조례 이후 학생들의 용모가 많이 달라졌습니다. 학교마다 차이는 있겠지만, 어떤 학교에서는 파마를 하거나 염색한 학생도 쉽게 볼 수 있습니다. 여학생들의 화장은 이제 금지나 처벌의 대상이 아니라 지도와 권면의 대상이 되었습니다.

    화장이 더 진해지고, 염색이나 파마를 하고, 목걸이와 귀걸이 등 장신구를 하면서 아이들의 외모는 더욱 화려해지지만, 그 내면은 화려함과 전혀 상관없는 경우가 많습니다. 한 번은, 학급 아이가 얼굴을 두 손으로 가리고 보여주지 않았습니다. 저는 "○○아, 왜 얼굴을 가리고 있니?" 하고 물었습니다. ○○이는 "화장을 하지 않아서 너무 못난이예요"라고 대답했습니다. 가슴이 아팠습니다. 자신이 소중한 존재임을 깨닫지 못하고 화장을 하지 않아 자신이 못났다고 생각하는 것이 안타까웠습니다. 이 아이뿐만 아니라 대부분의 여학생이 자신의 외모를 좀 더 꾸미고 부족한 부분을 보완해야 한다고 생각합니다.

아이들이 좀 더 건강한 자아 정체성을 회복하고 자존감을 회복하기 위해서 어떻게 도와줄 수 있을까 고민하다가 『세상에서 가장 아름다운 달걀』이라는 그림책을 알게 되었습니다.

『세상에서 가장 아름다운 달걀』 열어보기

『세상에서 가장 아름다운 달걀』은 독일의 아동 문학가 헬메 하이네가 그렸습니다. 헬메 하이네는 철학적인 내용을 독특한 풍자와 유머, 기발한 상상력으로 주체적 형상으로 표현하는 데 탁월합니다. 주요 저서로는 『슈퍼토끼』, 『세 친구』, 『친구가 필요하니?』 등이 있습니다.

깃털이 아름다운 닭과 길고 쭉 곧은 다리를 가진 닭과 빼어난 볏을 가진 닭, 이렇게 세 닭은 자기가 가장 예쁘다며 늘 다투다가, 임금님한테 물어보기로 합니다. 임금님은 가장 아름다운 달걀을 낳는 닭이 가장 아름다운 닭이라고 하며 가장 아름다운 닭을 공주로 삼겠다고 말합니다. 그러나 세 마리 닭은 각기 개성 있는 달걀을 낳습니다. 어느 것이 가장 아름다운 달걀인지 도저히 가려낼 수 없는 임금님은 세 마리 닭 모두 가장 아름다운 닭이라며, 이들 모두를 공주로 삼습니다.

아이들에게는 이미 마치 화사한 깃털, 늘씬한 다리, 멋진 볏슬과 같은 강점이 있었습니다. 하지만 이미 가지고 있는 장점으로 행복해하기보다 가지지 못한 장점의 결핍에 불행해 합니다. 여러 매체에서는 다른 사람들과 자신을 비교해서 자신이 더 나은 삶을 살 때 더 행복한 것처럼 말합니다. 그러다 보니 남들과 비교하는 데 에너지를 쏟느라 자기에게 집중할 여력이 없습니다. 이미 한 줄 세우기에 너무나도 익숙해져 버린 아이들에게 비교의식에 빠지지 말고 자신의 소중함을 찾기를 바라는 것은 쉬운 일이 아닙니다.

하지만 학교, 가정, 학원 등 사회에서 비교에 찌든 아이들에게 자존감 회복은 다른 어떤 가치보다 우선된다고 생각합니다. 한 줄 세우기를 할 수 없는 자신의 가치를 발견하는 것, 자존감을 회복하고 본인이 소중한 존재임을 인식하는 것을 목표로 그림책을 활용한 상담을 시작했습니다.

장점 찾기

○○와 화장을 열심히 하는 친구 3명을 불러서 둥글게 둘러앉아 그림책을 함께 읽습니다. 읽고 난 뒤에 소감을 나눕니다.

학생 A 요즘에는 예쁜 사람들만 엄청 주목받고 띄워주는데, 이 책을 통해서 각자의 개성이 존중받을 수 있다는 생각이 들었어요. 내 겉모습에 신경을 쓰고 다른 사람들의 시선을 신경 쓰는 것이 아니라 내면의 아름다움을 더 키우고, 나 자신을 먼저 사랑해야겠다는 생각이 들었어요.

학생 B 각자의 아름다움이 있는데 모두 획일화된 아름다움을 강요하는 이 시대에 일침을 가하는 동화인 것 같아요. 하지만 마지막에 왕이 모두를 공주로 삼는다는 것보다는 각자의 꿈과 일을 키워나간다는 마무리가 더 좋았을 거라 생각했어요.

학생 C 처음에 이 책을 보았을 땐 작가의 의도가 무엇일까 잘 알지 못해서 어려웠어요. 그런데 마지막에 모두의 알들이 다 소중하고 아름답게 여겨지는 것을 보고, 작가의 의도가 파악되었어요. 우리 모두는 소중하고 다 아름다운 사람들이구나, 책을 통해 마음의 위로를 얻었어요.

학생 D 닭들에게 각자 뽐낼 만한 무언가가 있을 텐데 이를 꽃피우지 못하고 억압받으며 강요당하는 세상에서 이를 알아주고 칭찬해주는 사람이 있다는 것만으로도 큰 힘이 된다고 생각했어요.

그림책을 다 읽은 뒤에는 각자의 장점을 찾는 활동을 합니다.

"그림책에서 닭들은 화사한 깃털, 늘씬한 다리, 멋진 볏을 가지고 있었지? 그럼 우리에게 있는 장점은 뭘까? 한 번 찾아보자."

학생들에게 자신의 장점 20가지를 기록해보도록 합니다. 보통 자존감 강한 아이가 아니라면 20가지를 바로 쓰기는 어렵습니다. 그래서 교사가 먼저 자신의 장점 20가지를 보여주면 좋습니다.

나의 장점 20가지(교사)

1. 나는 가리지 않고 잘 먹습니다.
2. 나는 일찍 일어나서 수영을 합니다.

3. 나는 머리숱이 상당히 많습니다.

4. 나는 어깨가 제법 넓습니다.

5. 나는 타인의 감정을 소중하게 여깁니다.

6. 나는 소속된 공동체를 위해 본인이 불편해하는 것을 크게 개의치 않습니다.

7. 나는 나를 소중하게 여기고 남을 섬길 때에도 내 감정이 다치지 않도록 유념합니다.

8. 나는 나를 충분히 사랑합니다.

9. 나는 많은 사람에게 사랑받습니다.

10. 나는 어제보다 더 나은 내일의 나를 위해 노력합니다.

11. 나는 내가 공부한 학문을 충분히 사랑하고 그것을 통해 학생들에게 기쁨을 누리게 하려고 힘씁니다.

12. 나는 사람을 좋아하고 그들의 웃음을 위해 노력하는 것을 좋아합니다.

13. 나는 정의를 좋아하고 그렇게 살려고 애씁니다.

14. 나는 대체로 긍정적으로 생각합니다.

15. 나는 새로운 환경에 잘 적응합니다.

16. 나는 여러 장르의 공연(콘서트, 연극, 뮤지컬 등)을 즐길 줄 압니다.

17. 나는 배운 대로, 말하는 대로 실천하기 위해 노력합니다.

18. 나는 몸과 마음이 대체로 건강합니다.

19. 나는 경청을 잘합니다.

20. 나는 동생에게 좋은 형이고 가정에서 둘째 아들로서 충실한 역할을 하려고 노력합니다.

교사의 평범한 20가지 장점을 통해 장점이 특별하고 대단한 것이 아니라는 것을 느끼게 해줍니다. 교사의 장점을 본 후 학생들이 장점 20가지를 기록하게 합니다.

다음은 두 학생이 작성한 자신의 장점입니다. 교사의 장점과 마찬가지로 대단하고 특별한 장점은 아닙니다. 하지만 일상에서 드러나는 평범한 자기를 발견하고 자신에 대한 애착을 가질 수 있는 시간입니다.

학생 A

1. 삶에 있어서 열정적인 사람이다.
2. 어떤 일이든 최선을 다한다.
3. 노력하는 사람이다.
4. 다른 사람의 장점을 잘 찾아낼 수 있다.
5. 목소리크기 조절이 아주 잘 된다.
6. 잘 웃는 편이다.
7. 다른 사람들의 이야기 듣는 것을 좋아한다.
8. 운동을 좋아해서 건강한편이다.
9. 매운 음식을 잘 먹고 가리는 것이 거의 없다
10. 피부가 잘 타지 않는다.

(이하 생략)

학생 B

1. 나는 키가 크다.

2. 나는 글씨를 잘 쓴다.

3. 열심히 한다.

4. 안경이 잘 어울린다.

5. 잘 웃는다.

6. 필기를 잘한다.

7. 선생님을 잘 따른다.

8. 어른들께 인사를 잘한다.

9. 설거지를 잘한다.

10. 좋은 친구들을 사귀었다.

(이하 생략)

둥글게 앉아 취합한 장점들을 함께 보면서 교사 오른쪽에 앉은 학생부터 차례대로 발표합니다. 들은 친구들은 공감해주고 박수로 칭찬해줍니다. 공유해보면 내가 가진 장점을 친구가 가지고 있는 것도 발견하고, 친구가 가진 장점도 나 역시 가졌다는 사실을 발견합니다. 내가 가지고 있는 평범한 특징을 장점으로 생각하고 있는 친구를 만나면서 자신을 좀 더 소중하게 생각합니다.

씨앗 달걀 나눠주기

각자의 장점을 공유한 뒤에는 서로 격려하고 응원하는 시간을 가집니다. 자신의 장점과 관련된 씨앗 덕목이 어떤 것인지 찾아봅니다. 구운달걀을 상담에 참여하는 학생과 교사 수만큼 준비하고, 씨앗 덕목 목록과 스티커를 준비합니다. 달걀을 학생들에게 나눠주고 씨앗 덕목 목록과 스티커를 보여줍니다.

"자, 이제 오른쪽에 앉은 사람에게 씨앗 덕목 달걀을 선물할 거예요. 방금 들은 친구들의 장점을 토대로 오른쪽에 앉은 친구가 가진 씨앗 덕목과 선물해주고 싶은 씨앗 덕목 한 개씩을 달걀에 붙여서 선물해주세요."

두 개의 씨앗 덕목을 붙인 구운 달걀을 오른쪽 친구에게 주고 사진을 찍은 뒤 사이좋게 나눠 먹습니다.

씨앗 덕목

건강 / 활력 / 휴식 / 기쁨 / 교감 / 자유 / 즐거움 / 평온 / 격려 / 경청 / 공감 / 기여 / 나눔 / 배려 / 사랑 / 수용 / 신뢰 / 예의 / 우정 / 정의 / 존중 / 진정성 / 책임 / 친절 / 협력 / 배움 / 지혜 / 창의성 / 탁월함 / 통찰 / 호기심 / 결단 / 겸손 / 긍정 / 끈기 / 노력 도전 / 성실 / 신중 / 실천 / 여유 / 열정 / 용기 / 용서 / 유연함 / 자신감 / 절제 / 정직 / 한결같음 / 감동 / 감사 / 경외심 / 깨달음 / 꿈 / 몰입 / 보람 / 유머 / 자각 / 창조 / 평화 / 행복 / 희망

씨앗 덕목 스티커(학토재)   씨앗 덕목 달걀

활동이 끝나고 소감을 나눴습니다.

: 내 장점이 생각보다 많았고, 내가 꽤 괜찮은 사람이라고 생각했다. 학교에서나 가정에서나 칭찬 들을 일보다는 매일 혼나고, 잘못한 부분을 지적받는데, 지금도 이미 좋은 사람이라고 말해주는 것 같아서 따뜻해졌다.

: 미처 장점이라고 생각하지 못했던 부분을 친구들이 자신의 장점이라고 말할 때, 친구와 더욱 가까워지는 듯이 느꼈다. 장점을 쓰는 과정에서 20가지 쓰기가 어려웠지만 내가 못 채우는 부분을 친구들이 찾아줘서 고마웠다.

: 그림책을 읽을 때는 닭들이 달걀을 낳는 것만으로 가치가 매겨지는 것 같아서 안타까웠다. 장점을 쓸 때는 20가지나 어떻게 쓰나 걱정했는데, 평소 당연하게 생각했던 것들도 장점이라고 쓸 수 있어서 좋았다.

: 달걀에 스티커를 붙여서 주니, 달걀이랑 중요한 가치를 선물로 받은 것 같아서 기

분이 좋았다. 내가 달걀이랑 가치를 선물해주고 인정해줄 수 있는 사람이라는 사실이 인상 깊었다.

상담에 참여한 학생 모두가 자신이 소중한 존재라는 것을 다시 확인했습니다. 그림책을 읽고, 자신의 장점을 찾고, 씨앗 덕목 달걀을 나눠 먹는 것만으로 외면의 화려함보다 내면을 중요하게 여기게 되지는 않습니다. 하지만 학생들에게 진정으로 필요한 것은 외모 콤플렉스에서 벗어난 진정한 자존감 회복이라고 생각합니다. 학생들이 자신의 장점을 찾고 자기가 제법 괜찮은 사람이라는 것을 알게 될 때 비로소 "너희는 화장 안 해도 예뻐"라는 말이 들릴 것입니다. 물론, 상담에 참여한 친구들은 지금도 화장을 합니다. 하지만 가끔 화장을 안 하고 오는 날에도 숨거나 얼굴을 가리는 일은 분명히 줄었습니다. 이런 것들이 쌓여서 학생들이 외모에서 자유롭고 내면을 아름답게 가꾸는 계기가 될 거라고 생각합니다.

더 나은 활동을 위한 도움말

장점 20가지를 작성할 때는 미리 구글 드라이브나 네이버 폼을 활용하여 제출받으면 좋습니다.(특히 수업시간에 활용할 경우에는 구글 드라이브나 네이버 폼으로 받는 것이 더욱 용이합니다) 구글 드라이브 등으로 취합할 경우에는 개개인의 응답을 따로 볼 수도 있고, 응답들을 종합적으로 보고 평가할 수도 있습니다.

장점 20가지를 못 채울 경우에는 함께하는 친구들의 도움을 받아서 작성하도록 도우면 아이들의 관계와 분위기가 더욱 좋아집니다. 경우에 따라서 자신의 장점 10가지, 오른쪽 옆자리에 앉은 학생의 장점 10가지를 적게 할 수도 있습니다.

함께 읽으면 좋은 그림책

- **『얼룩이 싫은 얼룩소』**, 파블로 베로나스코니 글·그림, 고정아 옮김, 미세기, 2005
- **『고약한 결점』**, 안느 가엘 발프 글, 크실 그림, 이성엽 옮김, 파랑새, 2017
- **『완두』**, 다비드 칼리 글·그림, 이주영 옮김, 진선아이닷컴, 2018

3. 내 마음 들여다보기

『마음의 집』

김희경 글, 이보나 흐미엘레프스카 그림, 창비, 2010

　새 학기가 시작되면 담임교사들은 상담을 통해 학생 개인의 성향, 기질, 자라온 환경 등 학생을 좀 더 자세히 이해하고 알아가려고 애씁니다. 개인별 상담 외에도 소그룹 집단상담을 통해 학급 친구와 관계를 형성하고 개인별 상담에서 교사에게 말하지 못하는 부분을 이야기할 수 있도록 합니다. 상담마다 교사에게 말할 수 있는 부분이 다르기 때문입니다. 개인상담과 집단상담, 두 축을 통해 학생들을 좀 더 깊이 알고 학생들을 더 잘 지도하기 위해 노력합니다.

　학생들을 상담해보면 개인상담, 소그룹 집단상담 할 것 없이 학생들이 자신의 감정을 솔직하게 표현하기를 힘들어합니다. 자신의 감정을 들여다보고 고민하는 것을 어색해하는 경우가 많습니다. 새로운 정보를 찾을 때는 교사보다도 더욱 능숙하게 찾는 아이들이 정작 자신의 감정을 확인하고 표현하는 것에는 불편해하고 어려워하는 모습을 보입니다. 스마트폰을 활용해서 아무리 찾아봐도 알 수 없고 볼 수도 없는 자신의 마음, 그 마음을 좀 더 구체적으로 표현하고 들여다볼 수 있도록 돕고 싶었습니다. 그러던 중 그림책 『마음의 집』을 알게 되었고 그림책을 통해 표현하면 아이들이 자신의 마음에 대해 알아차리고, 잘 표현할 수 있을 거라고 생각했습니다.

『마음의 집』 열어보기

표지를 보면 주인공이 거울을 들고 있습니다. 자신의 마음을 더욱 알고 싶어서 거울을 들여다봅니다. 책장을 넘기면서 그림을 읽으면 좀 더 그림이 실감 나게 느껴집니다.

누구에게나 있는 마음, 나조차도 잘 알 수 없는 마음, 같은 사물을 보면서도 기쁨과 슬픔 양가적 감정이 모두 생기는 마음에 대해 알아봅니다. 모두가 가지고 있지만, 각각 다른 모양으로 표현되는 마음의 집을 보면서 자신의 마음을 인정하고 자신의 감정과 욕구에 집중할 수 있게 됩니다.

마음의 집에 있는 문을 누군가는 활짝 또는 조금 열고, 어떤 이는 꽉 닫아 놓습니다. 마음의 집에 있는 어떤 방은 넓어서 많은 사람이 왔다 갔다 하고, 어떤 방은 좁아서 겨우 자기만 들어갑니다. 두 개의 창문에는 각각 비가 내리고 해가 쨍쨍합니다. 마음의 집에는 계단도 있어서 갈등 상황이나 힘든 일이 생기면 더욱더 높은 계단이 생깁니다. 마음의 집에 있는 부엌에서는 마음을 요리해서 타인에게 줍니다. 어떤 이는 능숙해서 멋진 요리를, 어떤 이는 영 서툰 요리로 타인에게 다가갑니다. 마음의 집에는 화장실도 있습니다. 친구가 미울 때, 싸우고 싶을 때 등 나쁜 마음이 생길 때,

잊고 싶은 일이 생길 때는 변기 손잡이를 꾹 누릅니다. 마음의 집은 가끔 주인이 바뀌기도 합니다. 어떤 날은 불안이 어떤 날은 초조가 어떤 날은 걱정이 마음의 집을 다스립니다. 또 어떤 날은 사랑하는 사람이 마음의 집 주인이 되기도 합니다. 때때로 마음의 집이 잘 보이지 않을 때, 스러져 갈 때, 마음의 방에 혼자 있을 때, 창밖으로 비가 내릴 때도 걱정할 필요가 없습니다. 이 세상에 다른 마음들이 많기 때문이죠. 그 마음들이 우리의 마음을 도와줍니다. 언제나 우리를 도와줍니다.

보이지 않는 마음을 보이는 집으로 구체화하여 집의 문, 창문, 방, 화장실 등으로 자신의 마음을 들여다봅니다. 그림책을 통해서 자신의 마음의 상태를 확인할 수 있을 뿐 아니라 다른 마음들과 연결될 때 위로를 받습니다. 그림책 『마음의 집』을 열고 함께 연결됩니다.

내 마음 읽어주기[19]

상담을 시작하면서 상담에서 나오는 이야기는 밖에 나가서 이야기하지 않을 것을 주지시키고 함께 약속하는 과정이 꼭 필요합니다. 또한, 혹시 공개가 되더라도 괜찮을 정도의 이야기만 하기로 약속하는 과정이 필요합니다. 둥글게 앉아 그림책 『마음의 집』을 읽어갑니다. 준비된 활동지를 나눠준 다음 책장을 넘깁니다.

함께 읽어가면서 5개의 질문에 답하는데, 마음의 집 문에 대한 장면에서

---

19 내 마음 읽어주기, 마음의 집 그리기 활동은 김혜숙 박사(한국철학적탐구공동체연구회 회장)가 운영하는 소크라테스 카페 학습 모임을 통해 배운 내용을 기반으로 작성함.

첫 번째 질문이 시작됩니다. 사람에 따라 마음의 집에 있는 문을 조금 열기도 하고, 활짝 열거나 아예 닫아 두기도 합니다. 자신이 언제 문을 조금 열거나 활짝 열고, 닫고 사는지 돌아가면서 이야기합니다.

첫 번째 질문, 내 마음의 집의 문이 닫혔을 때와 조금 열렸을 때, 많이 열렸을 때의 경험을 이야기해보세요.

첫 번째 질문에 대한 학생들의 대답입니다.

: 나 자신에게 화가 나고, 주변 사람들에게 미안한 감정만 있을 때는 문이 닫혔어요. 감정이 고조되어 주변 친구들이나 선생님, 가족에게 감사한 삶을 살고 있다고 느낄 때는 문이 조금 열렸어요. 문이 많이 열렸을 때는 기억이 안 나요.

: 친구들에게 모진 말을 들었을 때 문이 닫혔어요. 어색한 사이인 사람과 있을 때는 문이 조금 열렸고요. 제가 좋아하는 사람을 만날 때는 문이 활짝 열렸어요. 제 마음은 같이 있는 사람이 누구냐에 따라 열리고 닫히는지가 결정되는 거 같아요.

: 가족이 아플 때, 문이 닫혔어요. 특히 엄마가 아팠을 때 제가 어떻게 해드릴 수 있는 게 없어서 안타까웠어요. 핸드폰을 떨어뜨려서 후면 카메라가 파손되었는데, 견적을 받아보니 17만 원이 나왔어요. 제 용돈에서 제한다는 말을 들었을 때 눈앞이 캄캄했어요. 그때 마음의 문이 약간 닫힌 상태 같아요. 어릴 때 멍멍이 키우면서 같이 산책 가고 놀았던 시간이 행복했어요. 그때 마음의 문이 활짝 열렸어요.

: 친구가 제게 무례하거나 예의 없게 했을 때 기분 나쁘고 마음의 문이 닫혔어요. 어색한 사이였는데 알고 보니 좋은 사람인 걸 알게 되고 가까워지면서 마음의 문이 조금 열렸어요. 친구들과 하루 동안 힘들었던 이야기를 하고 위로받았을 때 마음의

문이 활짝 열렸어요.

한 사람씩 돌아가면서 이야기하는 것만으로도 아이들 마음이 편해지는 것이 느껴졌고 분위기가 더욱 부드러워졌습니다. 대부분의 학생이 친구 혹은 가족 등과의 관계에서 마음의 문이 열리고 닫히는 경험을 했다고 대답합니다. 일부 학생은 마음의 문이 열렸을 때보다 닫혔을 때가 더 많으며 지금도 닫혀 있다고 했습니다.

마음의 집 창문 장면과 함께 두 번째 질문이 시작됩니다. 마음의 집에 있는 두 개의 창문에 대한 내용입니다. 한쪽 창에서는 매일 비가 내리고, 다른 쪽에서는 매일 해가 쨍쨍합니다. 각 학생에게 자신의 마음에 비가 내리는 때와 해가 쨍쨍한 때에 관해 묻습니다.

두 번째 질문, 내 마음의 집 창문에는 언제 비가 내리고, 해가 쨍쨍한가요?

학생들의 대답입니다.

: 주변 사람들이 고통을 겪고 있지만, 나는 아무런 힘이 되지 못할 때 마음에 비가 내리는 것 같았어요. 엄마가 아프신데, 막상 제가 할 수 있는 게 아무것도 없었어요. 해가 쨍쨍할 때는 주변 사람들이 기뻐하고 그 곁에 제가 있을 때예요. 저는 주변 사람들의 영향을 많이 받아요.

: 상처받는 말을 들었을 때 비가 내려요. 말로 할퀴는 사람들이 너무 불편해요. 좋아하는 사람과 함께 있을 때 해가 쨍쨍해서 좋아하는 친구들, 가족과 더 함께 있고 싶어요.

: 하고 싶지 않은 일을 억지로 할 때 비가 내려요. 공부하기 싫은데 시험 기간이라고 억지로 공부하면 마음도 답답하고 금세 우울해져요. 좋아하는 일을 할 때는 해가 쨍쨍 내리 쬐서 몸이 힘들어도 기분이 좋아요. 그림을 그리면 제가 웹툰 작가가 되어가는 것 같고 곧 작품이 나올 것 같다는 생각에 기대돼요.
: 종례가 끝나거나 금요일이 되면 가슴이 뛰고 햇볕이 따뜻하게 비춰주는 느낌이 들어요. 시험 기간에는 비가 내려서 창문, 마음의 문을 열 수가 없어요.

첫 번째 질문에 대한 대답과 비슷하게 해가 쨍쨍할 때는 관계가 잘 풀릴 때이며, 비가 올 때는 관계가 나쁠 때라고 대답한 학생들이 있습니다. 하지만 관계뿐 아니라 공부, 학업, 시험 기간, 하고 싶은 일 등과 관련하여 대답한 학생도 많습니다. 해가 쨍쨍할 때는 자연스럽게 마음의 문이 활짝 열리고, 비가 내릴 때는 마음의 문을 꼭 닫고 아무도 들어올 수 없게 한다는 대답도 있습니다. 긍정적인 부분과 부정적인 부분 모두 자기 모습이고 필요한 부분이라는 것을 알게 하는 데 의미가 있었습니다.

마음의 집 화장실에서 세 번째 질문이 시작됩니다. 화장실은 해우소(解憂所)라는 말처럼 근심, 걱정 등 비우고 싶은 것들을 떠나보내는 공간입니다. 마음의 집에 있는 화장실도 똑같습니다. 친구가 미워질 때, 질투하는 마음이 생길 때, 잘난 척하고 싶을 때, 싸우고 싶을 때는 변기 손잡이를 누르도록 안내합니다. 학생들에게는 가장 최근에 변기 손잡이를 눌러서 떠나보내고 싶었던 일이 있었는지 질문합니다.

세 번째 질문, 가장 최근에 변기 손잡이를 꾹 누른 경험은 언제인가요?

학생들은 다음과 같이 대답했습니다.

: 어제, 학생회 활동할 때 자꾸 잘하고 싶은 마음이 들고 나름 열심히 해냈다고 생각했는데, 자기만 생각하고 우릴 생각하지 않는 그 친구와 싸우고 싶었어요. 지금 생각해도 화가 나고 열 받아요.

: 엄마랑 다퉈서 집 분위기가 안 좋아졌어요. 아무리 생각해도 내 잘못이 아니지만, 집안 분위기의 불편함을 견딜 수 없어서 사과했어요. 사과는 했지만, 아직 마음이 편하진 않아요.

: 체대 입시 준비를 하면서 제자리멀리뛰기 연습을 했어요. 저는 아무리 연습해도 안 나오는 기록을 친구는 가볍게 해내는 모습을 보고 저 자신에게 실망하고 친구가 미워지기까지 했어요.

: 담임선생님과 1, 2학년 성적과 진로 관련해서 상담을 했는데, 저 자신에게 너무 미안하고 속상했어요. 2년간의 고등학교 생활을 없애버리고 싶었어요.

평소 상담에서 쉽게 이야기하지 못하는 마음속의 어두운 부분까지 이야기합니다. 서클로 이야기하기가 끝나면 휴지에 잊고 싶은 일들을 적어서

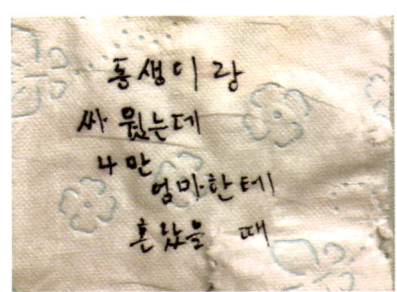
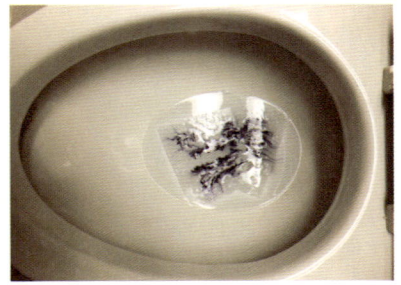

변기에 떠내려 보낸 휴지

변기에 떠나보내는 시간을 가집니다. 많은 학생이 이 부분을 좋아했는데, 실제로 휴지에 나쁜 일들을 적어서 상담이 끝난 뒤 함께 변기에 내리면서 스트레스도 풀리고, 문제 상황과 멀어지는 느낌을 받습니다.

 마음의 집이 잘 보이지 않고 스러져 갈 때, 마음의 방에 혼자 있을 때, 창밖으로 비가 내릴 때도 다른 마음들과 연결되고 그 마음들이 자신의 마음을 도와주고 응원하고 있다는 사실을 확인합니다. 자신의 마음의 집이 잘 보이지 않을 때 주변의 사람 덕분에 의지가 된 경험을 돌아가면서 이야기합니다.

네 번째 질문, 내 마음의 집이 잘 보이지 않을 때 주변의 사람 덕분에 의지가 된 경험이 있나요?

학생들 대답입니다.

: 나도 내 감정을 잘 모를 때 친구들이 내 마음을 알아주고, 먼저 내 감정에 대해서 말해달라고 해서 그제야 내 마음을 볼 수 있게 되고 힘든 일을 이겨낼 수 있었어요.
: 친구들과 멀어져서 걱정했는데, 어머니께서 귀담아 들어주셔서 위로가 되고 친구들과 다시 가까워질 수 있는 힘이 생겼어요.
: 연기를 하다가 슬럼프가 왔을 때 선생님께서 누구나 힘들 때가 있다고 위로해주셨고, 힘들 때 와서 상담받아도 된다고 하셔서 위로가 되고 의지가 되었어요.
: 내가 주변인과 나의 관계에만 신경을 쓰고, 나 자신에게 완전히 신경 못 쓰고 있을 때 생일날 받은 편지 내용이 나 자신을 바라보는 데 도움이 되었어요.

자신의 내면을 그림책과 자신의 그림으로 돌아보면서 마음이 부드러워진 아이들은 자신의 주변에 가족과 친구 그리고 선생님 등 가까운 타인이 있다는 사실을 다시 한번 상기했습니다. 아이들의 표정, 눈빛, 활동지를 작성하는 모습이 처음과 크게 달라졌습니다. 마음이 활짝 열렸습니다.

다섯 번째로 각자 그림책을 읽으면서 가장 마음에 와닿은 부분에 대해 이야기하면서 그림책 읽기 활동을 마무리합니다.

다섯 번째 질문, 그림책을 읽고 가장 마음에 와닿은 장면의 그림이나 문장을 말해 보세요.

'언제나 너를 도와줄 거야.'
'그 마음들이 네 마음을 도와줄 거야.'
'어떤 날은 불안이 어떤 날은 걱정이 네 마음의 집을 다스리지'
'그런데 마음은 잘 알 수가 없어.' (알다가도 모르는 내 마음과 같다)

다섯 개의 질문에 대답을 모두 마친 뒤에는 책의 내용을 참고하여 자신의 마음의 집을 그립니다.

마음의 집 그리기

자신의 마음 상태에 따른 마음의 집을 그립니다. 집을 그릴 때 책에 나온 방, 계단, 문, 창문 등을 참고해서 그릴 수 있습니다. 학생마다 현재 마음의 상태, 중요하게 여기는 가치, 친밀한 공간이나 사람에 따라 다른 그림이 나옵니다. 교사가 별도로 해석해주지 않고 각 학생이 마음의 집을 그리고 자기가 표현한 부분을 설명합니다.

다음은 첫 번째 학생의 그림과 설명입니다.

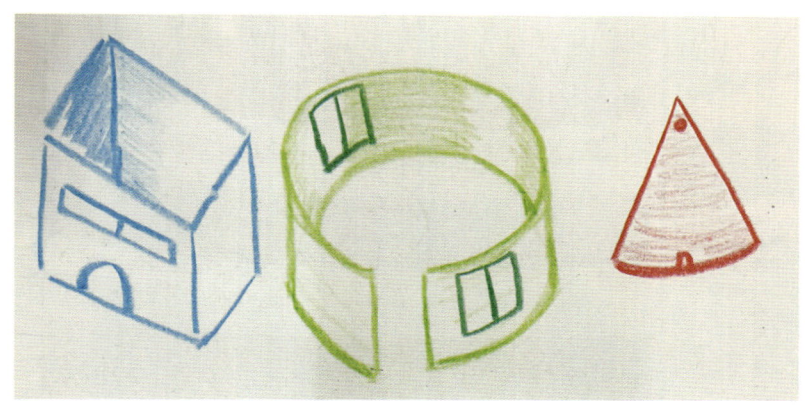

"평소에 마음의 집은 극단적으로 한쪽에 쏠려있지 않은 상태로 제 마음을 가장 잘 컨트롤 하기 때문에 가장 평범한 사각형의 집 모양이에요. 가운데 집은 마음의 문을 둥글고 트여있는 모양으로 그림으로서 타인을 포용하고 수용하는 마음을 가진 상태를 표현했어요. 또 뾰족하고 문을 작고 좁게 그림으로서 타인들을 제대로 받아들이지 못하며 닫혀 있는 상태를 표현했어요. 지금 제 마음의 집은 무엇 하나 고조되지 않은 가장 평온한 상태의 사각형 모양이에요."

그다음 두 번째 학생의 그림 설명입니다.

"평소 바다에 가고 싶어 바다가 보이는 집으로 설정했어요. 제가 언젠가 살아보고 싶은 집을 그렸어요. 2층에 열린 창문 사이로 무지개가 보이는

데 바다를 보면서 제가 답답하고 우울한 마음을 편안하게 만들어준다고 생각하기 때문이에요."

아래 그림을 그린 세 번째 학생이 설명을 이어갑니다.

"집이 네모난 모양을 하고 있는 것은, 평면적이고 겉으로는 단순해 보이는 제 마음의 모양이에요. 그리고 가장 바깥에 있는 방의 벽에는 태양 빛

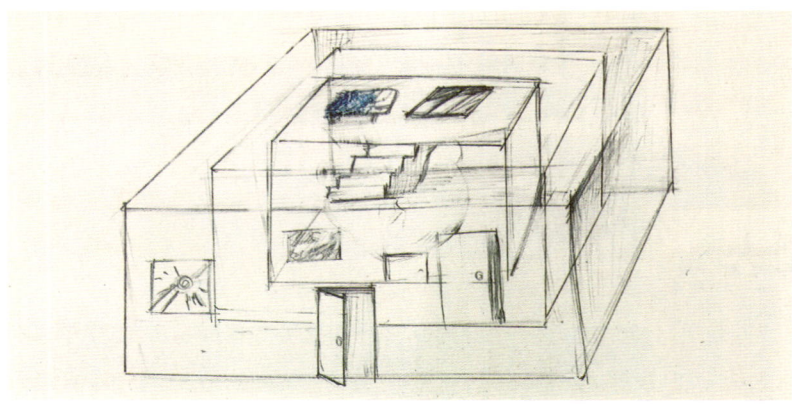

이 그려져 있는데, 이는 다른 사람들이 보는 저의 밝고 평범한 모습이에요. 두 번째 방은 첫 번째 방과 다르게 먹구름이 그려진 창문을 그렸는데, 제 깊숙한 부분에 있는 우울함을 상징해요. 그래서 대부분의 사람에게 드러내지 않는 부분이에요. 마지막 방은 제 마음 가장 깊숙한 곳이에요. 오직 저만 들어갈 수 있는 곳이라 문이 작고, 편안한 침대가 있어요."

마지막 학생이 자신의 그림을 설명합니다.

"저는 제 마음의 방을 크게 2개의 방으로 나누었어요. 한쪽은 타인과 저의 거리에 따라 방과 문의 크기가 다르고 다른 한쪽은 그 사람에 대한 저의 감정에 따라 방의 색깔이 달라요. 저는 정은 많지만 쉽게 마음의 문을 열지 않아서 가까울수록 방의 크기는 크지만 문의 크기는 작아요. 빨강은 분노, 주황은 질투라고 생각하고 색칠했어요. 그리고 타인에 대한 감정은 바뀔 수 있기 때문에 색깔 사이에도 문을 그렸어요."

마음의 집에 스티커 붙여주기

완성한 마음의 집에 관해 이야기를 나누면서 나온 강점과 약점, 기쁨과 슬픔을 보듬어줍니다. 각 마음속에 있던 계단, 닫힌 문, 변기에 내리고 싶던 사건 등을 듣고서 마음의 집 그림에 서로 응원 스티커를 붙여줍니다.

완성된 마음의 집 그림을 보고 나눈 이야기들을 토대로 친구에게 응원해주고 싶은 문구를 붙여줍니다. 긴 상담보다 친구의 작은 응원이 오히려 더 큰 힘을 줄 때도 있습니다. 학생들도 자신의 그림에 붙은 응원 스티커를 서로 자랑하고 기뻐합니다.

그림책 『마음의 집』을 읽으면서 소감을 짧을 글로 쓰고 이야기하면서 상담을 마칩니다.

응원 스티커(학토재)   마음의 집 그림 – 응원 스티커 부착

: 책을 읽으면서 공감되는 부분도 많았고, 뒤로 갈수록 위로되는 말도 많아 좋았어요. 나 스스로는 알고 있던 말들이었지만, 아무도 해준 적 없는 말들이라 더욱 위로가 되었어요.

: 1번의 물음에 내 강점들을 다시 생각해보면서 지난날의 내가 느꼈던 것들과 잊지 못한 추억의 순간을 떠올릴 수있었어요. 그리고 4번에 답했을 때는 내가 주변 영향으로 인해 감정의 변화가 생긴다는 것을 알 수 있었어요.

: 나의 마음을 잘 들여다볼 시간조차 없고 나도 내 마음을 잘 모를 때가 많았는데, 이 활동을 통해 내 마음을 들여다 볼 시간과 여유가 생긴 것 같아서 좋았고 앞으로 가끔 내 마음의 집을 들여다봐야겠다고 생각했어요.

: 그림이 주로 되어있고 글씨가 별로 없음에도 불구하고 전하고자 하는 핵심을 잘 전달해주는 책이 있다는 것을 알게 돼서 좋았고, 내 마음에 대해 생각해보는 시간을 갖게 되었어요. 친구들과 연결되어 있는 느낌이 들어서 좋았어요.

더 나은 활동을 위한 도움말

소그룹 집단상담은 모둠원들의 관계나 교사의 의사소통 능력 등 여러 요인에 따라 잘 될 수도 있고, 그렇지 않을 수도 있습니다. 그런데 그림책과 함께 집단상담을 했을 때 교사의 능력이나 모둠원들의 관계가 덜 중요하게 여겨졌습니다. 별로 친하지 않던 친구들과도 그림책을 함께 보고 자신의 마음의 집을 그려보는 것만으로 큰 위로가 되었습니다.

항상 깔깔거리며 우스갯소리를 하는 학생들도 마음에 상처가 있습니다. 교사가 그 상처를 모두 치료해줄 수는 없습니다. 하지만 자신에게 상처가 있다는 사실을 깨닫게 하고 주변에 연결된 마음들이 도와주고 있다는 사실을 알려주는 것이 서로에게 큰 힘이 되고 결국 상처가 치료되는 것을 경험하게 합니다.

　이 세상에 있는 마음들이 자신을 도와주고 있고 우리가 함께 연결되어 있으며 서로가 서로의 마음을 도울 수 있는 존재라는 것을 알 수 있는 소중한 시간이 될 겁니다.

함께 읽으면 좋은 그림책

- 『두 사람』, 이보나 흐미엘레프스카 글·그림, 이지원 옮김, 사계절, 2008
- 『터널』, 앤서니 브라운 글·그림, 장미란 옮김, 논장, 2008
- 『내 마음속에는』, 차재혁 글, 최은영 그림, 노란상상, 2018

4. 내가 좋아하는 것을 찾아보는 진로 상담

『허먼과 로지』

거슨 고든 지음, 김서정 옮김, 그림책공작소, 2016

"선생님, 어떤 대학, 어떤 과를 가야 할지 모르겠어요."

진로 상담을 하다 보면, 아이들에게 꽤 많이 듣는 질문입니다. 자신에 대해 많이 생각해본 학생은 "잘하는 일을 직업으로 삼아야 할까요? 아니면 돈을 조금 벌더라도 좋아하는 일을 직업으로 가져야 할까요?"라고 묻습니다. 이런 질문에 바로 대답해줄 수 없는 답답함과 안타까움이 있습니다. 학생마다 흥미, 적성, 가치관 등이 다르고 가정환경이나 사회 문화적인 배경에 차이가 있어서 섣불리 상담을 해서는 안 되기 때문입니다.

중학교에서 담임을 할 때는 학기 초에 자기소개서를 써 오게 하여 개인적인 환경을 이해하고, 친구 관계와 성적 문제를 주로 상담했습니다. 고등학교에서 담임을 할 때는 등급에 따른 대학교와 학과에 대한 상담, 학교생활기록부 관리를 위한 자율 활동, 동아리 활동, 봉사 활동 등을 상담하는 빈도가 늘어났습니다.

고등학교는 상대평가이면서 등급으로 대학교가 결정되기에 학생들이 주요 과목에 매우 민감합니다. 그리고 상위권을 놓치지 않는 학생층이 있어서, 학생들이 열심히 노력해도 등급이 나오지 않아 자존감에 상처를 받는 일이 더 많습니다. 현재 대학 입시는 주요 과목 내신 등급이 대학을 결정하는 시스템입니다. 1차 지필고사, 2차 지필고사, 수행평가의 1, 2점이 내신 등급에 절대적인 영향을 미칩니다.

학생들이 무엇을 직업으로 정하면 좋을지, 그래서 자기가 앞으로 어떻게 살고 싶은지 방향성을 잡으면서도 자신에 대한 긍정적인 마음과 따뜻함을 갖기를 바랐습니다. 그래서 진로 상담을 『허먼과 로지』 그림책으로 시도하게 되었습니다.

『허먼과 로지』 열어보기

작가 거스 고든은 호주 시드니 북쪽 해변에서 아내와 세 아이랑 살고 있습니다. 그의 그림은 채색을 하지 않고 선으로 그리는 드로잉과 인쇄물을 찢어 풀로 붙이는 방법인 콜라주가 특징입니다. '허먼과 로지'는 2013년 오스트레일리아 어린이도서협회(CBCA) 선정 '올해의 그림책 상'을 받았습니다. 그래서 그림을 더욱 자세히 살펴보았습니다. 콜라주를 찾으면서 그림책을 보다 보니 중간중간 재미있는 부분이 있었습니다. 배경으로 뉴욕지도, 신문, 엽서 등을 사용했습니다. 표지도 보면 오래된 레코드판이 봉투 안에 있는 모습이고 면지도 뉴욕 지도로 해 놓았습니다. 도시를 나타낼 때는 종이 신문이나 종이로 된 회계장부 등으로 했고, 간직하고 싶은 것은 오래된 엽서 등을 배경으로 배치했습니다.

왜 이랬을까를 생각하다 보니 가슴이 따뜻해졌습니다. 손으로 그린 듯한 뉴욕 지도, 종이로 된 신문, 사용한 우표가 찍힌 엽서 등은 모두 사람들이 시간을 들여 만들어야 하는 것들입니다. 또 그것들을 바라보는 사람, 시간대, 상황에 따라 생각과 느낌이 달라집니다. 즉 우리가 지도나 신문, 사용한 엽서들을 찬찬히 바라보고 생각해보고 의미를 발견해주어야만 이러한 것들이 가치를 발휘합니다. 여러분도 이 그림책을 천천히 살펴보면서 이것들을 발견하는 기쁨을 같이 즐겼으면 합니다. 교사가 진행하는 진로 상담도 그 학생의 내면을 찬찬히 살펴봐주고 발견해주고 공감해주는 과정이라 생각합니다.

허먼과 로지는 어느 복잡한 도시, 아주 복잡한 길 위, 작은 아파트에 각각 살았습니다. 허먼은 화초 가꾸기, 오보에 연주하기, 보이젠베리 요구르트, 겨울날 핫도그 냄새, 바다에 관한 영화 보기를 좋아했습니다. 로지는 팬케이크, 오래된 재즈 음악 듣기, 여름날 산들바람, 토피 사탕, 비상계단에 앉아 노래 부르기, 그리고 바다에 관한 영화 보기를 좋아했지요. 두 사람은 도시에서 사는 것이 좋았지만 가끔 외로웠습니다.

허먼은 세일즈맨이었고 로지는 주방보조와 재즈클럽에서 노래를 부르는 일을 했습니다. 허먼은 우연히 로지의 노랫소리를 듣고 감동을 받아 밤에 그 곡을 오보에로 연주했습니다. 로지는 그 오보에 연주를 듣고 일상생활 속에서 그 가락을 흥얼거리면서 다닙니다. 그러나 멜로디를 즐기기만 할 뿐, 그것을 누가 하는지 관심을 두지 않은 채 일상을 살아갑니다.

사람들과 대화하기를 좋아한 허먼이 물건을 파는 것에는 관심이 없어 회사에서 해고를 당했습니다. 로지도 재즈클럽이 문을 닫게 되어 클럽에서 노래를 못하게 되었습니다. 도시의 삶은 이윤적인 목적을 달성하지 못하면 사람을 쉽게 해고합니다. 실직을 당한 허먼과 로지는 힘든 몇 주를 보내고 있었습니다. 어느 날 그들이 그 괴로움을 박차고 일어났습니다. 과연 그들을 일으킨 것은 무엇이었을까요? 정말 놀랍게 그들에게 힘을 준 것은 큰 것이 아닌 아주 사소한 것이었습니다. 로지는 토피 사탕이 생각났고, 허먼은 보이젠베리 요구르트가 생각나서 밖으로 나갔습니다. 좋은 날씨를 즐기면서 그들은 각자 산책을 했습니다.

그날 밤 허먼은 옥상으로 올라가 오보에를 다시 연주합니다. 부엌에서 팬케이크를 만들던 로지는 마음속에 간직하던 멜로디를 듣게 됩니다. 로지가 그 음악 소리를 따라 밖으로 나가 드디어 둘이 만납니다. 스치기만 하다가 두 사람이 결국 만났습니다. 허먼과 로지는 음악을 하게 되고 외롭고 복잡하던 도시는 완전히 다른 도시가 되었습니다. 우리도 저마다의 삶을 공감하고 지지해주는 허먼과 로지를 찾으면 좋겠습니다.

『허먼과 로지』 읽어주기

진로 상담은 소그룹으로 진행했고 서로 친하다고 생각하는 학생들로 모둠을 구성했습니다. 서로 '허먼과 로지'처럼 학생 각자의 내부에 있는 강점을 공감과 지지로 응원해주길 바랐기 때문입니다.

그림책 『허먼과 로지』를 읽어줍니다. 첫 번째 읽어내는 방법은 교사가 책을 읽다가 의문이 생긴 곳에서 멈추는 것입니다. 예를 들면 『허먼과 로지』에서 "그렇지만 도시는 외롭기도 했어요" 하는 장면에서

교사	우리가 사는 도시는 어떤 느낌이니? 이 장면에서 사람들이 어떻게 보이니?
학생 A	애들 다 혼자 다니네. 차도 혼자 마시네.
학생 B	그래 보는 시선도 앞 아니면 밑이거나 눈이 안 보이는 사람도 있어. 표정도 다 똑같아.
학생 C	여기 있는 동물들은 입을 꼭 다물고 있어요.
학생 D	다들 각자 혼자 있고 바쁘게 어디론가 가고 있어요.
교사	원래 인간은 외로운 존재가 아닐까? 왜 도시에서만 외롭니? 시골에서도 외롭지 않을까?
학생 A	시골은 사람이 별로 없어서 고독한 것이 아닐까요? 도시는 사람이 많아 흥겨워 보이고 배경이 화려해 보이지만, 자기의 마음이 통하지 않아 상대적으로 더 외로운 것이 아닐까요?

허먼이 물건을 전화로 파는 장면에서

교사	허먼만 컬러고 다른 것은 흑백이야. 선생님은 작가가 왜 이렇게 표현했는지 궁금해.
학생 A	테이프도 컬러에요. 어느 잡지에서 잘라 왔는데.
교사	왜 그랬을까?
학생 B	허먼은 주인공이니까요. 예술을 위해서 그렇게 표현한 것 같아요.
학생 C	허먼이 지금, 현재를 살아가고 있다는 것을 표현하기 위해서 컬러로 한 것 같아요. 다른 사람들은 의심 없이 그냥 살고 있

	고, 먹기 위해서 목적적으로 일하는데, 허먼은 말하는 것을 즐기면서 일하는 거잖아요.
학생 D	그러네요. 허먼 혼자 기분 좋아요~ 팔까지 벌리고.
학생 A	칙칙하게 감정 없이 일하는 것은 흑백으로 표현하고 허먼은 색깔로 생생하게 표현했네.
교사	아, 그러네. 혼자 기분 좋은데.
학생 A	다른 아이들은 얼굴 방향이 다 키보드만 보고 있고 다른 사람들은 표정이 없어. 허먼만 신났어.
학생 B	일에 욕심이 없고 하고 싶은 것만 하는 거죠.
학생 C	그래서 해고당하나 봐요. 자신에게 맞는 일은 아닌가 봐요. 근데 그게 꼭 나쁜 일이었을까요? 나중에 결말을 보면 꼭 그런 것은 아니네.

　교사가 그림책에 바탕을 둔 질문을 던집니다. 질문에 맞는 답을 찾는 과정에서, 학생들은 답이 정해져 있는 질문이 아니라 그림책에 나온 삶의 의미와 이유 등에 대해 '왜, 어떻게, 무엇이' 라는 열린 질문을 던집니다. 교사가 모든 질문에 답하지 않아도 됩니다. 오히려 학생들이 인생의 동반자가 되어 알려주고 가르쳐 주기도 합니다. 그리고 옆에 있는 친구들을 믿고 의지하면 갈 수 있다는 정서적 유대감이 형성되는 장점이 있습니다.

　두 번째 읽어내는 방법은 교사가 강조하고 싶은 장면에서 멈추는 것입니다. 재즈클럽이 문을 닫아 로지가 실의에 빠졌을 때, '어느 날 아침, 이에 달라붙는 토피 사탕이 생각났어요.' 하는 장면을 읽습니다. 앞에서 허먼과 로지가 좋아하는 것을 나열한 장면에서 무엇이 기억나는지 물어봅니다.

학생들의 대답을 들은 다음 앞 장면으로 돌아가 학생들의 대답과 무엇이 다른지 다시 살펴봅니다. 이렇게 하는 이유는 좋아하는 것을 단지 단어로 나열하는 것이 아니라 구체적으로 말하길 바랐기 때문입니다.

좋아하는 것을 구체적으로 읽어내는 질문을 합니다. "로지가 좋아하는 것은 그냥 사탕이 아니라 이에 달라붙는 토피 사탕이고, 그냥 바람이 아닌 여름날에 불어오는 바람이네, 그리고 산들바람이네. 산들바람은 어떤 느낌이니? 그냥 음악이 아니라 재즈 그리고 그것도 오래된…. 어떠니?" 그럼 학생들이 "어머, 얘들은 좋아하는 것이 구체적이네"라고 합니다. 그리고 로지 입장이 되어 "로지는 좋겠다. 좋아하는 것이 무엇인지 이렇게 말할 수 있네", "로지는 진짜 좋아하는 것이 많네. 너네도 혹시 똑같이 좋아하는 것 있니? 로지같이 살면 행복할 것 같지 않니?" 하고 학생들과 느낌을 나눕니다.

그다음, 허먼과 로지가 힘든 상황에서 어떻게 극복했는지에 관해 이야기를 나눕니다. 좋아하는 것과 회복탄력성과 관계를 학생들과 함께 나누고 싶었기 때문입니다. 살면서 힘들고 괴로운 시간이 있을 수밖에 없습니다. 이것을 어떻게 극복하고, 감당할 수 있는지에 대해 자신만의 방법을 알아내는 기회를 주고 싶었습니다.

세 번째 방법은 장면 사이를 연결해서 상상하며 읽어내는 것입니다. 허먼이 옥상에서 연주를 하고, 그 멜로디를 들은 로지가 행복해하며 음악 소리를 따라가서 드디어 두 명이 만나는 장면이 책에 가득 펼쳐집니다. 그리고 그다음 둘은 청중이 있는 곳에서 신나게 연주합니다. 그 두 장면 사이에 많은 시간과 이야기가 흘러갔습니다.

상황을 상상하게 하는 질문을 합니다. "애들아, 그 두 장면 사이에 어떤 일이 일어났을까? 허먼과 로지가 이 복잡하고 외로운 도시에서 어렵게 만나 어떤 이야기를 했을까? 어떤 생각과 느낌이 들었을까? 생각들이 행동으로 이어지려면, 어떤 것이 필요할까?" 등을 질문합니다.

두 번째는 진로 상담과 연관된 질문을 합니다. 허먼과 로지는 연주할 수 있는 장소를 찾았고, 직업인지 취미인지 모르지만 연주를 하면서 행복해하는 장면에서 학생들과 이야기를 합니다. "허먼과 로지에게 어울리는 직업을 추천해줄래?", "너희는 좋아하는 일을 직업으로 삼고 싶니 아니면 잘하는 일을 직업으로 하고 싶니?", "너희가 좋아하는 일과 검사지에 나온 직업을 연결해볼래?" 등입니다.

교사	산책을 했는데 기분이 전환되어서 밤에 음악을 연주하고 허먼과 로지 둘이 만났지. 만나서 그다음은 어떻게 됐을까?
학생 D	(책을 가만히 보고 있더니) 허먼은 남자고 로지는 여자예요.
학생 B	허먼은 슈트를 입고 로지는 원피스이네요.
학생 A	둘이 만나서 사랑에 빠졌어요.
학생 B	엄청 친한 친구가 됐을 것 같아요.
교사	그래 다음 페이지를 보자. 허먼과 로지에게는 다른 도시가 되었다는 글이 있고 함께 연주를 하고 노래를 부르네. 근데 이 그림에서 보이는 것이 직업인지 아닌지는 몰라.
학생 A	열린 결말이네요.
교사	이들에게 어울리는 직업을 추천해볼까?
학생 A	음악상담치료사. 허먼은 말하기도 좋아하고 음악도 좋아하니까 어울려. 성격도 적극적이고 다른 사람을 도와주는 것을

좋아해.

학생 B   로지는 내성적이고, 그것도 오래된 재즈를 좋아해서 유튜브에 재즈를 소개하는 개인 방송을 주관하는 프로듀서와 기획, 재정 등을 담당하면 좋을 것 같아.

학생 D   그래 허먼은 진행하고, 둘이 너무 잘 어울린다.

스토리텔링으로 내 흥미 찾기

그림책을 찬찬히 살펴보고 학생들의 대답에 교사와 학생들의 지지와 놀라움을 보내준 다음, 책상을 옮겨 서로 얼굴을 볼 수 있게 모여 앉습니다. 자신이 좋아하는 것을 허먼과 로지처럼 써보자고 제안했습니다. 자신이 좋아하는 활동 3가지를 먼저 써보게 했습니다. 잘 쓰는 학생도 있지만, 대부분은 쓰는 것을 어려워하여 '이야기톡 카드'[20]를 제시했습니다.

어떤 학생이 자신이 좋아하는 것 3가지에 '듣기만 해도 흥이 나는 노래 듣기, 뮤지컬 영화 보기, 먼 산에 있는 나무 흔들리는 것 바라보기'를 썼습니다. 그다음 '이야기톡' 카드를 보면서는 '신나는 노래 엄청 크게 틀고 여행이나 드라이브 가기, 친구나 가족과 좋아하는 맛있는 음식 먹고 뮤지컬 영화 보기, 자갈이 아닌 모래가 많은 잔잔한 바다 바라보기, 엄청 크게 자주 많이 웃기, 노는 것 좋아하는 밝은 귀여운 2~4살 아기'를 작성했습니다. 이야기톡 카드를 사용한 후 좀 더 구체적이었고 자신이 좋아하는 다

---

20   와이스토리의 '이야기톡 카드'를 사용함.

른 부분을 찾아내기도 했습니다.

  이야기톡 카드는 실사를 그린 그림과는 달리 해석이 필요한 그림들입니다. 똑같은 그림도 학생마다 그림을 읽어내는 것이 다르고 자신의 생각과 경험을 담아 그 그림을 표현해냅니다. 그리고 그림 속에 구체적 상황이 제시되어서 학생들이 그 상황에서 어떻게 행동할지 상상하기 쉽습니다. 그리고 자신이 좋아하는 것을 말하면서 분위기가 참 따뜻해졌습니다. 학생들도 상황이 제시되어 쉽게 자신이 좋아하는 것을 쓸 수 있고, 구체적으로 대상과 어떤 시간과 공간인지를 말할 수 있고, 찾아보는 재미도 있고, 아무런 제시 없이 쓰는 것보다 더 구체적으로 쓸 수 있다고 말했습니다.

흥미로 회복탄력성 키우기

좋아하는 것을 발표하는 활동을 한 후, 허먼과 로지가 힘든 것을 어떻게 이겨냈는지 생각하며 진로 상담을 이어갑니다. 학생들이 스트레스를 받거나 힘들 때, 좋아하는 것과 어떤 연관이 있는지 이야기를 나눕니다. 좋아하는 것이 주는 힘에 대해 공유하는 시간을 갖습니다.

교사	너희는 힘들 때가 언제야?
학생 A	점수 나왔을 때.
학생 D	엄마한테 혼났을 때.
학생 C	엄마랑 이야기할 때.
교사	왜?
학생 C	엄마가 공격적인 스타일이어서 말을 나눌 때, 힘들어요. 무조건 싸워요.
학생 B	엄마에게 그러지 말라고 말하면 되잖아.
학생 D	에이, 엄마에게 어떻게 말하나.
학생 C	나도 엄마한테 말하지. 우리 엄마가 말을 안 들어. 딱 자기 생각이 아니면 말을 안 해. 그러면 나도 엄마에게 지지 않아서 아주 큰 소리로 막 싸워.
교사	그렇구나. B는?
학생 B	힘든 것이 별로 없어요. 매사에 긍정적으로 생각하려고 노력해요.
학생 C	축복받은 거야.

학생 A	지금 성적이 안 나왔어. 그럼, 어떻게 해?
학생 B	그럼 담부터 열심히 하자. 그래서 계속 열심히 해.
학생 D	남자친구랑 싸웠어. 그럼 어떻게 해?
학생 B	저번에 우리 주변에서 들려오는 말 때문에 힘들어서 한 번 헤어지자 했어요. 진짜 헤어지고 싶은 사람은 미련 없이 끝냈는데 얘가 붙잡으니까 붙잡히고 싶었어요. 그래서 다시 사귀고 나서는 안 싸웠어요.
학생 A	별로 힘든 적이 없어요. 가끔 우울한데 혼자 시간을 보내면 괜찮아져요.
교사	그렇구나. D는?
학생 D	제 뜻대로 안 돼서 일이 안 풀릴 때, 하기 싫은 것을 해야 할 때요.
학생 C	더 이상 공부하기 싫어요. 지금 시험 기간이어서 안 할 수가 없어요.
학생 A	나는 공부 안 될 때 그만해요. 그리고 쉬었다가 다시 해요.
교사	허먼과 로지도 그러한 경우네. 너희는 힘들 때, 어떻게 이겨내니?
학생 A	그냥 자요.
학생 D	피아노 칠 때, 친구들과 말하면서 풀어요.
교사	그럼 잘 들어주는 친구가 있어?
학생 D	그럼요. 가족하고 이야기해도 기분이 풀려요.
학생 A	자는 것이 최고예요. 자고 일어나면 힘든 것이 사라져요. 그 다음에 무얼 할지 생각이 나요.

학생 B	나도 그러는데, 나도 자고 일어나면 그냥 힘이 생겨.
학생 C	나는 자는 것보다 침대 위에서 뒹굴뒹굴하면서 맛있는 거 먹으면 기분이 풀려요.
학생 D	아, 나도, 나도. 나는 침대 위에서 혼자 책 보고 있으면 마음이 풀리던데.
교사	너희가 그래서 친구인가 보다. 근데 똑같은 침대인데도 기능이 다르네. 침대 위에서 좋아하는 것이 잠을 자거나, 먹거나, 책을 보는 거네. 그래 자신이 좋아하는 것을 알고 이걸 생각하거나 행동하면 마음이 따뜻해지고 행복해지는구나!

친구들에게도 힘든 상황이 있고 나와 비슷한 점도, 다른 점도 있다는 것을 알게 되었습니다. 공감의 분위기가 형성되자, 학생들의 얼굴에는 미소가 번졌고 우리의 마음은 따뜻해졌습니다. 그리고 우리가 하나의 끈으로 연결되는 느낌을 받았습니다.

회복탄력성은 역경이나 고통을 적절하게 다루고 이겨내는 긍정적인 힘을 말합니다. 스트레스와 어려움에 잠식당하는 것이 아니라 이것을 성장의 원동력으로 사용할 수 있는 능력을 말합니다. 회복탄력성의 주요 요소는 자기조절능력, 대인관계능력, 긍정성이라고 보기도 합니다. 어려울 때 내가 나를 어떻게 도울 것인가? 이러한 방법을 공유하도록 안내합니다. 친구나 부모의 도움을 받을 수도 있습니다. 그렇지만 자신이 좋아하는 것으로 스트레스를 관리하는 방법을 더 많이 알게 하고 감정을 조절할 수 있다면, 인생이 더 풍요로워질 것입니다. 그래서 진로를 탐색하고 선택하고 행동하는 데 더 도전적일 수 있다고 생각합니다.

RIASEC[21]으로 내 흥미 알아보기

커리어넷에 접속하여 진로심리검사 메뉴에 들어가면, 직업 흥미 검사가 2개 있습니다. H형은 20분이 소요되고 자신의 성격, 직업 및 학과 정보, 학습 방법, 의사결정 방법 등과 연관하여 이해할 수 있습니다. K형은 15분이 소요되고 직업을 16개 직업군별로 나누고 자신의 관심도가 어떠한지 백분위로 표시됩니다. 또한 인터넷에 홀랜드 직업유형 간이검사지[22]가 있기도 합니다.

소그룹 진로 상담이어서 컴퓨터를 이용하면 분위기가 흐트러질 것을 염려하여 종이로 한 간이검사지를 사용했습니다. 간이검사지 구성은 1번부터 60번 문항에 예, 아니오를 답하는 형식입니다. '예'라고 대답한 경우는 2점을, '아니오'라고 답변한 경우에는 0점을 부과해 해당 항목끼리 합산합니다. 자신이 획득한 점수 중 가장 높은 2가지의 코드가 자신의 흥미라고 학생들에게 알려줍니다.

홀랜드 RIASEC 유형 중 현실형, 탐구형, 예술형, 사회형, 기업형, 관습형의 특징들을 말하게 합니다. 특징을 학습지를 보고 같이 말하면서 인지하게 합니다. 그 후 학생 자신의 유형에 해당하는 성격, 적성, 전공, 직업을 살

---

[21] 1966년 심리학자인 존 홀랜드 박사가 유전과 환경적 요인으로 형성된 개인 성격 유형에 따라 어떤 직업에 더 흥미를 보이거나 선택을 하는지 이론을 정립하여 만든 검사지이다. 그리고 성격 유형과 일치하는 직업을 선택할 때 직업 만족도가 높다고 말하는 진로이론이기도 하다. 'RIASEC'은 현실형(Realistic), 탐구형(Investigative), 예술형(Artistic), 사회형(Social), 진취형(Enterprising), 관습형(Conventional)의 6가지 직업 흥미 유형의 줄임말이다. 이를 육각형 모형 또는 RIASEC 모형이라고도 한다. 출처. 네이버 지식백과

[22] 충청북도교육청 꿈사랑진로수업연구회(2016), 자유학기제 지원을 위한 진로워크북: 나만의 꿈수레

펴봅니다. 돌아가면서 학생 자신의 유형을 발표합니다. 그리고 발표하기 전에 다른 친구들이 발표할 친구의 성향이 무엇인지 맞춰 보게 하고 그 친구의 검사 결과를 듣습니다. 이렇게 하면 학생들이 친구의 성격을 잘 알게 되고 이해의 폭이 넓어지고, 다른 강점들을 찾아 지지해줄 수도 있습니다.

흥미와 기존 직업을 연결해서 창직해 보기

학생들에게 홀랜드의 진로 유형에 나타난 직업 중 자신이 하고 싶은 것을 2개 정도 선택하게 합니다. 그 후 첫 번째 했던 활동 중 자신이 좋아하는 것과 연결하여 기존 직업에서 고민하거나 새로운 직업을 만들어보도록 합니다. 학생들의 이해를 돕기 위해 실존 인물의 사례를 말해 주었습니다. 우희용 씨는 자신의 취미였던 축구공 묘기로 공연을 하는 국내 1호

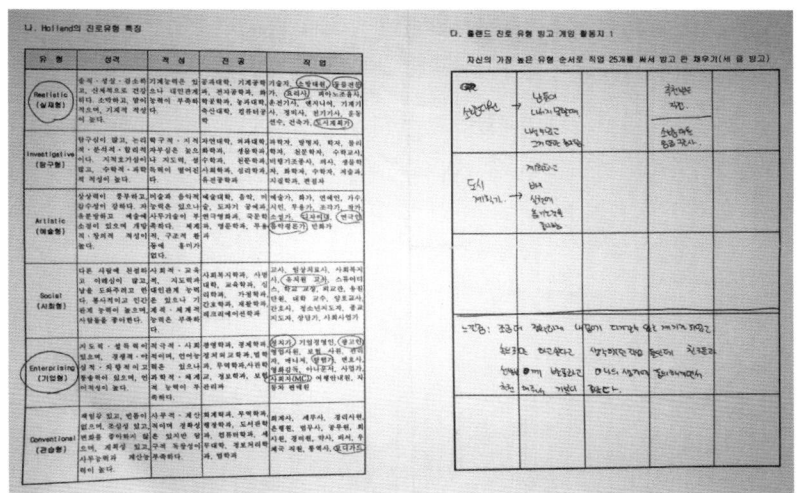

자신의 유형 중 창직을 만들고 소감문 작성하기

'축구프리스타일러' 라는 직업을 만들었습니다. 현재 우희용 씨는 길거리 공연도 하고 세계적인 축구 스타와 광고도 찍고 있습니다. 또 다른 예로 김정현 씨는 추락 사고로 걷지 못하는 장애견을 위해 전용 휠체어를 만들어주는 '동물재활공학자' 라는 직업을 만들어냈습니다. 이처럼 자신의 전공 분야와 관심사를 연결하여 새로운 직업으로 만들어내는 것이 '창직' 이라고 설명해줍니다. 학생 개개인이 직업을 만들고 말하기 전, 친구들에게 어울리는 직업을 먼저 추천을 받아 보고 발표합니다. 끝난 후 소감을 공유합니다. 다음에 나오는 표에 학생들이 만든 창직의 예시가 있습니다.

창직은 다음과 같은 의미가 있습니다. 우리 학생들은 기술혁신으로 인해 인공지능, 빅데이터, 유전자 복제 및 생명공학의 발전, 로봇, IoT(사물인터넷), 가상현실 등이 키워드인 4차 혁명 시대를 살게 될 것입니다. 4차 혁

자신이 좋아하는 것	직업 분야	새로운 직업
조○○ - 교육, 기계 만지는 것, 돌아다니는 것, 운동	비행기 조종사 음악 영화	• 부위별 근력을 만들 수 있도록 운동, 영양 등을 계획, 조절해주는 사람. • 비행기나 음악과 관련이 있는 영화평론가
정○○ - 기계, 실재적인 물건	건설, 운전	• 조립식 집을 배달 • 하우스 트랜스포터
이○○ - 헬스	사회가 고령화, 보건(건강), 스포츠	• 노인사회복지운동치료사: 노인의 건강을 돌보기 위해서는 헬스트레이너 자격증 외에 보건자격증이 더 필요함을 인지하고 노인복지를 더불어 생각하는 직업
서○○ - 대화, 먹는 것	상담, 예술	• 상담가인데 디자인을 이용해서 치료할 수 있는 직업
김○○ - 화학에 관심이 많고 실물이 나오는 것에 관심이 많음	전기전자, 섬유의복	• 파워패션메이커: 의복을 단순히 입는 기능에서 디지털전자기능(기분에 따라 색깔 변화, 발열기능, 체온 조절 등)과 더불어 패션디자인을 같이 연구하는 직업 • 초음파 발생 장치
정○○	기계, 정보통신, 환경, 에너지, 안전, 전기전자	• 자연복원기술자: 정보통신으로 생태계를 어떻게 복원할지, 나노로봇을 만들어 미세 세계까지 치료
문○○	운동, 환경에너지, 안전	• 에너지 프로바이더: 운동을 하면서 전기를 만드는 직업

명 기술로 인해 사람이 할 수 있는 직업 영역이 많이 바뀌고 대체되고 있습니다. 막연한 불안감이 생겨납니다. 그러나 미래에 대한 공부를 1시간씩 하면 미래에 대한 두려움이 없어지고 미래역량지능이 생겨난다고 합니다. 지금은 잘하는 것보다 좋아하는 것을 선택하는 것이 맞는 시대 흐름인 것 같습니다. 좋아하는 것을 꾸준히 하면서 자신의 적성이나 공부한 것과 연결하여 새로운 영역을 만들어내는 것이 앞으로 더 중요한 진로 방향이기 때문입니다. 무엇을 해야 하는 것이 아니라 어떻게 바라보냐 하는 것이 더 중요하다는 것을 같이 공유하고 싶었습니다.

더 나은 활동을 위한 도움말

학생들과 더 깊은 진로 상담을 원하는 선생님에게 다음 사이트를 안내해 드립니다. 공공 기관이 운영해 무료인 커리어넷(www.career.go.kr)이나 워크넷(www.work.go.kr)을 통해 직업 가치관 검사, 적성 검사, 직업흥미검사(홀랜드 RIASEC 검사)의 3종류 이상의 검사를 하고 학생들과 개별 상담을 하길 권합니다. 검사와 숫자, 점수가 객관적인 수치이기는 하지만 학생의 기분과 상황 등에 따라 절대적인 것은 아닙니다. 그래서 높은 점수만을 믿고 결정해서는 안 됩니다. 이러한 활동은 여러 검사를 통해 학생을 여러 각도에서 이해하고 자신에 대한 이해도를 높이고자 하는 것입니다.

직업이나 진로를 예측하기가 쉽지 않은 시대입니다. 진로에 대한 긍정적인 태도는 저절로 생기지 않습니다. 자신이 좋아하는 것을 찾고 즐기는 자세는 오랫동안 자신을 살펴보고 찾아봐야 하는 능력입니다. 허먼과 로지처럼 힘이 들 때, 무엇이 자신을 위로할 수 있는지 구체적으로 알면 좋겠습니다. 환경과 자신에 대한 이해와 조화, 융통성이 필요합니다. 그것이 어떻게 살아야 할지를 고민하는 진로와 연관이 있습니다.

 학생들과 달라진 삶 속에서 또 다른 행복을 찾을 수 있는 실마리를 찾는 방법을 시도해 보았습니다. 더 많은 것을 찾아서 자신의 삶에 긍정적인 태도를 많이 느꼈으면 합니다. 이것이 삶을 살아가는 의미이고 즐거움이었으면 합니다. 교사 자신도 포함해서요.

함께 읽으면 좋은 그림책

- 『내가 만난 꿈의 지도』, 유리 슐레비츠 글·그림, 김영선 역, 시공주니어, 2008
- 『너는 어떤 씨앗이니?』, 최숙희 글·그림, 책읽는곰, 2013
- 『점』, 피터 H. 레이놀즈 글·그림, 김지효 옮김, 문학동네어린이, 2003

5. '다름'을 이해하고 인정하고 존중하기

『초코곰과 젤리곰』

얀 케비 글·그림, 박정연 옮김, 한솔수북, 2015

　우리 학교는 주변에 공업단지가 형성되어 있어 다문화 가정의 학생 비율이 높습니다. 학급에서 한두 명은 외국의 성이나 이름을 가진 학생들이 있습니다. 이름에서는 알 수 없으나 부모님 중 한 분 또는 두 분이 외국인인 아이들, 특히 조선족 아이가 많습니다. 학기 초 상담을 통해서 이 사실을 알리고 싶지 않은 학생이 많다는 것을 알게 되었습니다. 일례로 가정통신문을 걷을 때면 부모님 서명이 노출되는 것을 꺼려 반장에게 제출하지 않고 직접 저에게 제출하곤 합니다.

　아이들이 부모님의 국적이나 인종을 숨기는 이유는 다문화 가정 아이들에게 우호적이지 않은 교실 분위기 때문입니다. 학급의 아이들은 다문화 가정의 친구들에게 "짱깨, 너네 나라로 가", "베트남인 주제에 무슨"과 같은 말을 서슴없이 합니다. 피부색이 까만 아이에게는 거리낌 없이 흑인이나 동남아인과 관련된 비속어를 사용하는 아이들도 있습니다. 아이들의 이런 모습을 보면서 안타까웠습니다. 별생각 없이 무의식적으로 하는 행동과 말로 친구들에게 상처를 주는 모습을 보며 다문화 교육의 필요성을 느꼈습니다.

다문화 교육은 선택이 아니라 필수입니다. 학기 초가 되면 학급별로 다문화 학생 비율을 조사하거나 다문화 관련 교육의 시행 여부를 확인하는 공문이 내려오는 것만 봐도 알 수 있습니다. 또한 다문화 교육은 인권 교육과 맞닿아 있습니다. 학급 내 다문화 교육은 단순히 다문화 학생을 이해하는 차원을 넘어 서로의 다양성을 인정하고 존중하는 첫걸음이기 때문입니다. 다문화 교육을 통해 아이들은 인종, 민족, 성별, 종교, 외모, 언어, 경제적 수준, 사회적 지위에 구애받지 않는 '차별이 없는 사회문화'를 체험할 수 있습니다. 이는 '편견 없이 더불어 사는 문화'를 정착시키기 위해 무엇보다 선행되어야 할 교육의 한 분야입니다.

이 세상의 살아 숨 쉬는 모든 생명체는 저마다 다른 모습을 하고 있습니다. 산에 있는 나무, 길가에 있는 잡초마저도 서로 다른 생김새를 갖고 있고 우리 인간 또한 생김새와 사는 모습, 생각이 모두 다릅니다. 하지만 우리는 왜 다른 것을 다름으로 인정하지 못하고 편견과 차별의 눈으로 보게 되는지에 대해 생각해보는 시간을 아이들에게 마련해주고자 했습니다. 서로 다른 모습으로 살아가는 다양한 사람들도 다른 프레임으로 보면 같은 인간임을 깨닫고 각자가 처한 다양한 사회문화를 존중하는 마음과 태도를 갖도록 생각해보는 시간이 되길 바라는 마음으로 활동을 진행했습니다.

『초코곰과 젤리곰』 열어보기

얀 케비는 1987년에 파리에서 태어난 일러스트레이터이자 예술가입니다. 파리의 장식예술학교를 졸업하고 뉴욕의 파슨스 학교에서 공부했습니다. 현재 왕성하게 활동하고 있는 예술가로 다양한 전시회를 열고 간행물을 출판하고 있으며, 뉴욕타임스, 뉴요커, 가디언, 월 스트리트 저널 등 유명한 신문사와 잡지사 등에서 그림을 그렸습니다. 주로 색연필 드로잉으로 인물, 거리, 도시의 장면 등을 표현한 그림으로 유명합니다. 2012년에 출간된 『Americanine: A Haute Dog in New York(뉴욕의 개)』는 볼로냐 아동도서전 및 아메리칸 일러스트 등의 수상 후보작에 오르기도 했습니다. 이 책 역시 색연필로 스케치 되어 있습니다. 초코곰과 젤리곰을 보면 얀 케비의 그림체와 전혀 다른 것 같지만, 자세히 보면 음영을 색연필로 그린 것을 볼 수 있습니다.

다문화 사회 속 다양성과 다름의 가치에 대해 이야기하는 그림책은 많이 있습니다. 그중에서 『초코곰과 젤리곰』은 자칫 진지하고 어려울 수 있는 주제를 초콜릿, 사탕, 젤리 등 밝고 귀여운 이미지를 통해 재미있게 풀어냅니다.

초코곰과 젤리곰은 과자 공장에서 처음 만났습니다. 초코곰은 과자 만드는 일을 하고, 젤리곰은 사무실에서 일을 합니다. 함께 있어 행복하고 즐거운 초코곰과 젤리곰이지만, 집 밖에서는 함께할 수가 없었습니다. 초코곰은 초코곰이랑만 놀아야 하고, 젤리곰은 젤리곰과만 놀아야 하기 때문이지요. 둘은 함께 있을 수 있는 '가장 맛있는 나라'를 찾아 떠납니다. 힘든 여정을 지나 초코, 젤리, 사탕 등 모든 맛이 신나게 노는 '가장 맛있는 나라'를 찾았고 이곳에서 초코틴과 젤라코를 낳고 행복하게 사는 것으로 이야기는 끝이 납니다.

다문화 가정의 학생이 살짝 말을 더듬자 여지없이 반 아이들이 놀려댑니다. 놀리는 학생들을 혼을 내고 사과를 하게 해도 이런 상황은 반복됩니다. 편견과 차별에 대해 아무런 죄의식이 없는 아이들이 스스로 생각을 바꾸고 행동을 바꿀 기회를 주기 위한 근본적인 대책이 필요합니다. 학생들에게 '지금 너희가 하고 있는 말과 행동은 왜 일어나는지, 편견과 차별이 무엇인지, 편견과 차별로 인해 상처받았던 적은 없었는지'를 물어보았고 창의적 체험활동 시간에 그림책을 읽어보자고 했습니다.

그림책에서 차별, 편견 장면 찾아보기

그림책을 읽고 난 후 제공한 질문은 "이 책 어땠어? 무엇을 말하는 것 같아?"입니다. 학생들은 "차별하지 말라는 거잖아요"라며 이 책의 주제를 쉽게 찾습니다. "맞아. 차별하지 말라는 거야. 그러면 우리 다시 그림을 자세히 하나하나 보면서 편견, 차별 장면들을 찾아볼까?"라고 제안했습니다. 그림을 자세히 보는 것이 흥미와 재미를 불러일으킬 뿐만 아니라 일러스트레이터로 유명한 작가의 그림을 자세히 보는 것만으로도 문화적 체험이 가능하기 때문이기도 했습니다. 결과론적으로 미처 생각하지 못했던 학생들의 번뜩이는 창의력을 볼 수 있었습니다.

두 번째, 세 번째 페이지에 초코곰과 젤리곰이 일하는 장면이 나옵니다. 학생들은 초코곰은 컨베이어 벨트에서 일하는 단순 노동직이고 젤리곰은 자판을 치는 사무직이라는 것을 금방 찾아냅니다. 그 외에 초코곰이 일하는 장소에는 무섭게 생긴 그림이 있는데, 그것은 초코곰을 감시하는 사람이라는 것과 태엽 위에 선 초코곰이 위험에 많이 노출되는 직업을 갖고 있다고 말한 학생들도 있었습니다. 또한 젤리곰 책상 위에 있는 다양한 간식과 젤리곰 입 주위에 묻어 있는 과자부스러기, 비행기를 날리거나 전등에 매달려 있는 젤리곰을 보고 젤리곰은 간식을 먹으면서 여유롭게 일할 수 있는 작업환경을 가졌다고 이야기하는 학생도 있었습니다. 더 이상 찾지 못하자 저는 과자 공장의 구조에 초점을 맞추어 보자고 했습니다. 그러자 학생들은 초코곰은 아래에, 젤리곰은 그려서 있는 배치가 사회적 계층의 높고 낮음을 표현한 것이라고 답했습니다.

아래 장면은 얀 케비가 그림책을 쓸 때 아이디어를 얻었던 '로사 파크스' 사건을 표현한 것입니다. 1955년 흑인 여성인 로사 파크스가 버스 앞쪽 백인 좌석에 앉자 백인 버스 운전사는 흑인 좌석으로 옮길 것을 명령했고 로사 파크스가 끝까지 흑인 좌석으로 옮기지 않았다는 이유로 경찰에

체포되어 재판까지 받은 사건입니다. 이 사건을 학생들에게 이야기해주었더니 분개하면서 '어떻게 그럴 수 있냐', '말도 안 된다'는 반응을 보였습니다. 이 장면에서는 차별하는 모습을 찾기가 쉽습니다. 버스 내부는 색깔과 위치, 표지판 등으로 초코곰과 다른 과자들의 자리를 구분해놓고 있습니다. 그 외에 학생들은 '초코곰 의자는 얇고 딱딱해 보이지만 다른 과자들 의자는 두껍고 푹신해 보인다', '초코곰 자리는 맨 뒷자리 한 줄인데 젤리곰 자리는 의자도 많고 두 명씩 앉을 수 있게 되어 있어서 더 쾌적하게 버스를 탈 수 있다'는 등 차별의 면면을 이야기하기도 했습니다.

  초코곰이 의사 선생님을 찾아가 상담을 받는 장면에서는 '의사 선생님은 젤리곰일까? 초코곰일까?', '초코곰은 어떤 상태일까?'를 질문했습니다. 의사 선생님이 초콜릿이 아니라는 점에서 차별을 이야기하는 학생이 있었습니다. 초코곰이 상담받을 때 그린 것 같은 그림을 통해, 초코곰이 가장 상처받는 곳은 일상생활과 맞닿아있는 '버스 안' 같은 곳이라고 이야기하는 아이들도 있었습니다. '일상생활에서 상처받는다'라고 한 학생들의 답변에서 착안해 우리 주변에서 쉽게 벌어지는 차별과 편견이 무엇인지 생각해보자고 했습니다. 그리고 월드카페에서 친구들과 이야기를 나누어보기로 했습니다.

  초코곰과 젤리곰이 '가장 맛있는 나라'를 찾아가기 위해 탄 버스 안과 힘들게 도착한 '가장 맛있는 나라' 그림에서는 차별과 편견이 없는 나라를 어떻게 표현했는지 찾아보기로 했습니다. '까만 콜라와 화려한 과일주스가 같은 빨대를 꽂고 있는 장면에서 공존을 표현했다'는 의견이 있었습니다. 버스에 좌석 구분이 없고 초코곰과 젤리곰이 같은 자리에 앉아 있는 점을 이야기하기도 했습니다. 가장 참신했던 것은 초코곰과 젤리곰이 따로 있었어야 했던 나라에서는 초코곰과 같은 초코 계열의 과자들이 초콜릿으로만 그려져 있었다면, 가장 맛있는 나라로 가는 버스 안에서는 민트초코와 같이 여러 맛이 섞인 초콜릿 과자들이 그려져 있는 것을 발견하여 이야기한 것입니다. 다양성과 화합을 나타낸 것 같다고 말했습니다. 이 이야기가 나오자 아이들은 그와 연관 있는 딸기 초콜릿 등 초코와 섞여 있는 과자를 많이 찾아서 이야기하기도 했습니다. '과연 가장 맛있는 나라는 무엇을 의미하는 것일까?'란 질문엔 '그대로를 인정해주는 나라, 차별하지 않는 나라, 다 같이 신나게 놀 수 있는 나라'라고 답변하며 이야기는 마무리되었습니다.

월드카페[23]

편견과 차별 장면을 찾아보는 것으로 끝나지 않고, 자신도 모르게 편견에 사로잡혀 있거나 나와 다르다는 이유로 차별을 하고 있는 자신을 발견하고, 다름을 인정하는 태도를 기르는 기회를 제공하기 위해 월드카페를 했습니다. 월드카페는 말 그대로 카페와 같은 편안한 분위기에서 이야기를 나누는 것입니다. 다문화 가정의 학생이 많고, 학습 수준이 다양한 학급에서 자유롭게 의견을 끌어내고, 다른 친구의 의견을 존중하고 공감하며 소통하기 위해서는 월드카페가 적합하다고 생각합니다.

월드카페는 '지식과 지혜는 딱딱한 회의실에서 만들어지는 것이 아니

---

[23] 경기도교육청(2016), 『책 읽는 교실 함께하는 독서토론』, pp.37~44 참고

고 열린 공간에서 이루어지는 사람들 간의 토론을 통해 생성된다'는 생각에 기반을 두고 있습니다. 4~5명 단위로 팀을 구성하여 대화를 시작하여 테이블을 이동하며 새로운 사람과 토론을 이어나감으로써 대화를 양성하고, 집단 지성을 통해 창의적인 사고를 도출합니다.

본격적인 토론을 하기 전에 우선 모둠을 4~6명씩 마주 보고 앉도록 책상과 의자를 배치합니다. 테이블 위에는 낙서를 할 수 있는 전지와 색깔이 다양한 필기구(매직, 사인펜)를 제공합니다. 그리고 사고를 촉발할 수 있는 핵심 질문을 3가지 정도 미리 준비해야 합니다. 질문이 미리 준비되어 있어야 심도 있고 다양한 의견이 오고 갈 수 있습니다. 질문은 교사가 준비해도 되고 전 시간에 학생들과 함께 협의하여 정해도 좋습니다. 질문은 문제 상황과 의도에 따라 모둠별로 주제가 같을 수도 있고 다를 수도 있습니다. 모둠 내에서는 한 명씩 진행자(호스트)를 정합니다. 진행자는 토론 내용을 정리하고 발표하는 역할을 담당합니다. 또한 모둠 이동 때 자리를 이동하지 않고 새로 구성된 모둠의 모둠원에게 기존의 토론 내용을 전해주어야 합니다.

모둠 내 토론을 시작합니다. 3가지 질문을 준비했습니다.

> 첫째, 그림책이 주는 메시지를 긍정문으로 표현한다면?
> 둘째, 우리 주변에서 편견을 갖는 경우나 차별이 이루어지는 경우에는 어떤 것들이 있을까요?
> 셋째, 초코틴과 젤라코(초코곰과 젤리곰의 자식들)가 우리 학교에 다닌다면, 행복한 학교생활을 위해 우리가 할 수 있는 일은 무엇이 있을까요?

질문을 칠판에 크게 써도 되지만, 모둠별로 인쇄하여 나누어주고 전지에 붙이도록 했습니다. 첫 번째 질문으로 토론을 시작합니다. 모둠원 모두가 각자 테이블 위에 있는 전지에 질문에 대한 자신의 생각을 적습니다. 전지에 적은 내용을 읽으면서 서로 생각을 공유하고 그것을 바탕으로 모둠원끼리 토론을 합니다. 학생들이 전지에 적으며 이야기를 나눈 내용은 다음과 같습니다.

학생 A 차별을 하지 말라는 내용이니까 '다른 것은 틀린 것이 아니다' 라고 했어. 다른 것은 다른 것대로 인정을 해야지 틀리다고 생각하면 차별을 하고 불이익을 주게 되니깐 말이야.

학생 B '하나의 맛보다 여러 가지 맛이 나는 게 더 맛있다' 라고 생각했어. 그림책에 가장 맛있는 나라를 모든 맛이 신나게 노는 나라라고 말한 거에 힌트를 얻었어. 모두 다 똑같으면 얼마나 재미없겠어. 다양하기 때문에 재미있고 더 좋은 거 아니겠어?

학생 C '우리는 다르지만 함께할 수 있다' 라고 생각했어. 초코곰과 젤리곰은 서로 생긴 게 다르지만 함께 있을 때 행복하잖아~.

학생 D '나답게 좀 살자' 는 어때? 다르게 생겼든, 그냥 그대로 내버려두자는 의미야. 다른 거에 초점 맞추고 의미 부여하면 차별하고 서로 힘들잖아? 나답게 너답게 살자! 어때? 괜찮지?

모둠에서 토론이 끝나면, 이제 새로운 모둠으로 옮겨 두 번째 질문으로 토론을 합니다. 진행자만 남고 기존의 모둠원들은 자리를 이동해 앉습니다. 자리 이동은 순서를 정하지 않아도 됩니다. 모둠별로 주제가 다를 경우에는 자신이 토론하고 싶은 주제를 찾아가고, 주제가 한 가지인 경우는 토론하지 않은 다른 모둠으로 가면 됩니다. 이동 후 모인 새로운 모둠에서는 진행자가 이전 모임에서 나온 이야기를 요약해서 알려주고, 새로운 모둠원과 두 번째 질문으로 다양한 의견을 나눕니다.

두 번째 질문은 그림책을 보며 나온 이야기를 바탕으로 만든 질문입니다. 우리 주변에서 볼 수 있는 편견이나 차별 장면을 나누어보면서 이런 편견들이 다양한 형태로 우리 일상에서 언제 어디서든 볼 수 있는 것들이라는 것을 생각하도록 유도하는 과정입니다. 나와 우리가 아무 생각 없이 하는 말과 행동이 편견과 차별로 나타나는 것이 많음을 깨닫도록 하고 싶었습니다. 토론 과정에서 생김새와 관련해서 놀리는 것, 학생이라고 혹은 나이가 어려서 철이 없다고 생각하고 무시하는 태도, 외국인 노동자를 무시하는 것, 버스 운전사가 여성이거나 또는 간호사가 남성일 때 드는 거부감, 특수학급 아이들을 대하는 태도, 성적과 관련해서 다른 사람들이 나를 판단하는 것 등 다양한 대답이 나왔습니다.

어느 모둠의 한 아이가 우리 주변에서 일어나는 편견, 차별의 장면을 '밤에 늦게 자면 키가 안 큰다는 생각'이라고 썼습니다. 처음에는 제가 '이건 편견과 거리가 먼 것 같다'고 말을 해주고 싶었지만, 참고 아이들끼리 이야기를 나누는 모습을 지켜보았습니다.

학생 A	그건 편견이 아닌 것 같은데?
학생 B	왜? 난 밤에 늦게 자는데 너보다 크잖아.
학생 C	그건 네가 특이한 거고. 보통 사람들은 과학적으로 봤을 때

	밤에 잘 때 키 크는 호르몬 같은 게 나오니까 밤에 늦게 자면 키가 안 크는 거지.
학생 B	그럼 편견이 정확히 무엇인데?
학생 D	음…. 우리 **동에서 놀면 외국인 노동자가 많이 보잖아. 그 사람들을 보면 뭔가 나빠 보이고, 무식해 보이고, 가난해 보이고 그래서 우리가 싫어하는 거…. 그런 거 아닐까? 실제로는 아닌데 우리가 그 사람 겉모습만 보고 판단하는 것처럼 말이야.
학생 B	아, 그런 것 같다. 고정 관념을 갖고 한쪽 면만 보고 우리가 생각하는 거구나?

이와 같이 친구들과 자유롭게 그 의견을 점검하고 토론하는 과정에서 편견과 차별의 의미에 대해 점점 정확하고 올바른 방향으로 정의하는 것을 보았습니다.

마지막으로 모둠을 옮겨 세 번째 질문으로 토론을 합니다. 우리가 다니는 학교와 친구들이 만나는 교실도 '가장 맛있는 나라'로 만들기 위해 우리가 해야 할 일들을 생각해보는 시간입니다. 가장 맛있는 나라를 만들어 보자고 하면 추상적인 대답이 나올 것 같아 구체적으로 생각해볼 수 있도록 질문을 준비했습니다.

'초코틴과 젤라코가 우리 학교에 온다면? 행복하게 학교에 다닐 수 있을까?'
'초코틴과 젤라코가 즐겁게 다닐 수 있는 행복한 학교를 만들기 위해 우리가 할 수 있는 일은 무엇일까?'

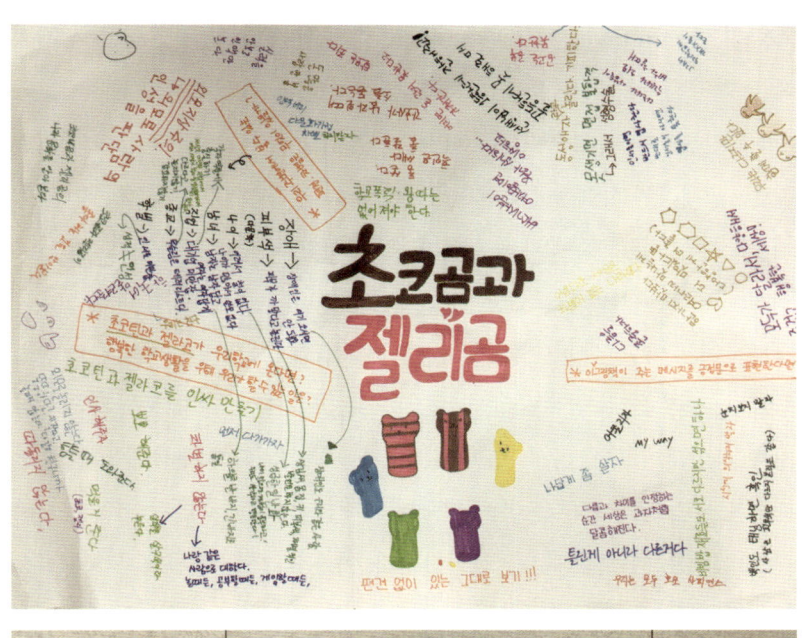
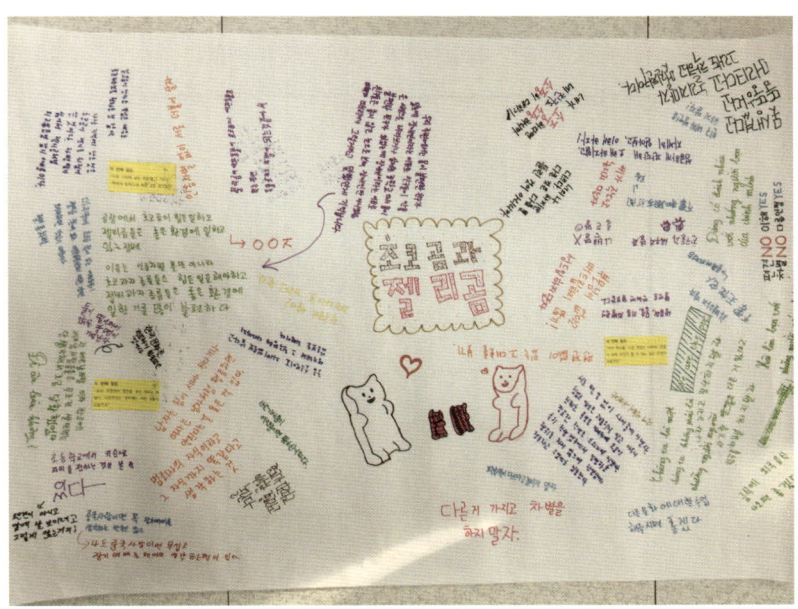

앞의 질문으로 이야기를 나눌수록 우리가 할 수 있는 일이 점점 구체화되고 다양해지는 것을 볼 수 있었습니다. 처음에는 '인종차별 하지 말자', '서로 인정해주자'와 같이 추상적인 대답이 많았지만 점점 겉모습이나 종교 등 구체적인 사례를 들며 '다르다고 틀린 것은 아니다'와 같은 의견이 나왔으며 '다른 문화에 대해 배울 수 있는 시간을 갖자'거나 '급식의 날을 정하여 외국 음식이 나오는 날이 있으면 좋겠다'는 의견 등이 나왔습니다.

토론이 끝나고 원래 모둠으로 돌아가서 지금까지 나왔던 이야기를 정리합니다. 먼저 쓴 친구의 글에 내 생각을 덧붙이기도 하고 친구들의 의견을 보며 자신의 생각을 바꾸기도 합니다. 자신의 의견과 친구들의 의견을 비교하고 종합하는 토론을 통해 변화된 자신의 생각을 정리합니다. 진행자를 중심으로 발표할 내용을 정리합니다. 이후 각 모둠의 진행자가 나와서 모둠이 한 이야기를 낙서하듯 기록해둔 전지를 바탕으로 발표합니다. 시간이 없을 경우에는 전지를 칠판, 벽에 붙이고 갤러리워크 형식으로 다른 모둠의 의견을 살필 수도 있습니다.

더 나은 활동을 위한 도움말

월드카페의 가장 큰 장점은 편안한 분위기에서 자유롭게 이야기를 할 수 있다는 것입니다. 더욱 편안한 분위기를 위해 간단한 다과나 음료수를 준비해도 좋습니다. 말하는 것을 두려워하거나 소극적인 학생들도 질문에 대한 자기 생각을 바로 말로 표현하는 것이 아니고 전지에 쓴 후에 자신의 의견을 이야기하고 토론을 하는 것이기 때문에 충분히 토론에 참여할 수 있었습니다. 반에서 말을 한마디도 안 하는 아이가 있었는데 생각을 쓰기만 해도 된다고 하니 부담을 갖지 않고 참여했고, 그 친구가 글로 표현한 생각을 다른 친구들이 읽음으로써 공유할 수 있었습니다.

월드카페를 하는 동안 인상 깊었던 것은 다문화 가정의 친구들이 주저할 줄 알았는데 오히려 적극적이었다는 것입니다. 첫 번째 질문이나 세 번째 질문에 대한 생각을 전지에 쓸 때 베트남어나 중국어 등 자신이 할 수 있는 언어를 쓰면서 활발하게 참여를 했습니다. 두 번째 질문인 우리 주변의 편견과 차별의 장면을 이야기할 때는 자신이 겪었던 것을 이야기하면서 다른 친구들이 공감을 할 수 있었습니다.

자기 생각을 전지에 쓸 때 자유롭게 표현할 수 있게 하면 다양한 의견이 나옵니다. 예를 들어, 낙서하듯이 짧게 쓰거나 그림으로 그리는 등의 표현이 가능합니다. 그림과 글을 통해 다양한 의견이 교차되고 서로 연결이 되는 과정에서 창의적인 분위기가 자연스럽게 펼쳐지게 되기 때문입니다.

차별과 편견을 나타내는 장면을 찾을 때 학생들은 단순히 다른 그림 찾기에만 몰두할 수 있습니다. 각 장면에 담긴 의미에 대해서 고민할 수 있도록 작가가 왜 그렇게 표현을 했는지, 주변에서 유사한 상황을 목격한 적은 없는지, 그럴 때면 어떤 생각이 들었는지, 만약 이런 상황에 처한다면 어떤 기분이 들지 생각해볼 수 있도록 도와주어야 합니다.

'가장 맛있는 나라'는 버스를 타고 멀리가야만 있는 곳인가? 우리나라가 우리 학교, 우리 교실이 '가장 맛있는 나라'가 될 수 없는가? 하는 것에 관해 학생들과 의미 있는 토론을 나누어보시기 바랍니다.

함께 읽으면 좋은 그림책

- 『찬다 삼촌』, 윤재인 글, 오승민 그림, 느림보, 2012
- 『다섯 손가락』, 셀마 운글라우베 글, 브루나 바로스 그림, 강인경 옮김, 미디어창비, 2016
- 『행복을 나르는 버스』, 맷 데 라 페냐 글, 크리스티안 로빈슨 그림, 김경미 옮김, 비룡소, 2016

3장

그림책으로 해결하는 갈등과 문제

1. 작은 말로 시작되는 큰 갈등

『피바디 선생님의 사과』

마돈나 지음, 로렌 롱 그림, 김원숙 옮김, 문학사상, 2004

　학급을 운영하면서 가장 염려되는 부분은 아마도 폭력 문제가 아닐까 싶습니다. 새 학기가 시작되면 3월 내내 우리 반에서 폭력만은 발생하지 않도록 하자고 학생들에게 당부 또 당부합니다. 만약 발생하면 절대 용서하지 않겠다는 으름장까지 놓습니다.

　학교에서는 처음부터 악의를 가지고 가하는 폭력보다는 사소한 말실수에서 비롯된 갈등이 많이 일어납니다. 하지만 시작이 사소하다고 해서 피해까지 사소한 것은 절대 아닙니다. 친구끼리 별 생각 없이 말을 옮기고 뒷담화를 하다 보면 일은 점점 심각해집니다.

　해결은 더더욱 어렵습니다. 이미 학생들 사이에서 퍼져버린 말 때문에 피해를 당한 학생은 상대방을 쉽게 용서하려 하지 않습니다. 잘못을 한 학생은 뒤늦게 후회하지만, 이미 뱉어버린 말을 주워 담을 수는 없습니다. 갈등을 빚는 학생들을 불러서 이야기를 해보면, 상대방의 아픔에 공감하지 못하고 자신의 피해만을 호소해 갈등을 조정하기가 참 힘이 듭니다. 잘

못한 학생은 자신은 그렇게까지 상처를 줄 의도가 아니었다고, 친구 몇 명한테만 말했는데 소문이 나버렸다고 변명하며 가해자로 몰려서 억울하다고 합니다. 자신의 잘못을 인정하지 않으니 진심으로 사과하지도 않습니다. 피해를 입은 학생도 아무리 실수였다고 해도 자신은 이미 상처를 받았으니 형식적인 사과 따위는 받지 않겠다고 합니다. 이런 학생들 어떻게 해야 할까요?

학생들이 말 한마디가 얼마나 큰 힘을 가지는지 안다면, 말 때문에 생겨나는 갈등을 조금이나마 줄일 수 있을 것 같았습니다. 더불어 다른 사람의 아픔에 공감하고 자신의 잘못을 사과하는 방법도 제대로 배워야 한다고 생각했습니다. 말조심의 필요성과 진심으로 사과하는 법을 배울 수 있는 그림책 『피바디 선생님의 사과』를 소개합니다.

『피바디 선생님의 사과』 열어보기

『피바디 선생님의 사과』는 마돈나의 글에 로렌 롱의 그림이 더해진 아름다운 그림책입니다. 우리가 아는 그 마돈나 아니냐고요? 맞습니다. 세계적인 팝스타인 마돈나는 아이들을 위한 그림책을 창작한 재능 있는 이야기꾼이기도 합니다. 『피바디 선생님의 사과』 외에도 여러 편의 그림책을 지었는데, 우리나라에는 소녀들이 겪는 질투와 따돌림 그리고 우정에 대한 이야기를 담은 『잉글리시 로즈』(2003)가 소개되었습니다. 그림 작가인 로렌 롱은 일러스트레이터로도 활동하고 있으며, 2003년 『나는 기차들을 꿈꾸어요』, 2004년 『천문학자의 목소리를 들었을 때』로 두 번의 골든 카이트 상을 받았습니다.

『피바디 선생님의 사과』는 탈무드의 이야기에서 모티프를 얻어 창작되었습니다. 탈무드에는 소문을 퍼트리기 좋아하는 여인에게 깃털 주머니를 이용해 깨우침을 준 한 랍비의 지혜가 기록되어 있습니다. 마돈나는 이 이야기에서 소문과 깃털이라는 모티프를 가져와서 어린아이들에게 더 친숙하게 다가갈 수 있는 그림책으로 재탄생시켰습니다. 한 소년의 경솔한 말 한마디가 불러일으킨 사건의 파문과 소년의 잘못을 깨닫게 한 선생님의 지혜로운 가르침, 그리고 잘못을 바로잡기 위한 소년의 노력이 담겨 있습니다. 로렌 롱의 부드러우면서도 역동적인 그림은 마치 인물들이 살아 움직이는 듯한 느낌을 줍니다. 섬세한 표정 묘사는 글에서 드러나지 않은 인물들의 감정을 상상하게 하고, 따스한 색감의 평화로운 풍경은 독자들을 이야기가 펼쳐지는 해프빌 마을로 초대하는 것 같습니다.

표지에는 두 사람이 나옵니다. 두 사람이 서 있는 난간이 꽤 높아서 조금 불안해 보이기도 하지만, 파란 하늘과 평화로운 풍경이 마음을 편안하게 해줍니다. 한 소년은 깃털을 날리고 있고, 그 모습을 바라보는 성인 남성이 있습니다. 그리고 조금 떨어진 곳에 빨간 사과 하나가 놓여 있습니다. 학생들에게 표지를 보여주기 전 제목을 먼저 말해주고 "제목의 '사과'가 'apple'일까? 아니면 'apologize'일까?"라고 물어보는 것도 좋습니다. 저는 제목만 들었을 때 선생님이 무슨 잘못을 하셔서 학생들에게 사과를 하는 내용이 아닐까 생각했었거든요. 그럼 이야기 속으로 들어가 볼게요.

작은 마을 해프빌의 피바디 선생님과 학생들은 토요일마다 야구 시합을 즐깁니다. 그러던 어느 날 피바디 선생님이 펀카델리 아저씨의 과일 가게에서 값을 치르지 않고 사과를 가져가는 모습을 길 건너편에 있던 토미 티틀보텀이 보게 됩니다. 토미는 피바디 선생님이 사과를 훔쳤다고 친구들에게 말했고, 소문은 삽시간에 온 마을로 퍼져나갔습니다.

야구장에서 아이들을 기다리던 피바디 선생님은 혼자 나온 빌리를 통해 사실을 알게 되고 몹시 당황했습니다. 피바디 선생님은 빌리와 함께 펀카델리 아저씨에게로 가서 과일값을 미리 지불하고 있었다는 것을 알려주었습니다. 이 장면에서 미소를 되찾은 빌리의 얼굴과 피바디 선생님을 노려보는 사람들의 날카로운 눈초리가 대조적으로 그려져 있습니다. 마을 사람들은 여전히 선생님을 도둑이라고 생각하고 있었으니까요.

빌리에게 이야기를 전해 들은 토미 티틀보텀은 곧장 선생님의 집으로 달려가 자신의 잘못을 인정하고 사과했습니다. 피바디 선생님은 토미에게 베개를 가져오라고 했고, 야구장 관중석 위에서 가위로 베개를 잘라 안에 있는 깃털을 모두 털어내라고 시켰습니다. 그런 다음 선생님은 깃털을 다시 주워 모으라고 시켰습니다. 그건 어렵겠다고 하는 토미에게 피바디 선생님은 이렇게 말합니다.

> 내가 도둑이라고 소문 낸 일을 없었던 일로 되돌리는 것도 그것만큼이나 불가능해 보이는구나. 바로 이 깃털 하나하나가 해프빌에 사는 사람이라고 보면 된단다.

마지막 장면은 토미의 방입니다. 침대에 빨간 실로 꿰맨 깃털 베개가 놓여 있습니다. 토미가 그동안 소문을 바로잡기 위해 얼마나 노력했는지 알 수 있습니다. 진심 어린 사과에는 행동이 뒤따라야 한다는 것을 말해주는 것 같습니다. 창밖에는 피바디 선생님과 아이들의 야구 시합이 계속되고 있고, 살랑

살랑 불어오는 바람을 타고 깃털들이 토미의 방으로 들어옵니다.

등장인물의 뇌 구조 그리기

요즘 아이들은 공감 능력이 참 많이 부족합니다. 자신의 말이 누군가에게 얼마나 상처가 되는지, 피해 학생이 느끼는 고통이 얼마나 큰지를 잘 생각하지 못합니다. 타인을 이해하는 능력을 길러주기 위해 그림책 등장인물들의 뇌 구조를 그려보는 활동을 했습니다. 상대방의 처지와 속마음을 이해해야 진심으로 사과도 하고 용서도 할 수 있기 때문입니다.

'뇌 구조 그리기'는 국어 수업에서 소설을 배울 때 자주 활용하는 방법입니다. 인물의 관심사, 기분, 중요하게 생각하는 것 등으로 머릿속을 채웁니다. 뇌 구조를 그려보면 인물의 속마음을 한 번 더 생각하게 되는 동시에 이야기의 줄거리, 갈등 관계 등을 자연스럽게 이해하고 인물을 더 가깝게 여기게 됩니다.

학생들이 그린 인물의 뇌 구조를 한번 살펴볼까요? 피바디 선생님의 머릿속에는 아이들과 함께하는 야구단 활동이 가장 중요하게 자리 잡고 있네요. 주민들과 반갑게 인사를 나누고 맛있는 사과를 먹는 것도 피바디 선생님의 즐거움 중의 하나입니다. 이런 피바디 선생님이 도둑으로 오해를 받고 사랑하는 제자들과 마을 사람들에게 외면을 당했으니 얼마나 속이 상했을까요? 학생들은 피바디 선생님의 뇌 구조를 그리면서 피해자의 입장을 이해하게 되었을 것입니다. 토미의 머릿속은 피바디 선생님께 죄송한 마음으로 가득 차 있네요. 깃털에서 얻은 교훈으로 선생님에 대한 마을

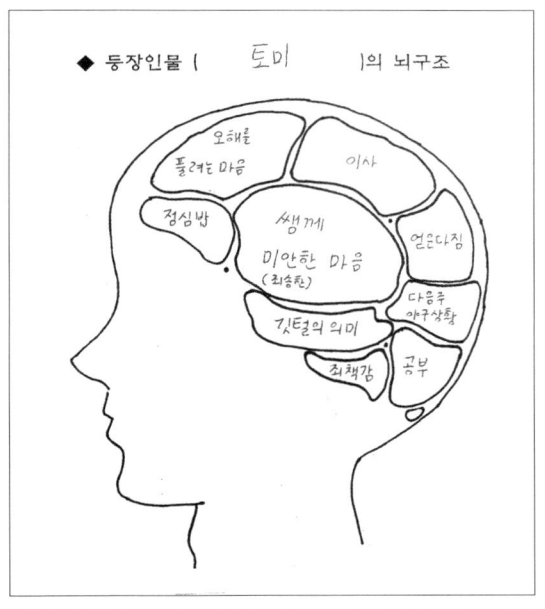

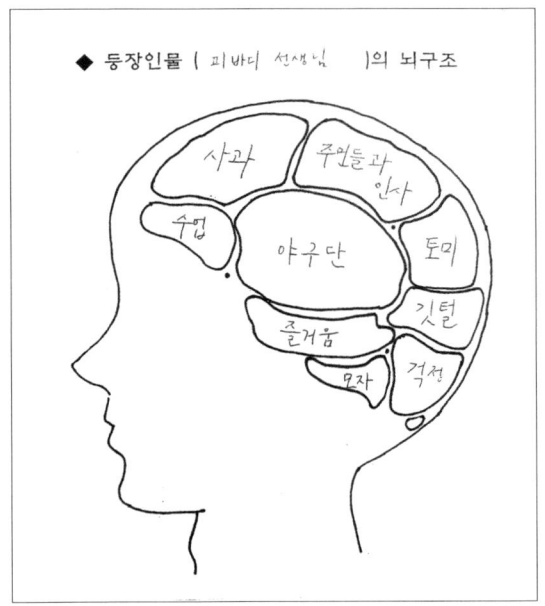

사람들의 오해를 풀어야겠다는 다짐을 하고 있습니다.

등장인물 중에서 누구의 뇌 구조를 그릴지는 학생들이 선택하게 하는데, 이 그림책에서는 피바디 선생님과 토미 티틀보텀의 뇌 구조를 가장 많이 선택했습니다. 학생들은 뇌 구조를 그리면서 인물에 대한 자기 생각을 편안하게 이야기했습니다. 피바디 선생님의 편이 되어 억울함을 토로하는 학생도 있고, 토미의 편이 되어서 왜 그럴 수밖에 없었는지 변호하는 학생도 있었습니다. 뇌 구조 그리기는 간단한 활동이지만, 인물의 속마음을 이해하는 데는 효과가 아주 좋습니다.

핫 시팅으로 공감하기

뇌 구조 그리기에 이어 핫 시팅을 진행했습니다. 핫 시팅을 하는 이유는 잘못된 소문 때문에 도둑으로 오해받은 피바디 선생님이 얼마나 속이 상했을지, 그리고 경솔한 말과 행동으로 선생님을 난처하게 만든 토미의 후회와 죄책감을 좀 더 구체적이고 실감 나게 느껴 보기 위해서입니다. 핫 시팅[24]은 교육연극 활동 중 하나로, 학생 중 한 명이 이야기 속 인물이 되어 의자에 앉고, 청중의 질문에 답을 하는 인터뷰 형태의 활동입니다. 모둠 단위로 해도 되고 반 전체가 함께해도 되지만, 질문과 답을 공유하는 것이 중요합니다.

핫 시팅을 위해 인물에게 던질 질문을 먼저 마련하도록 했습니다. 앞서

---

24 에듀콜라 '유쌤의 book극 이야기' 참조
 (https://educolla.kr/bbs/board.php?bo_table=Author_RhyuSaeyoung&wr_id=53)

뇌 구조 그리기를 했기 때문에 질문 만들기는 그리 어렵지 않게 진행이 되었습니다. 질문의 내용은 주로 왜 그런 행동을 했는지, 기분은 어땠는지, 다른 인물을 어떻게 생각하는지와 같은 것입니다. 학생들은 중심인물 외에도 펀카델리 아저씨나 마을 사람들에게도 궁금한 것이 꽤 많았습니다. 이때 질문은 그림책의 이야기나 그림을 근거로 만들도록 제한하면 연극의 방향이 엉뚱한 곳으로 흐르는 것을 예방할 수 있습니다.

질문이 준비되면 등장인물 역할을 해줄 배우들을 뽑습니다. 교사가 인물의 성격, 생김새와 같은 특징을 설명하면서 누가 하면 좋을지 함께 결정하면 부드럽게 진행이 됩니다. 배우들이 정해지면 빈 의자를 하나 준비하고 시작합니다. 질문할 학생은 배우 역할을 하는 학생이 직접 선택하게 합니다. 학생들은 자신들에게 주도권이 주어지는 상황을 아주 좋아하거든요. 교사도 질문하는 학생들 사이에 앉아서 함께하면 학생들이 더욱 편안하게 참여할 수 있습니다.

교사	이제 핫 시팅을 시작할게요. 이 의자에는 이야기 속의 인물들이 앉게 될 거예요. 여러분은 인물들에게 궁금한 점을 손을 들고 질문하면 됩니다. 그럼 귀여운 소년 빌리 리틀을 이 자리에 불러 볼게요.
학생	왜 아무도 나가지 않은 야구장에 가서 선생님에게 소문을 알려줬나요?
빌리	선생님을 좋아해서요.
학생	좋아하는 선생님을 도둑이라고 하는데, 왜 아니라고 말하지 않았나요?
빌리	선생님만큼 친구들도 가까이 지냈기 때문에요.

(중략)

교사	이 사건의 피해자 피바디 선생님을 모셔 볼게요. 선생님께 질문해주세요.
학생	해프빌은 아주 작은 마을이어서 쉽게 소문이 퍼진 만큼 오해를 바로잡기에도 쉽지 않았을까요?
피바디	저에 대한 오해는 쉽게 풀 수 있었겠지만, 저는 아이에게 말을 한 번 잘못하면 돌이키기 어렵다는 점을 제대로 깨우치고 싶었어요. 저는 선생님이니까요.
학생	왜 윤이 나는 사과만을 고집하셨나요?
피바디	예? 맛있어 보여서요. 하하하.
학생	어떻게 토미를 용서할 수 있었나요?
피바디	학생이니까 잘 모를 수도 있고, 선생님으로서 가르쳐야 하니까요.

학생	말로써도 충분히 받아들일 수 있었는데 굳이 베개를 자르라고 한 이유가 있나요?
피바디	말로 하면 딱 와닿지 않고 베개를 찢었을 때 깃털이 하나하나 날아가잖아요. 하나하나 주울 수 없으니까 베개를 이용해서 더 강조를 한다고 해야 하나 그렇게 하고 싶었어요.
학생	선생님 정말 괜찮으신 건가요?
피바디	솔직히 조금 화나긴 했는데, 학생이니까 그럴 수도 있다고 생각했어요.
교사	마지막 그림을 보면 토미가 깃털을 거의 다 주웠더라고요. 선생님은 토미가 정말 깃털을 줍기를 바랐나요? 아니면, 토미가 어떤 행동을 하기를 바란 건가요?
피바디	예, 마을 사람들 하나하나 찾아가서 피바디 선생님이 그런 것이 아니라고 말했으면 했어요.

(중략)

교사	자, 그럼 이제 토미 티틀보텀을 이 자리에 불러 볼게요. 질문해주세요.
학생	왜 피바디 선생님께 직접 묻지 않고 사람들에게 바로 알렸나요?
토미	선생님한테 직접 말하면, 이것도 범죄라고 할 수 있는데, 나한테 피해가 올 수도 있어서요.
학생	마을에 잘못된 소문을 퍼뜨렸다는 것을 알았을 때 어떤 기분이 들었습니까?
토미	피바디 선생님에게 정말 죄송하다는 생각이었어요.

학생	훔치지 않았을 가능성도 있는데, 왜 그 사실 하나만 가지고 소문을 퍼뜨렸나요?
토미	선생님이 두 번씩이나 사과를 그냥 가져갔으니까요.
학생	날려간 깃털들을 다 주우라고 했을 때 어떤 기분이 들었나요?
토미	당황스러웠어요. 선생님이 복수하려고 하시나 하는 생각도 들었어요.
교사	아까 선생님이 토미가 마을 사람들에게 찾아가서 진실을 알려주기를 바랐다고 했는데, 그렇게 했나요?
토미	아니요. 노력은 했지만, 마을 사람 모두에게 알리는 건 불가능했어요.

(중략)

핫 시팅을 하는 동안 의자에 앉은 학생들은 대답을 궁리하느라 진땀을 흘렸습니다. 하지만 대답하는 학생도 질문하는 학생들도 모두 즐거워했습니다. 자신의 질문에 친구가 고민하는 모습도 재미있고, 친구의 질문에는 반드시 정답을 말하지 않아도 되기 때문입니다. 핫 시팅이 무르익어 갈수록 학생들은 등장인물들의 입장에서 생각하고 인물을 둘러싼 주변 환경과 사람들과의 관계를 더 잘 이해할 수 있었습니다. 피바디 선생님의 속상한 마음에 진심으로 공감했고 잘못을 바로잡기 위해 노력한 토미의 노력에 감동하기도 했습니다.

질문을 미리 준비하긴 했지만, 즉흥극에 가깝기 때문에 실제 수업에서는 의도하지 않았던 장면이 연출되기도 합니다. 질문에 대한 답은 준비하지 못했기 때문에 학생들의 질문에 대답하지 못할 수도 있고 장난스러운 분위기로 흐를 수도 있습니다. 단답형이거나 너무 뻔한 대답이 나오기도 합니다. 그럴 때 교사가 학생들 속에 동등한 질문자로 앉아 있으면서 적절한 질문을 던지거나 질문의 의미를 풀어주면서 다시 이야기 속으로 집중하도록 이끌어줄 수 있습니다.

말실수 경험을 쓰레기통에 버리기

옛날 우리 조상들은 말의 무덤인 언총(言塚)을 만들었습니다. 마을에 흉흉한 일이 생길 때 언총에 모여 이웃을 비난하는 말을 모아 구덩이에 파묻었는데, 그러고 나면 신기하게도 마을 사람들 사이의 다툼이나 언쟁이 수그러들었다고 합니다.[25] 나쁜 말을 묻어서 없앤다니 참 창의적인 발상입니다. 그만큼 말의 힘을 강하게 인식하고 있었기 때문이지 싶습니다.

말의 무덤에서 아이디어를 얻어 말실수 경험을 쓰레기통에 버리는 활동을 만들었습니다. 그림책을 읽고 핫 시팅을 하면서 학생들의 마음속에는 다른 사람을 험담했거나 근거 없는 소문을 퍼뜨렸던 자신의 잘못이 떠올랐을 것입니다. 그런 자신의 잘못을 종이에 적어서 쓰레기통에 버리도록 했습니다.

간단한 질문을 주고 말실수로 누군가에게 상처를 입혔거나 의도적으로 남을 험담했던 경험을 적게 했습니다. 휴대폰 문자 메시지나 SNS 상에서

---

25 이기주(2016), 『언어의 온도』, 말글터 참고

> **나의 말실수 경험** (휴대폰 혹은 인터넷 상에서 포함)
> — 비밀유지는 확실히 해 줄게요. 걱정 말고 쓰세요.
>
> 1) 누군가에게 악플을 단 적이 있나요? 험담을 하거나 소문을 퍼뜨린 적이 있나요?
>   A친구에게 B친구를 험담했을 때
>
> 2) 어떤 결과가 일어났나요?
>   A가 B에게 말하여 싸움이 생길 뻔 했다.
>
> 3) 어떻게 해결했나요? 해결이 잘 되었나요?
>   왜 험담을 했는지 얘기하고 사과로 끝냈다.

의 경험도 포함시켰습니다. 활동지에 적은 내용은 철저하게 비밀을 유지하겠다는 약속도 했습니다. 그런 다음 교실 한 가운데 쓰레기통을 두고 활동지를 구겨서 시원하게 던져 버리게 했습니다. 이때 쓰레기통 말고 종이 파쇄기를 활용하는 것도 좋습니다.

사실 학생들은 활동지에 구체적인 내용을 적지는 않았습니다. 비밀유지를 해주겠다고는 했지만, 당장 옆자리 친구가 볼 수도 있기 때문이죠. 머릿속에 떠오른 진짜 경험을 적지는 않지만, 경솔했던 자신의 언행을 반성하고 경계하기에는 충분한 시간이었습니다.

말조심 서약서 만들기

마지막으로 학급의 말조심 서약서를 만들어서 교실 곳곳에 붙여두었습니다. 앞의 활동들을 하면서 말조심의 필요성을 느낀 학생들이 스스로 약속을 만들어 실천할 수 있도록 하기 위해서입니다. 약속은 모둠별로 만들어도 되고, 의견을 모아 학급 전체의 약속으로 만들어도 좋습니다.

학생들은 모둠에서 함께 말조심 약속을 만들었습니다. 자신의 언행에 대해 부모님이 해주신 조언을 떠올리기도 하고, 말과 관련한 명언을 생각해내기도 했습니다. '말을 하기 전에 생각을 하고 말한다', '남을 비난하지 않는다', '상대방이 상처받을 수 있는 말은 하지 않는다' 와 같이 조금은 뻔한 약속이 나왔습니다. 하지만 이 약속들은 도둑으로 오해받은 피바

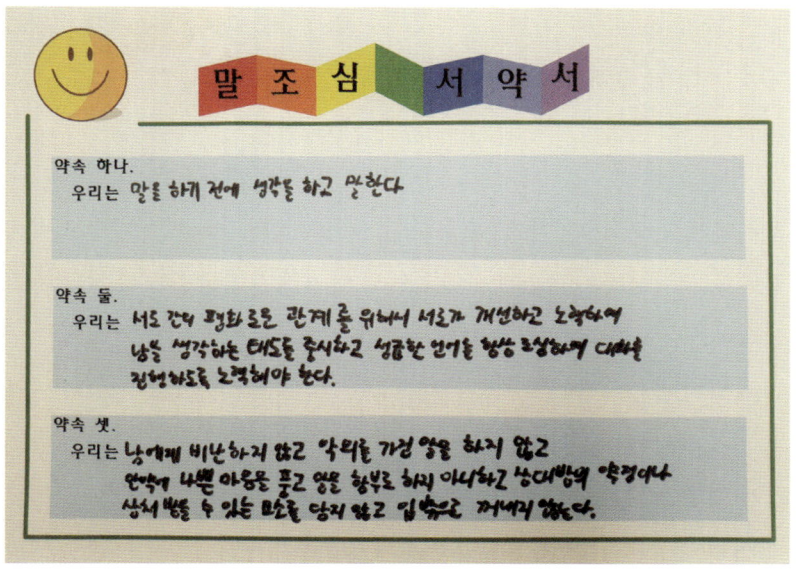

디 선생님의 속상한 마음을 진심으로 이해한 다음에 나온 것이어서 학생들에게는 특별한 의미가 있습니다.

그림책의 끝부분에 작가는 "세상의 모든 선생님들께 바칩니다. 이 책은 말이 가지는 힘에 관한 이야기입니다. 그리고 우리가 다른 사람에게 해를 끼치지 않으려면 말을 얼마나 신중하게 해야 하는가를 생각하게 하는 이야기입니다"라고 썼습니다. 학생들에게 가르침을 주는 선생님들에 대한 존경심과 동시에 선생으로서의 무거운 책임감이 느껴지는 구절입니다.

학교에서 발생하는 갈등의 형태는 다양하지만, 그 이면에는 늘 경솔한 말과 행동이 존재합니다. 언행을 신중하게 해야 한다는 것은 누구나 다 알지만 실천하기는 어렵습니다.『피바디 선생님의 사과』를 통해 말조심에 대한 이야기를 학생들과 함께 나눠보는 것은 어떨까요?

더 나은 활동을 위한 도움말

『피바디 선생님의 사과』는 그림책이 맞나 싶을 만큼 글밥이 많습니다. 모둠에서 한 권으로 함께 읽다 보면, 집중력이 떨어져 교실이 금방 소란해집니다. 그림책을 나눠주기 전에 표지와 면지의 그림을 화면에 띄워 놓고 호기심을 갖도록 질문을 던지면 좋습니다. 제목과 마을 그림으로 어떤 사건이 일어날 것인지 내용을 추측하게 하면 학생들의 집중력을 좀 더 끌어낼 수 있습니다.

이 활동은 학급 전체보다는 15명 정도씩 나누어서 소그룹으로 진행하면 훨씬 좋습니다. 모든 학생이 배우와 질문자의 역할 중 하나 이상은 참여할 수 있기 때문에 집중력이 높아지고 자신의 경험을 이야기할 때도 분위기가 진지합니다.

핫 시팅의 의자는 교실 뒤쪽에 두는 것을 추천합니다. 앞쪽보다는 뒤쪽이 배우 역할을 하는 학생의 부담감을 줄여 줍니다. 교사는 질문자 중에서도 뒤쪽에 앉는 것이 좋습니다. 가능하면 학생들 눈에 띄지 않아야 자연스럽고 편안한 분위기가 만들어집니다. 학생들의 질문과 대답이 선생님에게 평가받고 있다는 느낌을 주지 않는 것이 중요합니다. 선생님의 의도대로 교훈이 전달되는 것이 아니라 학생들이 자유롭게 이야기 나누는 중에 자연스럽게 깨달음을 얻도록 해주세요.

함께 읽으면 좋은 그림책

- 『깃털처럼 날아가 버린 소문』, 김혜선 글, 김경희 그림, 을파소(21세기북스), 2011
- 『감기 걸린 물고기』, 박정섭 글·그림, 사계절, 2016
- 『그 소문 들었어?』, 하야시 기린 글, 쇼노 나오코 그림, 김소연 옮김, 천개의바람, 2017

2. 학급에서 일어난 폭력과 방관

『내 탓이 아니야』

레이프 크리스티안손 글, 딕 스텐베리 그림, 김상열 옮김, 2007

학급에서 친구끼리 주먹으로 때리는 일이 가끔 일어납니다. 이렇게 학급 내에서 크던 작던 일이 생기면, 담임으로서 가장 먼저 하는 것이 왜 이런 일이 발생했는지를 조사하는 것입니다. 싸움 당사자들은 그나마 본인들이 한 일이니까 잘 얘기합니다. 그런데 당사자들이 얘기한 내용을 확인해야 할 때 가장 근처에서 목격한 학생들을 불러서 "네가 보고 들은 것을 사실대로 얘기해줄래, 쟤들은 왜 싸운 것 같니?"라고 묻는데, 여기부터 문제가 생깁니다. 본 것이나 들은 것을 얘기해주겠지 하고 기대하고 물어보면 대답이 이렇습니다.

"저는 잘 모르겠는데요."

"옆에 있었지만, 친구랑 얘기를 하고 있었어요."

"저는 교실에 있었지만, 소리가 들리지 않아서 몰라요."

처음에는 이렇게 모르겠다고 대답하는 학생들을 보면서 당황했고, 그다음부터는 그렇게 대답하는 학생들에게 실망하게 되었습니다. 학급에 문제가 생길 때마다 학생들의 무성의하고, 귀찮아하는 듯하는 대답을 들으면서 이런 식으로 책임을 회피하려고 하는 모습을 어떻게 하면 바꾸어줄 수 있을까? 고민하게 되었습니다. 그러던 차에 『내 탓이 아니야』를 읽게 되었습니다. 그림책 등장인물의 독백이 제가 학급 학생들에게 들었던 대답과 똑 같아서 깜짝 놀랐습니다.

'내 탓이 아니야' 라고 말하는 비겁하고 무책임한 등장인물들이 말할 때의 느낌과 감정을 학생들과 공유해보고 싶었습니다. 감정을 함께 읽어보면서 '만일 나였다면 어땠을까?', '왜 저렇게 말했을까?' 를 생각해보게 하고 싶었습니다. 이런 질문들을 통해서 앞으로 학급에서 똑같은 상황에 자신이 처했을 때 책임 있게 행동할 수 있는 방법을 찾아보는 시간을 갖고자 합니다.

『내 탓이 아니야』 열어보기

이 그림책은 가로세로가 18cm로 크기가 작습니다. 주황색 테두리를 하고 있는 표지에는 등장인물들이 정면을 바라보고 있습니다. 하얀 바탕에 검은색 펜을 이용하여 스케치처럼 간단하게 선으로만 학생들의 모습을 그린 것이 독특합니다. 학생들의 입은 일자로 꽉 다물어진 모습으로 표현했습니다. 꼭 아는 것도 말하지 않겠다는 모습 같습니다.

등장인물이 한 명씩 등장하여 자신이 목격한 상황을 얘기할 때, 말하는 등장인물을 굵은 선으로 진하게 표현했습니다. 아마도 누구인지 강조하기 위해서 그렇게 표현했겠죠? 아니면 함께 있을 때의 모습과 혼자 나와서 얘기할 때의 차이를 느끼게 하기 위해서일 수도 있습니다. 그림책 속의 기호, 색, 선은 작가의 의도에 따라 선택되고 사용됩니다. 그냥 사용되는 것은 없습니다. 그래서 그림책 속 그림의 의미를 학생들과 함께 찾아보고 숨은 의도를 파악해보는 것도 재미있습니다.

사건은 쉬는 시간에 벌어졌습니다. 무슨 일인지는 모르겠지만, 가운데 한 아이가 얼굴을 두 손으로 감싸고 고개를 숙인 채 울고 있고, 등장인물들은 무리를 지어 모여 있습니다. 누군가 아이들에게 묻고 있고, 한 명씩 앞으로 나와서 대답을 합니다. 아마도 "쉬는 시간에 무슨 일이 이 아이한테 있었니? 네가 알고 있는 것은 무엇이니? 가운데 애는 왜 머리를 감싸고 울고 있니?"라고 묻고 있는 것 같습니다.

처음 등장한 한 소녀가 무슨 일이 있었는데 그건 자신의 탓이 아니라고 말합니다. 꼭 무슨 일이 있었는데 말하고 싶지 않다는 뜻 같습니다. 다음으로는 가르마를 탄 남자아이는 자신은 진짜 모르는 일이라고 말합니다. 그 일이 어떻게 시작되었는지 정말 모른다고 재차 강조합니다. 무슨 일이 있었는지 알고 있을 수도 있겠구나라는 예상을 하게 합니다. 또 다른 남자아이는 그 일이 발생했을 때 겁이 났고, 말릴 용기도 없어서 말리지 못했고, 그냥 보고만 있었다고 말합니다. 말리고 싶은 마음은 있었던 것으로 보입니다. 이런 식으로 나머지 등장인물들이 나와서 자신이 잘못이 없다는 독백을 계속합니다.

마지막에는 가운데 우는 아이는 없고, 14명의 아이가 앞을 보고 다 같이 얘기합니다. 때리긴 했지만 그냥 별 뜻 없었고, 모두가 때렸다고 말합니다. 그러니까 자신들의 탓이 아니라고 말합니다. 그리고 그림책의 마지막에는 아이들은 없고 회색 바탕의 종이에 진하고 굵은 글씨로 크게 '정말 내 탓이 아닐까?'라고 쓰여 있습니다. 독자에게 강렬하게 질문을 던집니다. 독자가 스스로 생각하면서 질문에 답을 해보라는 듯이 말입니다.

그리고 작가는 친절하게 부모님과 선생님께 그림책을 어떻게 활용하면 좋은지 다양한 방법을 알려주고 있습니다. 뒤쪽에 첨부한 4장의 사진으로는 책임감에 대해서 학생들과 토의토론 해보라고 권하고 있습니다.

캐릭터에 말풍선 달아주기

먼저 왜 이런 시간을 가져야 하는지 설명을 했습니다.
"요즘 선생님이 발견한 좋은 그림책이 있어서 여러분과 함께 읽고, 생각을 나누고 싶어서 이런 시간을 갖게 되었어요. 책을 혼자 읽으면 혼자 감동받고 끝나잖아요? 그런데 친구들과 함께 읽고, 생각을 나누면 책을 깊게 이해할 수 있고, 기억에 오래 남게 된답니다."

책을 모둠별로 읽은 후 모둠 친구들과 각자 가장 인상적인 장면을 찾아보고, 각자 인상적인 장면 속에 있는 캐릭터들의 감정이 어떠한지 얘기를 나누게 합니다. 처음에는 학생들이 감정을 어떻게 표현하고 말해야 하는지 어려워 하지만 이렇게 얘기를 합니다.

"가운데서 울고 있는 아이는 외로울 것 같아. 자기편이 한 명도 없이 혼자이기 때문이지."

"11쪽 비니를 쓴 남자애는 가운데서 울고 있는 친구에게 미안해하는 것 같아. 자기도 조금은 때렸으니까."

모둠끼리 얘기를 나눈 후에 캐릭터에 말풍선 달아주기를 합니다. 먼저 교사는 그림책의 20쪽 그림만 크게 A3용지에 복사하여 모둠별로 한 장씩 나눠주면서 색연필, 사인펜도 함께 모둠별로 나누어줍니다. 학생들에게 각자 좋아하는 색의 사인펜을 고르게 하고, 그 사인펜으로 A3용지 아래쪽에 자신들의 이름을 기록하게 합니다.(활동 후에 누가 열심히 기록하고 참여했는지, 어떤 감정을 표현했는지를 사인펜 색깔을 보면 알 수 있어서 좋습니다) 캐릭터들의 감정이 어떠한지 자유롭게 얘기를 나눈 후이기 때문에 교사는 이렇게 설명합니다.

"지금까지 캐릭터들의 감정이나 느낌을 서로 얘기해 봤습니다. 상대방의 감정을 정확하게 이해해서 말로 표현하는 것이 쉽지 않지요? 느낌 말하기를 통해서 캐릭터의 감정을 다양하게 알게 되었습니다. 만일 상대의 입장과 감정을 알게 된 지금, 저 상황에서는 캐릭터들이 어떤 말을 할 수 있을까요? 하고 싶은 말을 말풍선에 솔직하게 써주세요."

캐릭터들의 감정을 서로 얘기할 수 있는 시간을 준 후, 학생들에게 상상해서 캐릭터들이 하고 싶은 독백을 쓰라고 했습니다. 뭐라고 썼을지 궁금했습니다. 학생들이 말풍선에 쓴 내용입니다.

: 솔직히 가슴이 아파. 내가 말 걸어서 그 애의 속마음을 들어 줄걸.

: 울 때 달래주지 못해서 미안해.

: 사실대로 말할걸.

: 모른 척하지 말걸.

: 때려서 미안해.

: 그 아이가 얘기 못 하면 내가 대신 얘기해줄걸.

: 한번 용기 내서 얘기할걸.

: 지금 생각해보니 그 친구는 잘못이 없었어. 괜히 짜증 난다고 한 것 같아.

: 조금 때린 것도 너에게 큰 상처가 된 것 같아. 미안해.

: 방관자인지 몰랐어, 이제야 내가 방관자인지 알겠어.

: 겁쟁이 같다고 했지만, 그 친구가 혼자라는 생각을 했을 때 겁이 나는 건 당연하다고 생각해.

: 못 도와줘서 미안해.

: 아무 말도 못 할 정도로 힘들었던 건데, 내가 너무 심하게 말한 것 같아.

말풍선에 학생들이 상상한 캐릭터의 독백이 마치 학생들 자신의 독백인 것 같았습니다. 또한 "저는 잘 몰라요"라고 대답하던 학생들이 사실대로 말할걸, 모른 척하지 말걸, 한번 용기 내서 얘기할걸 등으로 쓴 내용을 보면 처음 느낌을 말할 때와는 다르게 적극적으로 갈등해결을 하려는 생각의 변화가 일어나고 있는 것 같았습니다.

서약서 작성하기

캐릭터에 말풍선 달아주기 활동이 끝나면 '서약서 작성하기'를 합니다. 서약서 양식을 나누어주고, 자신이 선택한 사인펜으로 가장 인상에 남는 장면을 쓰고, 그 장면을 선택한 이유를 쓰게 합니다. 그 뒤에 자신에게 이런 상황이 생긴다면 문제 해결을 위해서 어떤 행동을 할 것인지 다짐의 내용을 양식에 맞추어 작성하게 합니다.

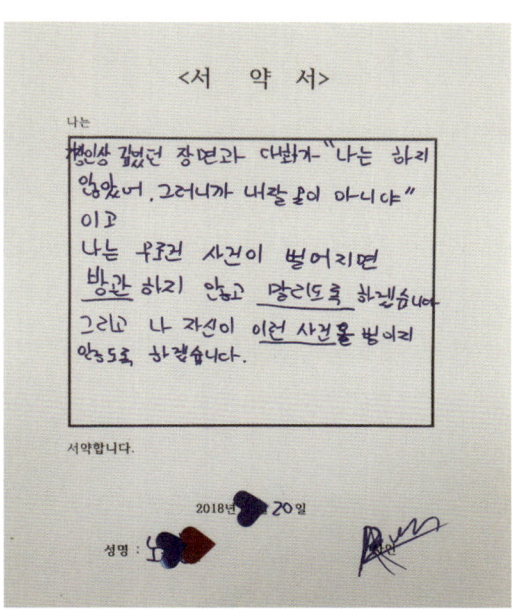

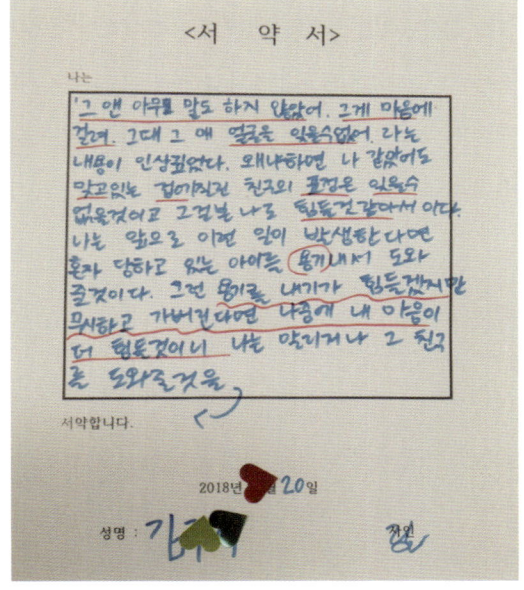

3장. 그림책으로 해결하는 갈등과 문제

다음은 학생들이 작성한 서약서 내용입니다.

: 나는 8쪽에 있던 아이처럼 방관자로 가만히 있지 않고 직접 나서서 친구를 도와주고 챙겨줄 수 있도록 할 것이며, 내가 아니면 괜찮다고 내버려 두지 않고 모두를 말리고 나 또한 올바르게 도와줄 수 있도록 하겠다고 서약합니다._김**

: 나는 가장 인상 깊었던 대화 내용이 '그때는 여럿이었는데 난 혼자였어'라는 것이었고 그때 혼자인데 도움을 주지 못한 것은 두려웠고, 나도 당할까 봐 도와주지 않았다는 생각이 들었다. 안타까웠고, 나는 앞으로 여럿이 아닌 혼자라도 도와주겠다고 서약합니다._김**

: 나는 가장 기억에 남는 장면은 겁이 나서 말릴 용기가 없던 친구이다. 왜냐하면 나도 그런 적이 있기 때문이다. 나는 앞으로 용기를 내서 친구를 도와줄 것을 서약합니다._고**

: 나는 가장 인상 깊었던 것은 모두들 자기 잘못이 없다고 한 것이다. 왜냐하면 다들 잘못이 있으면서 회피하고 있단 느낌을 주었기 때문이다. 만약 내 친구가 이런 식으로 울고 있다면 나는 앞에서는 못 도와줄지라도 같이 그 친구를 힘들게 하지 않고 한 번쯤은 연락해볼 것이라고 서약합니다._최**

더 나은 활동을 위한 도움말

갈등을 해결하는 과정에서 교사가 학생들에게서 듣고 싶었던 말들을 학생들이 말풍선 달아주기와 서약서 쓰기에서 다 해준 것 같습니다. 글로 쓴다는 것은 자기 생각을 쓰는 것이니 학생들의 생각에 변화가 있었다고 생각합니다. 특히 약한 자를 배려하고, 공적인 일에는 두려워도 용기를 내서 행동해야 한다는 것을 배우게 된 것 같습니다. 기억에 남는 한 여학생의 감정 말하기 할 때 발표 내용입니다.

"10쪽 여자아이는 미안한, 두려운, 혼란스러운 느낌이야. 왜냐하면 말리고 싶었는데 애들이 많아서 못한 점, 여자애가 말릴 경우에 애들이 욕을 할까 봐 두려운 거고, 두려워서 말리지 못한 것에 대한 미안함이 있지. 두려운 마음과 미안한 마음 때문에 혼란스러운 거지."

이 발표를 들으면서 요즘 학생들의 느낌과 감정을 살짝 읽을 수 있었습니다. "잘 모르겠는데요"라고 대답하는 학생들의 모습에서 실망하고 이기적이라고만 생각했는데, 이 학생들의 마음도 편하지만은 않다는 것을 알게 되었습니다. 도와주지 못해서 미안한 마음과 도와주고 싶지만 다른 친구들에게 비난을 받을까 봐 두려워서 말 못 하는 마음이 속에 있습니다. 이런 속마음을 알게 된 것도 큰 수확입니다. 속마음을 알면 학생을 이해하기 쉬워지고, 지도의 방향을 잡기가 분명해집니다.

그림책을 활용하면 상황에 몰입하기가 쉽습니다. 그래서 학생들은 '방관자 역시 잘못했다. 또한 악의 없이 분위기에 휩쓸려 비웃거나 상처를 주는 말을 할 수도 있지만 악의가 없다고 괜찮은 것은 절대 아니다'라는 깨달음을 스스로 이끌어 냅니다.

함께 읽으면 좋은 그림책

- 『괴롭힘은 나빠』, 고정완 글, 하완 그림, 풀빛미디어, 2013
- 『친구랑 싸웠어!』, 시바타 아이코 글, 이토 히데오 그림, 이선아 옮김, 시공주니어, 2006
- 『One 일』, 캐드린 오토시 글·그림, 이향순 옮김, 북뱅크, 2016

3. 욕설이 넘쳐나는 교실

『낱말 공장 나라』

아네스 드 레스트라드 글, 발레리아 도캄포 그림, 신윤경 옮김, 세용출판, 2009

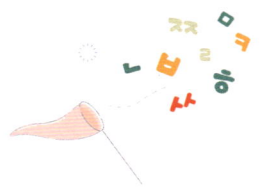

학교의 복도와 교실에서 '욕'이 넘쳐납니다. 교무실에 앉아서도 문밖에서 흘러들어오는 비속어를 심심치 않게 듣습니다. 학생들은 친근감의 표현으로 또는 자기감정의 표출 수단으로, 혹은 아무 의미 없이 습관처럼 욕을 합니다. 그뿐만 아니라 '패드립'이라고 불리는 비속어 사용도 빈번합니다.

2011년 EBS에서 제작한 <다큐프라임>은 2부에 걸쳐 '욕, 해도 될까요?'를 방영했습니다. 제작진은 방과 후 공원에 모인 6명의 남녀 고등학생을 관찰했습니다. 단 20여 분 만에 육두문자를 포함한 400여 개의 욕이 쏟아졌습니다. 이들은 소위 말하는 문제아이거나 불량청소년들이 아닌 평범한 학생들이었습니다. 아이들의 대화 주제도 지극히 평범해서 충격을 주었습니다.

욕이 뇌 기능에 영향을 줄 수 있다는 연구 결과도 있습니다. 욕설을 들었을 때 반응을 하는 뇌 부위는 편도체 근처 변연계입니다. 변연계는 인간의 본성과 감정에 관여하는 '감정의 뇌'에 해당하는데, 이 부위가 지속해서 부정적인 자극을 받으면, 스트레스가 누적되어 폭력적이고 공격적인 성격으로 변할 수도 있다고 합니다.

저는 우리 교실에서 욕설이 조금이라도 줄어들기를 바라는 마음으로 고민하기 시작했습니다. 서로 부를 때, 자기 생각이나 감정을 표현할 때 "와, 존X 더워"가 아닌 "완전 더워!"까지만이라도, 혹은 "야, 씨X 뭐하냐?"가 아니라 "야, 뭐하냐?" 정도만이라도 말하는 문화가 되기를 바랐습니다. 최소한 부모를 욕하는 '패드립'이라도 사라지도록 노력해보기로 마음먹었습니다.

『낱말 공장 나라』 열어보기

아네스 드 레스트라드는 1964년 프랑스에서 태어났습니다. 언론인이며, 음악 및 시각 예술 활동을 하였고 보드게임 제작자이자 그림책 작가이기도 합니다. 2003년 첫 번째 작품 『더 이상 침을 뱉고 싶지 않은 소녀』를 발표한 뒤로 지금까지 수십 권의 책을 출간하며 활발하게 활동하고 있습니다. 우리나라에 소개된 책으로 『아빠를 부탁해』, 『잃어버린 마음을 찾아드립니다』, 『내 동생은 괴물』 등이 있습니다.

『낱말 공장 나라』는 어린이동화 연극으로 공연될 정도로 유명합니다. 그림책과 관련 있는 책에서도 많이 언급되기도 합니다. 앞표지를 보면 한 소년이 곤충망을 들고 서 있습니다. 그 옆에는 공장의 검은 그림자가 있습니다. 뒤표지에는 강아지가 'ㄴ'이라고 적혀 있는 종이를 물끄러미 바라보고 있습니다. 전체적으로 갈색과 검은색으로 표현되어 있어 어두운 분위기입니다.

'낱말 공장 나라'에서는 사람들이 거의 말을 하지 않습니다. 이 이상한 나라에서는 돈을 주고 낱말을 사서 삼켜야만 말을 할 수 있습니다. 말을 할 수 있는 것은 소수의 특권층만 누릴 수 있는 사치였습니다. 낱말 살 돈이 없었던 어린 소년 필레아스는 곤충망으로 날아다니는 낱말 세 개를 잡습니다. '체리', '먼지', '의자' 입니다. 필레아스는 옆집 소녀 시벨을 사랑하지만, 그 아이에게 '사랑해'라고 말을 할 수 없습니다. 그 낱말은 너무 비싸기 때문이지요. 반면 부잣집 아들 오스카는 언제나 자신만만하게 "소중한 시벨, 나는 너를 진심으로 사랑해"라고 말을 합니다. 필레아스는 오스카에게는 없는 진심 어린 마음이 있었습니다. 필레아스는 시벨에게 소중하게 간직해오던 낱말들을 반짝이는 보석처럼 말을 하며 사랑을 고백합니다. 체리, 먼지, 의자라는 말을 들은 시벨은 필레아스에게 다가와 그의 뺨에 조용히 입을 맞춥니다. 체리, 먼지, 의자라는 단어가 이렇게 로맨틱하다니요! 이 장면에서는 책 가득한 붉은 색이 더욱 사랑스러운 분위기를 자아냅니다.

이 그림책을 통해 저는 학생들이 말하기의 소중함을 느끼고 낱말이 가진 서로 다른 가치에 대해 생각하기를 바랐습니다. 궁극적으로 언어의 기능을 살펴보아 올바르게 감정을 표현하는 방법에 관해 이야기를 나누어 보고 싶었습니다.

인상 깊은 장면 찾기

먼저 책의 앞·뒤표지를 보며 어떤 이야기가 펼쳐질지 상상해보는 시간을 가졌습니다. 아이들과 표지의 색깔을 보며 "어두운 내용일 것 같아요"라고 말하기도 하고 뒤표지의 강아지를 보며 "슬픈 내용일 것 같아요. 강아지가 배고파 보여요" 등의 첫 느낌을 공유했습니다. 또는 표지에 그려진 주인공을 보며 "잠자리채를 들고 있는 거로 보아 애가 뭔가를 잡는 내용일 것 같아요"라고 추론하기도 했습니다. 제목에 초점을 맞추어 "공장에서 낱말을 만드는 나라인 것 같아요"라고 한 친구도 있었습니다.

모둠별로 책을 읽고 난 후 '인상 깊었던 장면과 그 이유'를 나누어 보았습니다. 각자 포스트잇에 생각을 작성한 후에 본인이 쓴 것을 보며 이야기를 할 수 있도록 했습니다. 자기 생각을 이야기하는 것을 두려워하는 학생들도 먼저 의견을 정리할 시간을 주고, 정리한 종이를 보면서 이야기할 수 있도록 유도하면 편안하게 자기 생각을 공유할 수 있기 때문입니다. 학생들은 인상 깊었던 장면을 찾기 위해 한 번 더 책을 펼쳐 보고, 이유를 작성하기 위해 그림과 글을 더욱 자세히 보게 됩니다.

학생들이 꼽은 가장 인상 깊었던 장면과 그 이유를 적은 내용은 다음과 같습니다.

: 필레아스가 곤충망으로 잡은 낱말 세 개를 소중한 누군가를 위해 아껴두는 장면이 기억에 남는다. 그렇게 하더라도 낱말 찌꺼기에 불과하겠지만, 소중한 사람에게 어떠한 말이라도 하고 싶은 게 느껴져서이다.

: 마지막에 필레아스의 남은 마지막 말 '한 번 더'가 인상 깊었다. 왜냐하면 자신의

마지막 남은 낱말을 시벨에게 말하는 것에서 필레아스의 시벨에 대한 진정한 사랑이 느껴졌기 때문이다.

: 낱말을 사서 먹어야 말을 할 수 있는 게 인상 깊었다. 왜냐하면 우리가 당연히 하는 말을 돈을 주고 해야 하기 때문이다.

: 가난한 사람들이 쓰레기통을 뒤지는 모습. 어떻게든 말을 하고 싶은 마음을 가지고 쓰레기통을 뒤지는 것이 가슴에 와 닿았다.

: 글씨가 많은 사람들과 글씨가 없는 사람들이랑 같이 섞여 있는 장면이다. 이유는 글씨가 돈을 나타내는 거 같아서이다.

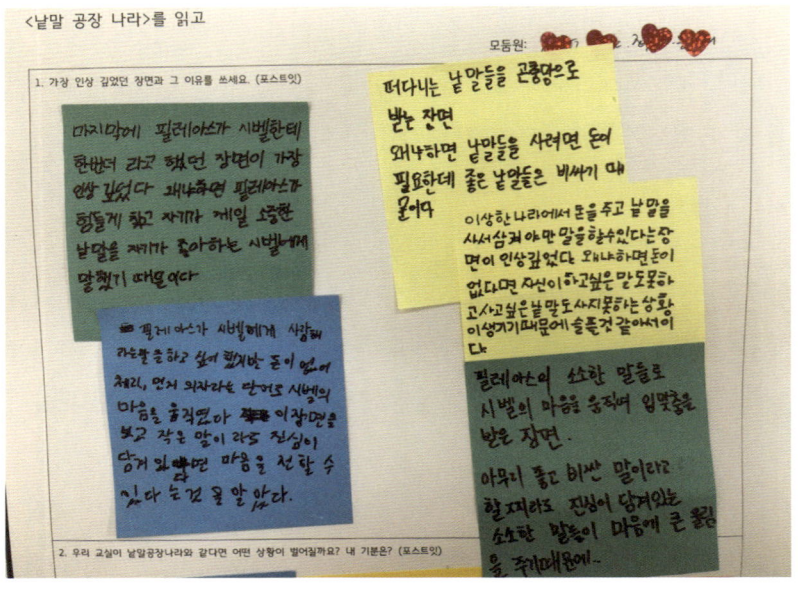

교실 상황과 연결하기

책을 읽고 난 후 그림책과 교실 상황을 연결해보는 활동을 했습니다. 첫 번째 질문은 '우리 교실이 낱말 공장 나라와 같다면 어떤 상황이 벌어질까?' 입니다. 책 내용에 감정을 이입하여 어떤 상황이 벌어질지, 내 기분은 어떨지, 나라면 어떤 낱말을 사고 싶은지에 관해 이야기해보도록 했습니다. 이를 통해 말하기의 소중함을 느낄 수 있도록 유도했습니다. 앞에서 인상 깊었던 장면을 찾을 때와 마찬가지로 포스트잇에 각자 생각을 쓴 후 이야기를 나누었습니다.

다음은 학생들의 답변입니다.

- : 애들이 말을 조심조심할 거 같다. 하고 싶은 말을 못 해서 답답할 거 같다.
- : 말을 못 하기 때문에 교실에서 욕은 안 나올 것 같다.
- : 우리 교실이 낱말 공장 나라 같다면, 돈이 많은 애들은 말을 많이 하고 돈이 없는 애들은 말을 못 해서 매우 불편할 거 같다.
- : 말을 많이 하지 못해서 친구들과 관계가 서먹해질 거 같다.
- : 말을 하려면 돈이 들기 때문에 하고 싶은 말을 하지 못해서 정말 답답할 거 같다. 돈이 생겨서 말을 할 수 있는 기회가 생기면 다들 좋은 말들을 사서 말을 할 거 같다. 돈을 들여서 욕을 사거나 쓸모없는 말을 사지는 않을 거 같기 때문이다.
- : 말이 정말 소중하게 느껴질 것 같다. 돈이 있어야 말을 할 수 있기 때문에 필레아스처럼 나도 교실에서 친구들한테 말을 할 때 이상한 말을 못 하고 정말 꼭! 해야 하는 말만 할 것이다.

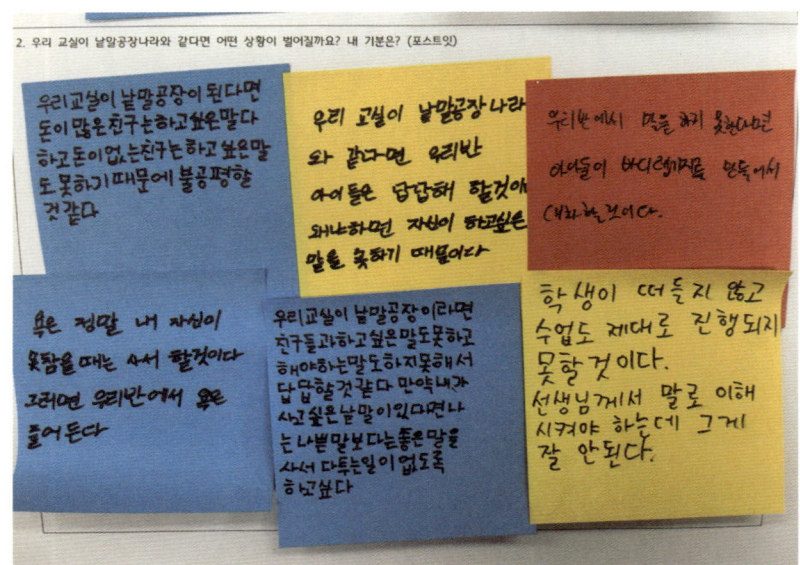

두 번째 질문은 '낱말이 가진 가치가 각각 다른 것인가? 그렇다면 가치가 비싼 낱말(가치가 있는 낱말)과 싼 낱말(가치가 적은 낱말)의 기준은 무엇일까?' 입니다. 낱말 공장 나라에서는 어떤 낱말은 비싸고 어떤 낱말은 싼 것으로 분류가 되었습니다. 그래서 비싼 낱말들은 부자만 쓸 수 있었고, 가난한 사람들은 쓰레기통을 뒤져서 낱말을 찾지만 쓸데없는 낱말이거나 말 찌꺼기뿐이었습니다.

그림책에서 나온 낱말의 가격 기준에 대해 생각을 하며 이야기를 나누었습니다. 학생들이 찾은 낱말 가격의 기준은 의미가 있고 감정을 표현할 수 있는지 없는지였습니다. 필레아스가 살 수 없었던 '사랑해'라는 낱말과 봄이 되면 싸게 파는 '복화술사', '등나무' 같은 낱말, 공장 굴뚝에서 나오는 낱말들의 차이점에서 추론을 했습니다.

세 번째 질문은 '지금 우리 교실에서 흘러넘치는(쉽게 주울 수 있는) 말은?' 입니다. 각자 펜을 들고 활동지에 자유롭게 쓰도록 했습니다. 실제 교실에서 가장 많이 쓰는 단어나 말을 쓰게 했기 때문에 욕이나 비속어, 줄임말 등을 써도 된다고 했습니다. 지금 우리 교실의 언어 실태는 어떤지 학생들이 직접 눈으로 확인하게 하고 싶었기 때문입니다. 이후 우리 교실에서 흘러넘치는 말들을 비싼 것과 싼 것으로 분류했습니다. 비싼 것(가치

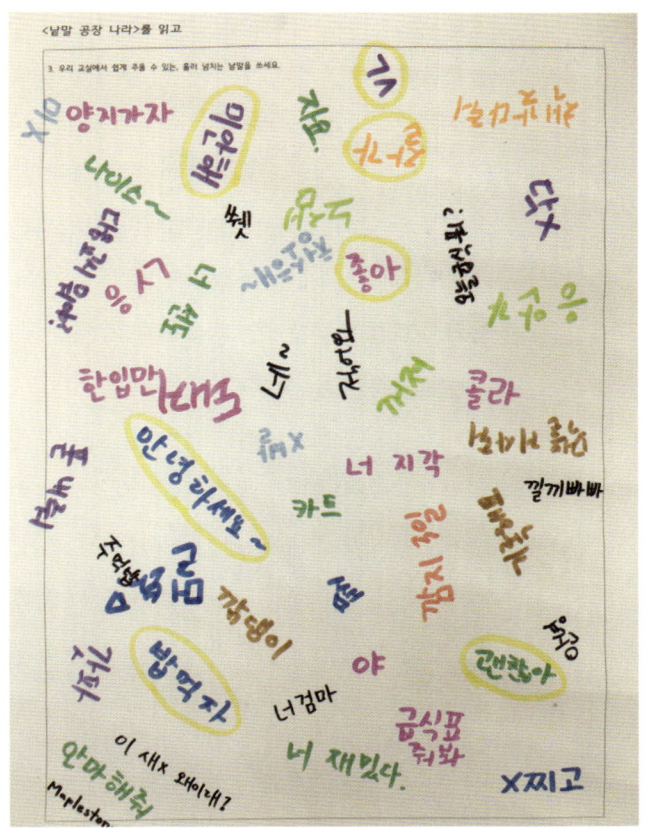

있는 것)에는 동그라미를 치게 했습니다. 이 과정에서 학생들은 어떤 말들이 의미가 있고 자신의 감정을 적절하게 표현을 하는 것인지 서로 토론을 하며 비싼 단어들을 골랐습니다. "와, 싼 것밖에 없어요!"라고 하는 모둠이 대부분이었습니다.

워드 클라우드

교실에서 쓰는 말들의 실태를 확인한 후 우리 교실에서 흘러넘치길 바라는 비싼 낱말을 워드 클라우드로 표현하는 모둠 활동을 했습니다.

워드 클라우드란 문서의 키워드, 개념 등을 직관적으로 파악할 수 있도록 핵심 단어를 시각적으로 돋보이게 하는 기법입니다. 예를 들면, 많이 언급될수록 단어를 크게 표현해 한눈에 들어올 수 있게 하는 기법 등이 있습니다. 주로 방대한 양의 정보를 다루는 빅데이터(big data)를 분석할 때 데이터의 특징을 도출하기 위해 활용됩니다.[26]

활동을 하기 전에 워드 클라우드를 설명하고 예시를 보여주었습니다. 최근 특정 주제의 SNS 등에서 자주 언급되는 단어를 강조해 표현하거나 대통령 선거 당시 후보자들이 자주 사용한 단어들을 도드라지게 표현할 때 워드 클라우드가 사용된 만큼, 활용할 수 있는 예시는 많이 있습니다.

모둠별로 우리 교실에서 강조하고 싶은 낱말들을 우선 20개 선별하도록 했습니다. 토론을 통해 가장 중요하고 가치 있는 단어들을 뽑아 핵심

---

26 [네이버 지식백과] 워드 클라우드 (시사상식사전, 박문각)

3장. 그림책으로 해결하는 갈등과 문제

단어는 크게 표현하고 나머지 단어들은 주변부에 배치하도록 안내했습니다. 또한 워드 클라우드의 모양을 핵심 단어를 나타낼 수 있는 형태로 배치하도록 지도했습니다.

활동을 끝낸 후 모둠별 결과물을 붙여 놓아 다른 모둠의 결과물을 볼 수 있게 했습니다. 갤러리워크 활동을 통해 다른 모둠은 어떤 낱말들을 선정했는지를 볼 수 있도록 했습니다.

긍정소통맨 찾기[27]

이 단계에서 활동을 끝낼 수도 있었지만, 실제로 모둠별로 선정한 낱말들을 교실에서 아이들이 활발히 사용할 수 있는 환경을 구성하기 위해 하나의 활동을 추가했습니다. 빙고 게임을 통해서 '우리 반 긍정소통맨 찾기'를 했습니다. 16개의 빙고 칸을 작성 후 칸마다 해당하는 친구의 이름을 적고 빙고 게임을 통해 긍정소통맨을 찾는 게임입니다.

모둠별 워드 클라우드 결과물을 갤러리워크 활동을 통해 살펴보고 나서 공통된 낱말 16개를 찾습니다. 그리고 일주일 동안 16개의 낱말을 쓰기로 약속하고 일주일 후에 가장 많이 쓴 친구를 찾습니다. 학생들이 의식적으로 또는 억지로라도 욕설을 줄이고 예쁜 말 들을 사용하도록 한 것입니다. 일주일 동안 칠판 옆 게시판에 낱말을 게시하여 오가며 학생들이 계속 보고 생각을 할 수 있게 했습니다. 물론 제가 지나갈 때 일부러 예쁜 말을 소

---

27 함께 하는 행복한 진로 수업 카페(http://cafe.daum.net/happyjinroclass) 에스프레소맨 찾기 활동을 변형 활용함

리 높여 이야기하는 학생들도 있었지만, 오히려 그런 모습이 귀엽기도 했습니다. 긍정적인 언어 사용 캠페인과 같은 효과가 있었습니다. 일주일 후에 빙고 게임을 통해 긍정소통맨을 찾고 긍정소통맨으로 선정된 친구에게는 칭찬하는 말과 함께 작은 보상을 주었습니다.

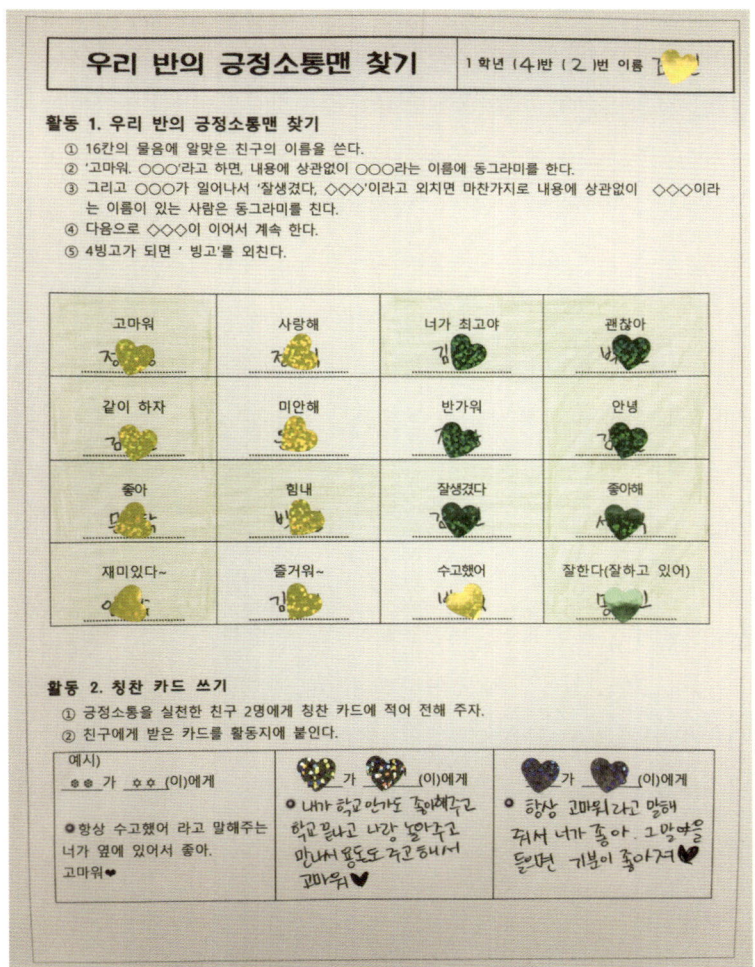

더 나은 활동을 위한 도움말

책을 읽고 활동을 할 때는 학생들에게 생각할 거리를 많이 주는 질문을 하는 것이 중요합니다. 스스로의 언어 습관을 돌아볼 수 있도록 자신의 언어 습관 중 고치고 싶은 것이 있는지를 찾아내어 계속 질문을 하면 효과적입니다. 내가 사용하는 낱말 중에 쓸데없는 말이 있는지, 말 찌꺼기가 너무 많은 것은 아닌지, 특히 남에게 상처 주는 말, 부정적인 낱말이 많지는 않은지, 다른 사람을 배려하는 말, 사랑과 감사를 표현하는 말을 사용하는지, 소중한 누군가에게 진심으로 말을 하고 있는지 등과 관련하여 질문을 합니다.

워드 클라우드 활동은 직접 그려도 되지만, 만들 수 있는 프로그램이 많이 있기 때문에 적절히 활용하는 것이 좋습니다. 워드 클라우드를 모둠별로 만들 때는 핵심 단어(어휘)를 충분한 토의를 거쳐서 정해야 합니다. 중요한 단어는 크게 먼저 쓰고 나머지 단어들로 채우라고 알려주면 학생들이 조금 더 쉽게 접근할 수 있습니다. 그러지 않으면 규칙이나 두서없이 글을 채울 수 있기 때문에 워드 클라우드의 장점이 충분히 드러나지 않습니다. 구름이나 원 모양으로 워드 클라우드를 만들 수도 있지만, 주제가 잘 드러나도록 모양을 정하도록 하면 더 좋습니다. 우리 반에서 나왔으면 하는 말들이기 때문에 반의 숫자로 나타내거나, 말이기 때문에 입 모양으로 표현하기도 하고, 아름다운 말을 먹고 자란 푸른 나무라는 의미를 담아 나무 모양으로 구성하는 등 모둠별로 창의적인 아이디어를 사용한 사례를 엿볼 수 있습니다.

함께 읽으면 좋은 그림책

- 『**가시소년**』, 권자경 글, 송하완 그림, 리틀씨앤톡, 2012
- 『**마음에 상처 주는 말**』, 엘리자베스 베르딕 글, 마리카 하인렌 그림, 마술연필 옮김, 보물창고, 2016
- 『**나쁜 말이 불쑥**』, 오드리 우드 글, 돈 우드 그림, 천미나 옮김, 책과콩나무, 2012

4. 협력하지 않는 모둠학습

『무지개 물고기』

마르쿠스 피스터 글·그림, 공경희 옮김, 시공주니어, 1994

"선생님, 이번 수행평가도 모둠 평가예요?"

우리 반에서 공부를 아주 잘하는 학생이 저에게 물어옵니다.

"그런데 선생님, 저 지난번에도 누구랑 같은 모둠이어서 손해를 많이 봤어요. 이번에는 꼭 다른 아이랑 모둠이 되게 짜 주세요."

'아니 이런 개인주의자 같으니라고! 성적이 다가 아니란다' 하고 타이르고 싶었습니다. 하지만 그동안의 모둠학습에서 다른 아이들의 몫까지 하느라 고생했던 걸 알기에 그럴 수 없었습니다.

그러고 보면 이 학생 하나만의 문제는 아니었습니다. 모둠을 짤 때마다 나오는 환호와 탄식, 그 안에서 상처받는 아이들의 모습을 너무나 많이 보았습니다. 이끔이, 쩍쩍이, 기록이, 챙김이로 역할도 분담해보고 성적에 따라 편성해보기도 했지만, 모두가 만족할 수는 없었습니다. 공부를 잘하는 학생들은 자신이 손해를 본다는 생각에 개별학습을 선호하는 경향을 보였습니다. 성적이 낮은 학생들은 모둠학습을 선호하긴 했지만, 자신감이 없어서인지 무기력하게 앉아만 있거나 잡담을 하기 일쑤였습니다. 어려운 공부를 함께하여 쉽고 재미있게 배우자는 모둠학습이 아이들을 더 이기적으로 만들거나, 더 상처받고 의기소침해지게 만드는 것은 아닐까 하는 고민이 계속되었습니다.

그래서 모둠학습을 시작하기 전에 우리가 왜 모둠학습을 하는지를 함께 생각해보는 시간을 갖기로 했습니다. 함께 공부하는 이유를 깨닫는다면 모둠학습에 임하는 학생들의 마음가짐이 자연스럽게 달라질 테니까요.

마르쿠스 피스터의 『무지개 물고기』는 나눔의 기쁨과 함께하는 즐거움을 깨닫게 해주는 그림책입니다. 수업에서 모둠학습을 하는 이유는 학습 목표를 효율적으로 달성하고 활력 넘치는 수업 분위기를 만들기 위해서이기도 하지만, 무엇보다 느리더라도 함께 배우고 성장하는 기쁨을 느끼게 하는 것에 있지 않을까요?

모둠학습의 기쁨과 즐거움을 깨닫게 해주는 그림책 『무지개 물고기』를 소개합니다.

『무지개 물고기』 열어보기

마르쿠스 피스터는 독특한 기법으로 아름다운 그림을 그리는 작가입니다. 스위스 베른에서 살고 있는 그는 『잠꾸러기 부엉이』를 시작으로 『무지개 물고기』 시리즈, 『펭귄 피트』 시리즈처럼 동물을 주인공으로 한 그림책을 많이 창작했습니다. 그의 이야기에는 우정, 나눔의 기쁨, 모험과 사랑 등 아이들이 성장하면서 꼭 배워야 할 소중한 가치들이 담겨 있습니다.

1994년에 출간된 『무지개 물고기』는 많은 학생이 어릴 때 읽어본 적이 있는 베스트셀러입니다. 그런 만큼 교실에서 이 책을 소개하면, 학생들은 반가워하며 자신이 언제 이 책을 접했는지 조잘조잘 즐겁게 이야기를 시작합니다.

표지에는 홀로그램 기법으로 오색찬란하게 반짝이는 물고기가 그려져 있습니다. 물고기는 살짝 미소를 머금고 푸른 바다를 유유히 헤엄치고 있습니다. 학생들은 예쁜 그림에 홀린 듯이 시키지 않았는데도 책장을 넘기기 시작합니다. 이토록 어여쁜 물고기에게 무슨 일이 일어난 걸까요?

깊고 푸른 바닷속에 아름다운 물고기 한 마리가 살고 있었습니다. 다른 물고기들은 그 아름다움에 감탄하며 '무지개 물고기'라는 이름을 붙여 주었습니다. 다른 물고기들은 감탄과 부러움의 눈빛으로 무지개 물고기를 쳐다보았지만, 무지개 물고기는 전혀 어울리려 하지 않고 잘난 체하며 지나가기만 했지요. 그러던 어느 날, 파란 꼬마 물고기가 무지개 물고기에게 반짝이 비늘을 하나만 달라고 부탁합니다. 자신이 가장 아끼고 자랑스러워하는 반짝이 비늘을 달라니. 화가 난 무지개 물고기는 버럭 소리를 지르며 단호하게 거절했습니다. 파란 꼬마 물고기는 너무 속이 상했고, 이 일을 들은 다른 물고기들은 이제 아무도 무지개 물고기와 놀려고 하지 않았습니다.

이제 무지개 물고기는 온 바다에서 가장 쓸쓸한 물고기가 되었습니다. 무지개 물고기는 자신의 아름다움에 아무도 감탄해주지 않자 우울해졌습니다. 무지개 물고기는 조언을 얻기 위해 깜깜한 동굴에 사는 문어 할머니를 찾아갔습니다. 그런데 문어 할머니는 반짝이는 비늘을 친구들에게 나눠주라는 말만 남기고는 획 사라졌습니다.

무지개 물고기는 반짝이 비늘을 나눠주고도 자신이 행복할 수 있을지 확신할 수 없었습니다. 그때 파란 꼬마 물고기가 살랑살랑 물결을 일으키며 무지개 물고기 곁으로 다가왔습니다. 두 물고기는 처음으로 눈을 마주하고 같은 눈높이에서 대화를 나누었습니다. 무지개 물고기는 기뻐하는 꼬마 물고기를 보며 나눔의 행복을 느끼게 되었습니다. 무지개 물고기는 다른 물고기들에게도 반짝이 비늘을 하나씩 나눠주었고, 그 덕분에 온 바다는 반짝임으로 가득해졌습니다. 반짝이 비늘 대신 친구라는 더 소중한 보물을 얻은 무지개 물고기는 이제 온 바다에서 가장 행복한 물고기가 되었습니다.

나의 재능 찾기

그림책을 읽고 학생들은 자신의 것을 나누고 함께하면 더 행복해진다는 교훈을 얻었다고 말했습니다. 어릴 때는 불쌍한 꼬마 물고기의 편이었는데, 이번에 읽다 보니 몸의 일부인 비늘을 떼어주는 무지개 물고기가 대단하게 느껴진다는 말도 했습니다. 하지만 학생들은 무지개 물고기처럼 자신의 것을 공동체 안에서 나눠야 한다는 생각은 하지 못했습니다. 나눔은 공부를 아주 잘하거나 무언가를 많이 가진 사람들이 해야 한다고 생각했습니다.

우선 학생들에게 오늘 이 그림책을 함께 읽은 이유는 모둠학습에 관한 이야기를 나눠보기 위해서라고 말해주었습니다.

"선생님이 이 그림책을 여러분과 함께 읽은 이유는 우리의 모둠학습에 관해 이야기해보기 위해서예요. 무지개 물고기가 반짝이 비늘을 혼자 가지고 있을 때는 아름답긴 했지만 행복하지는 않았어요. 나누어 가졌을 때 행복해졌죠. 그리고 온 바다가 반짝반짝 아름다워졌어요. 우리의 재능도 마찬가지입니다. 여러분은 모두 하나 이상씩의 재능을 가지고 있어요. 우리 모두가 자신의 재능을 모둠학습에서 나누고 발휘한다면, 모둠학습은 훨씬 즐겁고 행복한 일이 될 거예요."

고개를 끄덕이는 학생들도 있었지만, 자신은 그 어떤 재능도 없다는 듯한 표정으로 앉아 있는 학생들도 있었습니다. 첫 번째 활동으로 모둠학습에 도움이 될 수 있는 자신의 재능을 찾아보기로 했습니다. 4절지를 모둠원의 수만큼 조각낸 뒤에 각자 자신의 재능을 생각나는 대로 적어 보았습니다. 모둠학습이나 학교생활에서 자신이 재능을 발휘한 경험이 있다면

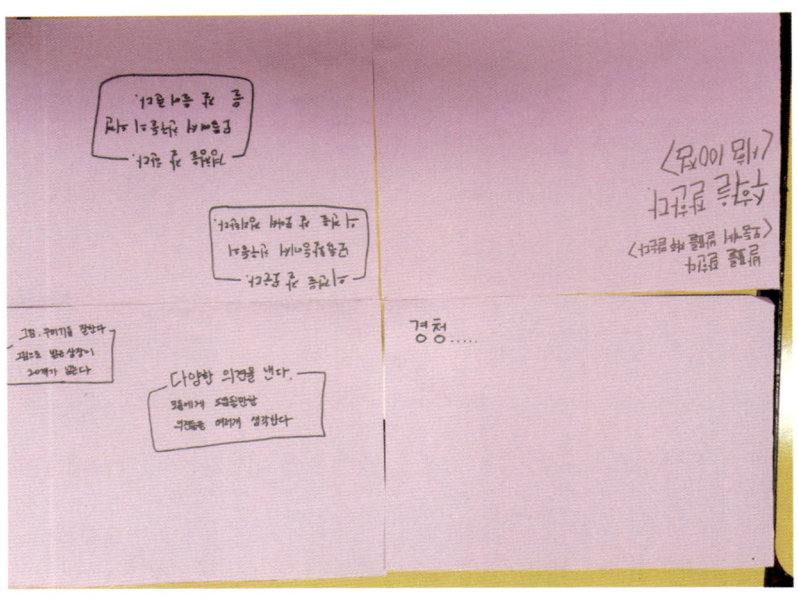

한두 줄 정도 덧붙여 쓰도록 했습니다.

아이들은 잠시 고민하다가 '친구들의 의견을 집중해서 잘 들어준다', '모둠 활동에서 친구들의 의견을 잘 모아서 정리한다', '아이디어가 많은 편이라 모둠에 도움이 될 만한 의견을 생각해낸다', '그림을 잘 그리고 꾸미기를 잘해서 상을 많이 받았다', '모둠을 대표해서 발표하는 일을 자주 맡는다', '글씨를 잘 써서 모둠 활동지 작성을 맡을 때가 많다' 등의 내용을 적었습니다. 하지만 예상대로 몇몇 학생은 자신의 재능을 찾지 못해 결국 종이를 채우지 못했습니다. 아무리 생각해도 자신은 잘하는 것이 없고 재능을 발휘한 경험은 더더욱 쓸 것이 없다고 말입니다.

우리의 재능 찾기

자신의 재능을 찾지 못한 학생들에게 좀 더 고민할 시간을 주고 재능에 대한 생각의 폭을 넓힐 수 있도록 유튜브에서 찾은 영상을 하나 보여 주었습니다. 그리고 학생들에게 이 영상을 보는 동안 자신의 모둠에서 빈칸을 채우지 못한 친구에게 어떤 재능이 있는지 모둠에서 함께 고민해달라고 했습니다.

'토끼와 거북이 신버전'[28]은 토끼와 거북이의 경주에서 거북이가 이긴 원래 이야기의 이후를 상상해서 만든 이야기입니다. 경주에서 진 토끼는 거북이에게 재경기를 제안했고, 이번에는 부지런히 달려 큰 차이로 거북

---

28   https://www.youtube.com/watch?v=pazQkoyrR1U&t=14s

이를 이깁니다. 경주에서 진 거북이가 또다시 토끼에게 재경기를 제안했고, 이번에는 '물'이라는 달라진 경주코스를 설계해서 여유만만하게 토끼를 이깁니다. 세 번의 경기를 통해 서로의 장단점을 알고 이해하게 된 토끼와 거북이는 색다른 경주를 계획합니다. 바로 둘이 한 팀을 이뤄 땅과 물이 있는 코스를 달리는 것이었습니다. 토끼와 거북이는 각자의 재능을 십분 발휘하여 혼자서는 절대 불가능한 놀라운 기록을 세우고 전에는 느끼지 못했던 큰 만족감을 경험합니다.

  이 영상의 교훈은 협력의 효과와 가치입니다. 모둠학습의 시너지 효과를 설명하기에도 좋았지만, 저는 '물'과 '땅'이라는 경주코스에 주목했습니다. 토끼와 거북이는 환경에 따라 능력자가 될 수도 패배자가 될 수도 있다는 점을 학생들에게 강조해 주었습니다. 학생들은 모둠학습에 필요한 재능이 쓰기, 발표하기, 경청하기 등과 같이 지금 당장 교실에서 눈에 띄는 것이라고 생각하고 있었습니다. 학생들에게 지금 이 교실 환경을 벗어나 다양한 교과 시간, 운동장이나 컴퓨터실 같은 다양한 공간에서 발휘되는 재능을 더 생각해보자고 했습니다. 컴퓨터나 휴대폰과 같은 다양한 도구를 다루는 데 필요한 재능도 있다고 말해 주었습니다.

  '너 달리기 잘하잖아', '저번에 UCC 찍을 때 연기 잘하더라', '너는 학용품 잘 빌려주는 게 장점이야' 라며 학생들은 함께 고민해서 친구의 재능을 찾아주었습니다. 그리고 자신의 재능도 추가해서 적었습니다. 생각해보니 자신의 재능이 더 있었는데 아까는 생각이 나지 않았다면서 말이죠. '잘 웃어서 모둠의 친구들이 즐겁게 활동할 수 있도록 한다', '공을 좋아해서 체육 시간에 열정적으로 참여한다', '목소리가 커서 떠들 때 조용히 시키는 것을 잘한다', '기억력이 좋아서 외우는 게임을 잘한다', '사진을

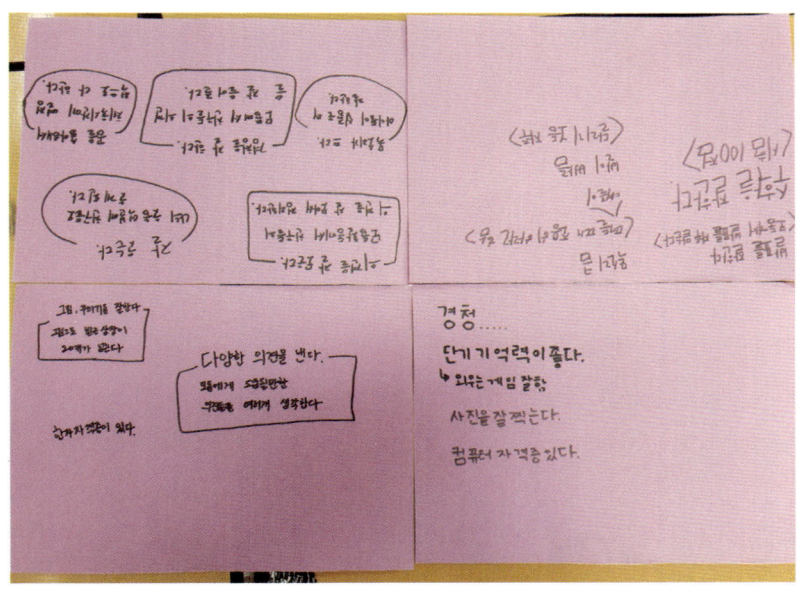

잘 찍는다' 등 다양한 재능이 추가되었습니다. 이 영상을 보고 난 뒤 아이들은 수업 환경을 교실뿐 아니라 음악실, 운동장, 미술실, 휴대폰 속, 컴퓨터 속으로까지 확장해서 생각했습니다. 종이 위에 하나씩 하나씩 적히는 재능들을 보다가 "어? 나도 그거 잘해" 하며 자신의 재능을 발견하는 학생도 있었습니다.

학생들은 자신의 재능을 쓰고, 재능을 발휘한 경험을 자연스럽게 나누면서 조금씩 자신감을 찾아갔습니다. 사소하고 하찮은 것이라 여겼던 자신의 재능이 종이 위에 가시화되고 구체적 경험을 통해 친구들에게 인정을 받았기 때문입니다.

나의 재능 설명서 만들기

재능 찾기 활동을 통해 각자의 재능을 발견했다면, 이번에는 모둠학습을 할 때 자신이 가진 재능을 아낌없이 나누겠다는 마음을 담은 '나의 재능 설명서'[29]를 만들어보기로 했습니다. 그림책으로 동기 부여가 된 지금이야 모둠학습에 열심히 참여하겠다고 하지만, 학교생활을 하다 보면 그 마음은 온데간데없이 사라질 것이 분명하기 때문입니다. 학생들이 만든 '나의 재능 설명서'를 교실 뒤 게시판에 붙여 두고 볼 때마다 모둠학습에 적극적으로 참여하겠다는 마음을 되새기도록 했습니다.

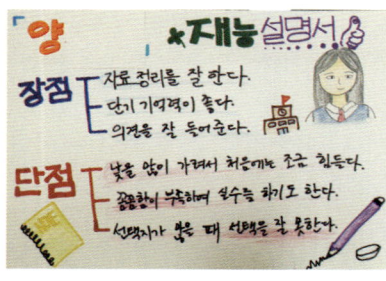
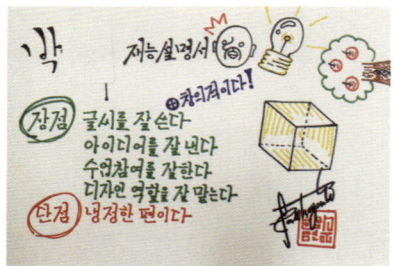
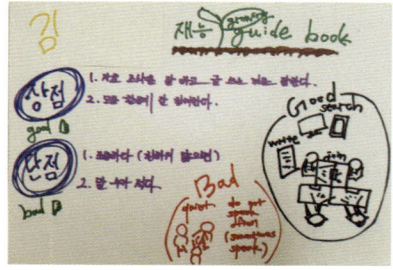
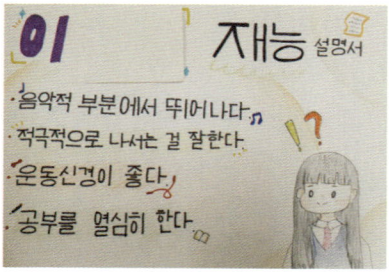

---

[29] 서준호(2016), 『6학년 담임해도 괜찮아!』, 지식프레임. 새 학기 첫 만남에서 자신을 소개하는 활동 '나 사용 설명서'에서 아이디어를 얻음.

'나의 재능 설명서'에는 자신의 잘하는 것과 못하는 것을 모두 적도록 했습니다. 성격 면에서도 모둠의 친구들이 알아두면 좋은 점들은 무엇이든 써도 좋다고 했습니다. 욱하는 성격이나 낯가림이 심한 성격은 미리 알고 있으면 서로 이해하고 도와줄 수 있으니까요.

완성된 설명서는 교실 뒤편 게시판에 붙여뒀다가 모둠에서 자신을 소개하는 자료로 활용했습니다. 학급에 들어오시는 교과 담당 선생님들께도 모둠을 새로 짤 때 활용하시라고 알려드렸습니다. 새로운 모둠으로 활동을 시작할 때 자신의 재능 설명서를 가지고 소개하면 훨씬 부드러운 분위기에서 역할 분담을 할 수 있게 됩니다.

재능 물고기 만들기

『무지개 물고기』의 마지막 장면에는 무지개 물고기가 나누어준 반짝이 비늘로 온 바다가 반짝임으로 가득해졌다는 내용이 나오는데, 학생들은 이 부분에서 감동을 받습니다. 그래서 마지막 활동으로 우리 반의 재능 물고기를 만들어 보았습니다.

반 학생들 모두가 자신이 나눌 수 있는 재능을 한 가지씩만 색종이에 적어 커다란 무지개 물고기를 완성하게 했습니다. 모두가 나누어 가진 반짝이 비늘로 온 바다가 찬란하게 빛났던 것처럼 학급 아이들의 재능을 모아 아름다운 무지개 물고기를 만들면 학생들은 모둠학습의 가치를 시각적으로 느낄 수 있게 됩니다.

이 활동을 준비하면서 혹시 학생들이 유치하다고 하지는 않을까 조금

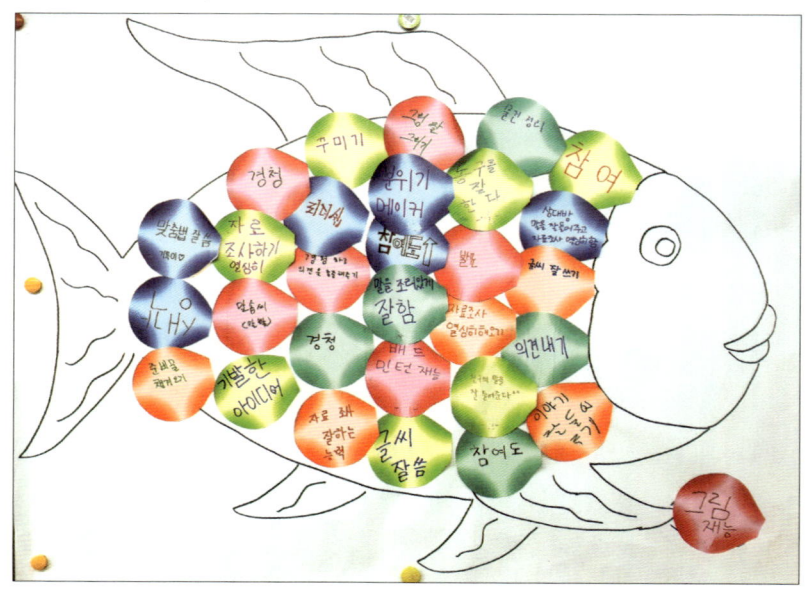

　걱정을 하기도 했는데 의외로 학생들은 이 활동을 매우 좋아했습니다. 칠판에 부착된 물고기 그림에 한 명씩 나와 자신의 재능을 적은 비늘을 붙였습니다. 붙일 때마다 모든 학생이 '오오~! 리더십!' 하며 한목소리로 감탄해 주었습니다. 누가 어떤 재능을 적었는지에도 관심이 많았습니다. 드디어 모두의 재능이 모여 커다란 무지개 물고기가 완성되었을 때 학생들은 예쁘다며 아주 좋아했습니다.

　새로운 모둠이 꾸려질 때 학생들은 잘하든 못 하든 자신이 맡게 될 역할에 크게 부담을 느낍니다. 교사가 치밀하게 계획한 역할 분담을 제시하기 전에 학생끼리 자신의 재능을 소개하고 역할을 나눠본다면 어떨까요? 학생 스스로 자신의 재능에 적합한 역할을 찾을 수 있도록 시간을 준다면 모둠학습에 임하는 책임감도 더 강해질 것입니다. 그림책 『무지개 물고기』

가 모든 학생의 재능이 반짝이는 모둠학습을 준비하는 데 도움이 되길 바랍니다.

더 나은 활동을 위한 도움말

모둠학습을 위한 활동인 만큼 학생들의 의욕이 충만한 3월에 실시해도 좋고, 친구들의 재능을 어느 정도 파악한 다음에 해도 좋습니다. 학생들의 재능 설명서는 학부모 총회 때 부모님들과 아이들의 이야기를 편안하게 시작할 수 있는 계기가 되기도 합니다.

재능 찾기 활동에서는 큰 종이를 사용하는 것이 좋습니다. 글씨가 커야 모둠 친구들과 공유하기도 좋고 자연스럽게 내용과 관련된 이야기를 할 수 있습니다. 또 자신의 재능을 큼직하게 적으면서 자신감도 생길 수 있습니다.

재능 설명서는 교과 선생님들게도 활용하시라고 꼭 말씀해주세요. 자신의 재능을 반복해서 소개하면서 학생들은 자신감과 책임감을 느낍니다. 재능 설명서는 학기별로 한 번씩 만들면 좋습니다. 학생들은 계속해서 성장하기 때문에 재능이 늘어날 수 있으니까요. 새롭게 발견한 자신의 재능을 재능 설명서에 추가하도록 하면 됩니다.

학급의 재능 물고기를 만들 때는 비늘에 적힌 글자가 다 보일 수 있도록 큰 종이를 사용하는 것이 좋습니다. 학 접는 종이를 오려서 비늘을 만들면 글자도 잘 보이고 더 예쁘게 만들 수 있습니다.

함께 읽으면 좋은 그림책

- 『텅 빈 냉장고』, 가예탕 도레뮈스 글·그림, 박상은 옮김, 한솔수북, 2015
- 『농장을 부탁해』, 리다 디야스트라 글, 노엘 스미트 그림, 강형복 옮김, 키즈엠, 2013
- 『점과 선이 만나면』, 베로니크 코시 글, 로랑 시몽 그림, 김유진 옮김, 국민서관, 2014

5. 주변을 살피지 못하고 문제를 일으키는 아이

『안돼』

마르타 알테스 글·그림, 이순영 옮김, 북극곰, 2012

　조·종례 분위기를 좋게 만들기 위한 것에는 많은 것이 있는데 그중에서 제가 소개하고 싶은 것은 '주변 돌아보기'입니다. 우리 교사들은 다양한 학생들을 만납니다. 많은 학생을 만나고 겪다 보면 노하우가 생기기 마련입니다. 그런데 참 독특한 학생을 만나면, 지도에 곤란을 겪을 때가 왕왕 있습니다. 어떻게 하는 게 최선인지 잘 모를 때가 있어 주변 선생님들께 조언을 구해보지만, 방법을 찾기가 쉽지 않습니다.

　학급에서 조·종례 시간에 교사의 전달사항 중 끼어들어 자신의 생각을 아무렇지 않게 쏟아내고 나 몰라라 하는 학생이 있었습니다. 아직 정돈되지 않고 소란스러운 상황에서 선생님과 학급을 위한다는 명목으로 "조용히 해! 시끄럽잖아!"라며 큰 소리로 학급 분위기를 제압하는 학생도 있습니다(제일 큰소리로 떠드는 학생이 그렇게 할 때가 많죠). 그리고 보란 듯이 큰소리로 하품을 하거나 관련 없는 말들을 하여 전달 시간을 방해하는 학생도 있습니다.

이런 학생의 경우 야단을 치거나 좋게 타이른다고 좋아지지 않습니다. 과한 행동이라 여겨지면 그 자리에서 행동을 자제해줄 것을 지도하지만, 그 학생들은 '알았다'고 성의 없게 대답하거나 아니면 다시 똑같은 행동을 반복해서 보이곤 합니다. 이런 경우 개별적으로 불러서 지도하게 되는데요. 개별 상담을 요청하면 학생이 부담감을 갖기 때문에 불편한 상황에서 지도가 이루어지게 되고 학생은 상황을 빨리 모면하기 위해 그와 같은 행동을 삼가겠노라 쉽게 약속을 합니다. 문제는 지도 후 일시적인 효과로 끝난다는 것입니다. 교무실 문을 나가는 동시에 그 사실을 잊는 경우도 있고 처음에는 조심하는 모습을 보이다가 또 똑같은 행동을 반복하는 경우도 많습니다. 학생이 본인의 문제점을 진심으로 받아들이려는 자세가 보이지 않아 속이 상합니다.

『안돼』라는 그림책을 보면서 그 학생들이 생각났습니다. 이 그림책으로 상담을 하면 진심으로 본인의 행동을 깊이 있게 느끼지 않을까 하는 생각을 하게 되었습니다. 그리고 학생에게 야단을 치거나 화를 내지 않아도 되니 좋은 분위기로 지도할 수 있겠다 싶었습니다. 그림책을 활용하면 편안한 분위기에서 지도가 이루어질 수 있고, 학생 스스로 생각할 기회를 줄 수 있습니다. 깊은 인상이 남는 경우 각인의 효과가 있어 즉각적인 행위의 변화가 생기지 않더라도 장기적으로 자신의 습관을 개선하려는 의지를 갖게 할 수 있습니다. 학생과 대립하지 않고 학생 스스로 가슴으로 느끼면서 자신의 행동을 반성하는 좋은 기회가 되었다고 생각하여 이 책을 소개하고자 합니다.

『안돼!』 열어보기

　소개할 그림책은 『안돼!』입니다. 2011년 볼로냐 국제 아동도서전에서 최고의 인기를 끌었다는 그림책의 리뷰를 보고 궁금하여 읽게 되었는데 보고 난 후 '와~~' 하는 감탄사가 절로 나왔습니다. 그림책 속 강아지의 표정과 행동을 보고 우리 학교 몇몇 남학생이 선명하게 머릿속에서 그려졌습니다. 어쩜 이리도 똑같을까? 천진난만한 행동을 하는 모습, 개구쟁이 같은 모습, 사랑받고 싶어 하는 모습 모두가요. 그리고 본인의 행동이 어떤지 전혀 알지 못한 채 온갖 사고를 치고 다니는 것까지도. 이 그림책은 글과 그림이 서로 반대 이야기로 전개되면서 재미가 증폭되는 대위법이 드러나 있어 '정말 잘 만든 그림책이구나'라는 생각이 들었습니다.

　책의 앞표지에는 강아지가 입에 꽃을 물고 '저 좀 보세요~. 저 잘했죠?' 하는 표정으로 두 발을 든 채 서 있습니다. 그런데 뒤표지를 보는 순간 화분이 엎어진 채 뒹굴고 있고 곧 '강아지가 그랬구나!' 라고 알게 됩니다. 화분을 쏟고 엉망으로 만들어 놓았지만, 천진난만한 표정으로 행복해하는 강아지를 보면 그냥 미소를 띠게 됩니다. 학교에서 엉뚱한 소리를 해서 분위기를 망치고도 반짝이는 눈망울과 천연덕스러운 표정으로 '선생님 저 좀 봐주세요~~' 하며 바라보는 학생들의 모습이 떠오릅니다.

　이 강아지는 '안돼'라는 강아지인데 자신이 정말 착한 강아지라고 믿고 있습니다. 그래서 가족이 자기를 좋아한다고 생각하지요. 그림 속 강아지의 표정이 '당연하지, 난 사랑받는 강아지야!' 라고 말하고 있는 것 같습니다. 학교에서 수업 중에 엉뚱한 말로 친구들을 웃기는 학생이 이와 같은 마음으로 한 게 아닐까 생각되는 장면입니다.

안돼 강아지는 자신을 이렇게 생각합니다. 가족을 더 빨리 갈 수 있게 해주고, 가족을 위해 미리 음식 맛을 봐주며, 보물을 찾아주기도 하고, 신문을 정리해주기도 합니다. 그림 속 강아지의 표정을 보면 '난 내가 너무나도 자랑스러워~' 하는 것 같지요. 가족을 위해 자신은 아주 많은 일을 하는 사랑스러운 강아지라고 생각합니다. 안돼 강아지의 표정은 그야말로 너무너무 행복합니다.

학급에서 이런 일이 있었습니다. 담임교사가 용의복장과 관련된 사항을 전달하는데 2학기 부반장으로 뽑힌 남학생이 갑자기 끼어들어 "그게 아니고 이건 이런 거예요"라며 '선생님이 잘못 알고 있으니 내가 바로 얘기해주겠어요' 라는 표정과 말투로 전달했는데 오히려 잘못된 사항을 말한 적이 있습니다. 선생님을 도와드리기 위해 부반장으로서 학급을 대표해서 얘기한 것이라며 자신의 행동을 매우 자랑스럽게 여겼습니다. 마치 그림책의 강아지처럼요. 하지만 담임인 저는 매우 곤란했습니다.

그런데 안돼 강아지의 행동을 유심히 살펴보면 자신이 좋아서 하는 것에 집중되어 있습니다. 주변을 보지 못하지요. 가족이 '안돼애애애애!' 라고 소리치는 것도 자기를 사랑해서 부르는 소리로 착각합니다. 안돼 강아지가 가족에게 애교 부리고 장난치고 놀 때 자신은 너무도 즐거운데 가족의 표정은 그렇지 못합니다. 가족의 표정을 잘 살펴야 합니다. 가족의 표정은 '지금 네 행동은 싫은데 차마 화를 낼 수가 없어' 라고 말하는 듯합니다. 안돼 강아지는 가족의 그런 마음을 왜 알지 못할까요?

이런 장면들을 보면서 저는 우리 학생들이 떠올랐습니다. 참 사랑스럽고 귀엽고 예쁜 학생들인데 반복되는 안 좋은 말과 행동에 대해서는 '어떻게 해야 하지?' 고민을 할 때가 많습니다. 타일러도 보고 훈계도 해보고 방법을 간구해보는데 습관적으로 반복하는 행동은 고치기가 참으로 힘이 듭니다.

이 그림책의 하이라이트는 안돼 강아지가 자신의 목에 걸려 있는 '뭉치'라는 이름표를 보며 이해할 수 없다는 표정을 짓는 장면입니다. 자신의 이름은 안돼인데 가족들이 왜 '뭉치'라는 이름표를 달아주었는지 알 수 없다는 표정을 하고 있습니다. 상대방을 이해할 수 없다는 단적인 표현인 듯싶습니다. 문제의 원인은 바로 이 부분이지요. 상대방을 이해하지 않겠다는 것입니다. 마지막 장면에서도 그것을 다시 한번 말해주는 것 같습니다. 더러운 발자국을 내며 걸어가서 자리를 잡고 누워 쉬는 장면으로 끝을 맺습니다. 이 강아지는 주변을 살피거나 이해하지 않고 끝까지 자신이 편한 대로 행동을 하지요. 어떻게 보면 상대방이 무엇을 좋아하는지 어떻게 해주길 바라는지에 전혀 관심이 없는 듯 보입니다.

학교 현장에서 지도가 필요한 아이들을 보면 아이가 나빠서가 아니라 상대방을 이해하지 못하거나 상황을 잘 판단하지 못하는 경우가 있습니다. 대인관계능력과 의사소통능력이 얼마나 중요한지를 알게 해주는 그림책인 것 같습니다. 이러한 상황이 발생했을 때 학생과 그림책으로 소통하게 되면 학생은 강아지의 행동이 가족에게 어떤 불편함을 주는지 가족의 표정을 보며 깊이 공감하게 됩니다.

그림책 보며 감정카드 놀이하기

조 · 종례 시간을 방해하는 학생이 있어 개별 상담을 요청했습니다. 이 학생은 선생님이 전달 사항을 말할 때 근거 없는 자신의 생각을 너무 자주 공개적으로 이야기했습니다. 사적인 것도 공공연하게 얘기하는 통에 조·종례 시간이 부족할 때가 많았습니다. 주변의 시선은 아랑곳하지 않습니다. 몇 번을 지적했지만, 소용이 없었습니다.

교무실에 온 학생은 긴장 어린 눈빛으로 저를 살폈습니다. 저는 학생에게 그림책을 내밀었습니다. 학생은 조금 긴장을 풀고 의아하다는 표정을 지었습니다. "한 번 읽어 볼래?"라고 했더니 "이거 수업시간에 할 거예요?"라고 묻습니다. 교과 시간에 가끔 그림책으로 수업을 한 적이 있어서 그렇게 생각했나 봅니다. "그건 아니고, 너에게 보여주고 싶어서"라고 말했습니다.

상황에 따라 학생이 혼자 읽을 수도 있고, 교사가 읽어줄 수도 있습니다. 이번에는 자연스럽게 학생이 스스로 집중해서 보았습니다. 그림책을 볼 때 그림을 눈여겨보면 좋다고 말해줍니다. 그리고 테이블에는 감정카드[30]를 펼쳐 놓습니다. 5분이 걸렸을까 학생이 다 읽었습니다.

"그림책 어땠어? 나도 이 그림책 정말 재밌게 봤는데~. 너랑 같이 보고 싶은 그림이 있는데, 이번엔 같이 볼까? 카드놀이도 하면서~"라고 말하며 학생의 동의를 얻어 활동을 이어 갔습니다.

감정카드를 사용하려고 한 이유는 이 그림책에서 학생과 나누고 싶은 핵심이 바로 상대방의 감정을 공감하는 것이었기 때문입니다. 감정카드를 활용하면 말을 잘 하지 않거나 표현하는 것을 꺼리는 학생도 쉽게 말문을 열 수 있는 장점이 있습니다. 하지만 감정카드가 없을 경우에도 교사의

---

30 감정카드 인싸이트 심리검사연구소 설명서를 활용함.

적절한 질문으로 자신과 상대방의 감정을 생각해보게 할 수 있으니 반드시 준비해야 하는 것은 아닙니다.

그림책의 앞표지를 보고 강아지의 기분은 어떤지 감정카드에서 찾아봅니다. 학생은 '신나는', '재미있는' 감정카드를 뽑았습니다. 이번엔 뒤표지를 보고 강아지가 엎어 놓은 화분을 보면 주인의 기분은 어떨지 카드에서 찾습니다. 학생은 '화가 난', '속상한' 감정카드를 뽑았습니다. 학생이 감정카드의 단어를 뽑았을 때 왜 그런 감정이 들었는지 물어봅니다. 이때 교사는 '아, 그런 감정이 들었겠구나!' 라는 등의 추임새를 넣어 학생의 말에 공감해주고 있다는 것을 알려줍니다.

그림책에서 강아지가 빨리 가는 장면, 음식 맛을 보는 장면, 보물을 찾는 장면, 몸치장을 하는 장면, 침대를 데워 놓는 장면, 신문을 정리하는 장면, 스스로 음식을 챙겨 먹는 장면, 빨래를 걷는 장면에서 강아지의 표정을 살피게 하고 강아지의 기분은 어땠을까를 카드를 활용해서 말하는 시간을 갖습니다. 그림을 보고 느낄 수 있도록 충분한 시간을 주면 좋습니다.

그리고 반대로 '내가 주인이라면' 그때 기분이 어땠을까를 말해보는 시간을 갖습니다(이 활동이 핵심입니다). 그림책 속 가족의 표정을 보면서 학생에게 상대방의 감정이 어떨지 생각해보게 합니다. 학생이 뽑은 카드는 '화가 난', '불쾌한', '괴로운', '걱정스러운', '귀찮은', '불편한'이었습니다. 감정카드를 사용하지 않았다면 상대방의 감정을 구체적으로 생각해보지 못했을 것입니다.

적절하게 기회를 보면서 질문을 합니다.
"가족이 강아지의 행동을 좋아하는 것 같니?"
"그런데 강아지를 왜 혼내지 않았을까?"

"가족은 강아지에게 어떻게 하고 싶었을까?"

"너라면 이런 강아지에게 어떻게 할 것 같니?"

학생 표정에서 뭔가 달라지는 것이 보이고 자신의 행동에 부끄러움도 느끼는 것 같았습니다.

"재밌네요. 강아지가 장난을 많이 쳐요. 눈치가 없네요. (교사를 보며) 제가 이렇죠."

그리 오래 걸리지 않아 강아지와 자신의 행동이 똑같다는 것을 스스로 깨닫게 된 것이지요.

이 그림책의 하이라이트는 강아지가 뭉치라는 이름표를 보고 의아해하는 장면입니다.

"강아지는 왜 자기 이름이 안돼라고 생각했을까?"

"하지 말라고 하는 말을 잘 못 알아듣네요. 좋아서 부르는 거로…."

이렇게 대답하면서 잠시 멈칫하는 것 같았습니다.

그리고 마지막에 강아지가 바닥에 더러운 자국을 내며 걸어가서 자는 장면을 보고 "이런 행동이 계속되면 가족과의 관계가 어떻게 될까?"라고 물어봅니다.

학생은 조용한 소리로 "사랑받지 못하겠죠"라고 대답했습니다.

자기중심적으로 생각하고 행동하면 관계를 망칠 수도 있고 의사소통에 문제가 생겨 갈등이 일어날 수도 있다는 것을 학생이 진심으로 느끼고 있다는 것을 표정에서 읽을 수 있었습니다. 그림책을 통해 자신의 행동을 진심으로 느끼고 깨달은 것에 감사했습니다.

그런데 여기에서 멈추지 않고 행동을 수정하도록 돕는 질문을 합니다.

"강아지가 어떻게 행동하면 가족들과 강아지 모두 행복한 표정을 지을 수 있을까?"

이 질문을 통해 학교에서 자신의 행동을 고치기 위해 어떤 노력을 할 수 있을지 생각해보게 됩니다. 그래서 나온 것이 행동 수정 14일 프로젝트입니다.

만다라트[31] 목표 세우기

마지막 질문을 통해 학생이 학교에서 자신의 행동을 어떻게 하면 바꿀 수 있는지 고민하게 됩니다. 이 활동은 학생이 본인의 행동을 수정할 수 있게 스스로 계획하고 실천하도록 도와주는 활동입니다. 그림책을 읽은 후 학생에게 이 프로젝트를 제안했고 활동지를 주어 쉽게 계획할 수 있는 방법을 알려주었습니다.

첫 번째 활동은 만다라트 행동수정 목표 세우기입니다. 만다라트를 활용하여 중심핵에 '나'를 적고 그 주변 8칸에 자신이 잘못하고 있는 행동들을 찾아 기록하게 합니다. 그리고 행동수정을 위해 실천할 수 있는 구체적인 내용(세부 목표)을 바깥 매트릭스에 적습니다. 대략 15~20분 정도 소요됩니다. 학생이 기록한 만다라트를 보면, 제가 평소 보았던 학생의 모습보다 훨씬 생각이 깊구나를 이해하게 됩니다.

만다라트에 작성한 학생의 중심 내용을 보면 '아침 시간에 자습하지 않음, 수업 때 의미 없는 말하기, 책을 읽지 않는다, 준비물을 잘 챙기지 않는

---

31 마츠무라 야스오(2018), 『만다라트 실천법』, 시사문화사 참고.

만다라트 목표 세우기

					세부목표	세부목표	세부목표
	행동수정		행동수정		세부목표	행동수정	세부목표
		↖	↑	↗	세부목표		세부목표
		행동수정	행동수정	행동수정			
행동수정	←	행동수정	나	행동수정	→	행동수정	
		행동수정	행동수정	행동수정			
		↙	↓	↘			
	행동수정		수정행동			행동수정	

다, 숙제를 잘 안 한다, 숙제 준비를 늦게 한다, 의미 없는 말하기, 조·종례 때 헛소리'를 적었습니다. 생각했던 것보다 더 구체적으로 자신의 행동을 잘 기록해서 놀랐습니다. 내용을 보면 머리로는 알고 있는데 습관이 되어 버려서 행동으로 잘 안 되고 있구나를 알 수 있습니다.

14일 프로젝트

두 번째 활동으로 14일간의 프로젝트 활동지를 학생에게 작성하게 합니다. 만다라트에 작성한 행동수정 8가지 중에 학생 스스로 실천할 수 있는 일을 하나 선택하게 합니다. 학생이 선택한 것은 '조·종례 때 선생님 말씀 중에 끼어들어 얘기하지 않기'입니다. 이 습관을 버리고 새로운 습관을 만들기 위해 안내장을 읽기, 선생님 끝나고 말하기, 준비물 필기하기를 조·종례 시간에 실천하기로 했습니다. 학생이 작성한 내용을 잘 이행하면 확인 사인을 해줍니다.

학생은 '저 오늘 잘했죠?' 하는 자랑스러운 표정을 하며 매일 아침 사인을 받으러 왔습니다. 저는 엄지 척을 올릴 때도 있고 'good'이라고 써줄 때도 있었습니다. 14일 동안 학생은 정말 잘해 주었습니다. 담임교사와 비밀처럼 일대일로 하는 특별 활동이라 더 잘 실천한 것 같기도 합니다.

계획한 활동을 14일간 잘 수행하면 보상을 받기로 했는데 학생이 원하는 보상은 '청소 하루 빼주기'였습니다. 정말 귀엽고 사랑스런 보상입니다. 그 훌륭한 프로젝트를 완수하고 겨우 청소 하루 빼달라니요. 기꺼운 마음으로 제가 대신 청소해 주었습니다.

14일간의 프로젝트	
나의 잘못된 습관 파악하기	○ 초·중례때 헛소리 ○
실천 가능한 새로운 습관 정하기	○ 안내장읽기 ○ 질문할것은 선생님말 끝나고 하기 ○ 존댓말 쓰기 - 이 중 하나 선택하기 -
보상하기 (어떤 보상을 원하는지 학생에게 물어본 후 가능한 것으로 정한다.)	○ 청소 이유 하지않기 - 14일간의 프로젝트가 성공하면 합니다. -

1	2	3	4	5	6	7	8	9	10	11	12	13	14
good	good	*good	good	good	good	good	good	good	good	good	good	good	good

프로젝트 실시 후 느낀점	힘들때도 많았지만 그래도 다 해내고나니 뿌듯하고 내가 한결 더 나은 사람이 된거같아 좋았다.

더 나은 활동을 위한 도움말

프로젝트를 마치고 나서 학생은 '힘들 때도 많았지만, 그래도 다 해내고 나니 뿌듯하고 내가 한결 더 나은 사람이 된 것 같아 좋았다' 라는 소감문을 남겼습니다. 진심이 느껴지는 글이었습니다. 그리고 제가 물었습니다.

"그림책은 어땠어?"

"나에 대해 반성이 됐고, 조심해야겠다고…. 평생 뭉치를 잊지 못할 것 같아요."

그림책이 주는 효과인 듯합니다.

이 프로젝트를 구상할 때 그림책을 활용해야겠다고 생각한 것은 학생과의 관계를 망치지 않으면서 학생 스스로 자신의 행동을 깨닫게 해주고 싶어서였습니다. 만다라트와 14일 프로젝트를 계획한 이유는 습관으로 굳어진 것은 한두 번 지도한다고 해서 변할 수 없다는 것을 많은 경험으로 느꼈기 때문입니다. 그래서 행동의 변화를 스스로 계획해서 노력할 수 있는 긍정적인 계기를 갖게 해주고 싶었습니다. 잘못된 습관을 바로 잡고 새로운 습관을 지속하기 위해서는 칭찬과 보상이 효과가 있습니다. 학생 스스로 행동의 변화를 계획하고 실천했을 때 칭찬과 함께 보상을 해주는 교육을 한다면 어떨까요. 교사의 마음이 전해지면 학생도 대개는 알아주는 것 같습니다.

해당 학생에게 해본 결과 매우 좋은 효과가 있었습니다. 학생의 변화된 모습에 너무 기뻐 학생이 직접 작성한 활동 내용 두 장과 그간 있었던 내용을 편지에 담아 학생 가정으로 보냈습니다. 교사로서 보람 있는 활동이었습니다.

함께 읽으면 좋은 그림책

- 『이상한 녀석이 나타났다!』, 로드리고 폴게이라 글, 폴리 베르나테네 그림, 서연

옮김, 아이맘, 2012
- 『**도망쳐, 늑대다!**』, 마티외 모데 글·그림, 라미파 옮김, 한울림어린이, 2018
- 『**뭐라고 말해야 할까요?**』, 세실 조슬린 글, 모리스 샌닥 그림, 이상희 옮김, 시공주니어, 2013

나오며

그림책과 함께하는 행복한 여행

　그림책 좋아하시나요? 그림책 자주 읽으시나요? 저희는 그림책을 좋아합니다. 그림책 자체가 너무나도 좋습니다. 그래서 그림책을 함께 읽습니다. 그림책을 읽으며 한없이 웃기도 하고 슬픔의 눈물을 흘리기도 합니다. 지나간 아름다운 추억에 머물기도 하고, 현재 삶의 모습을 직면하기도 하고, 밝은 미래를 꿈꾸기도 합니다. 삶과 죽음, 사랑, 우정 등 기본적인 가치 문제에 대해 고민하면서 삶의 지혜를 얻기도 합니다.

　이렇게 좋은 그림책을 학생들과 함께 읽고 싶었습니다. 그림책은 어린 아이들만 읽는다는 편견에 맞서 학생들과 읽고 싶었습니다. 수업에서 뿐만 아니라 학급의 일상에서 학생들과 그림책으로 만나고 싶었습니다. 그래서 저희는 그림책으로 학급을 운영했습니다.

　이 책은 다 큰 어른이지만 그림책을 좋아하는 교사들이 그림책을 학급운영에 활용한 결과물입니다. 앞에서 소개한 학급운영의 방법들이 새로운 것은 아닙니다. 선생님들이 일상적으로 사용하거나 한번쯤은 접해본 방법일 것입니다. 그래서 책을 읽으면서 '내가 알고 있는 방법이잖아' 라고 생각했을 수도 있습니다. 하지만 기존과는 다른 무언가를 느꼈을 것이라 믿습니다. '어 내가 알고 있는 방법인데 뭔가 다르네' 라고요. 무엇 때문이었을까요?

바로 그림책 때문입니다. 그림책에는 특별한 힘이 있습니다. 그림책은 학생들의 마음의 문을 열어줍니다. 평소 교사에 대한 신뢰가 없어 교사들과는 대화를 원치 않는 학생이 그림책을 읽고 마음의 문을 조금 열어주기도 했습니다. 그림책이 마법을 부린 것처럼 말입니다. 진정한 대화는 서로의 마음의 문을 여는 것에서 시작됩니다. 학생들과 진정한 대화를 하고 싶으신가요? 그림책을 함께 읽어보세요.

앞으로도 저희는 계속해서 그림책을 읽고, 그림책으로 학생들을 만나려고 합니다. 그림책으로 웃고 울며, 학생들과 함께할 것입니다. 왜냐고요? 그림책과 함께하는 것이 행복하기 때문입니다. 행복하고 싶으신가요? 그럼 지금부터라도 그림책을 읽으면 좋겠습니다. 행복의 비밀이 그림책에 있습니다. 그림책으로 떠나는 행복한 여정을 여러분과 함께하고 싶습니다.

참고문헌

- 강현경 외 공저(2018), 『회복적 생활교육으로 학급을 운영하다』, 교육과실천
- 경기도교육청(2016), 『책 읽는 교실 함께하는 독서토론』
- 권현숙 외 공저(2018), 『생각이 자라는 그림책 토론 수업』, 학교도서관저널
- 마셜 B. 로젠버그 저(2017), 캐서린 한 옮김, 『비폭력대화』, 한국NVC센터
- 마츠무라 야스오(2018), 『만다라트 실천법』, 시사문화사
- 서준호(2016), 『6학년 담임해도 괜찮아!』, 지식프레임
- 우치갑 외 공저(2015), 『비주얼 씽킹 수업』, 디자인펌킨
- 유동걸(2012), 『토론의 전사 2』, 해냄에듀
- 이기주(2016), 『언어의 온도』, 말글터
- 정문성(2017), 『토의·토론 수업방법 84』, 교육과학사
- 찰스 두히그(2012), 『습관의 힘』, 갤리온
- 충청북도교육청 꿈사랑진로수업연구회(2016), 자유학기제 지원을 위한 진로워크북: 나만의 꿈수레